André Sanindry

D0885997

UNE SI GRANDE
DIFFÉRENCE

CAROL GILLIGAN

UNE SI GRANDE DIFFÉRENCE

Traduit de l'américain
par Annie KWIATEK

FLAMMARION

REMERCIEMENTS

Parmi tous ceux qui ont apporté généreusement leur contribution à ce travail, je désire d'abord remercier les hommes, les femmes et les enfants qui ont participé à la recherche dont je fais ici un compte rendu. Les descriptions consciencieuses et réfléchies qu'ils ont faites d'eux-mêmes et de leur vie, la patience avec laquelle ils ont répondu aux questions traitant de morale, la bonne volonté dont ils ont fait preuve en discutant de leurs expériences de conflits moraux et de choix constituent les fondements de ce livre. Je tiens particulièrement à remercier les femmes qui ont participé à l'enquête sur la décision d'avorter; elles espèrent que leur expérience pourra être utile à d'autres.

La recherche a été un travail d'équipe et je remercie vivement mes collaborateurs : Mary Belenky pour l'enquête sur la décision d'avorter, Michael Murphy pour l'enquête sur les étudiants et, avec lui, Sharry Langdale et Nona Lyons pour l'enquête sur les droits et les responsabilités. Ils ont mené une grande partie des interviews; de nombreuses idées ont pris naissance lors de nos discussions. Ils ont contribué à l'élaboration des enquêtes qui furent menées à bien grâce à leur travail acharné. Je tiens également à remercier Michael Basseches, Suzie Benack, Donna Hulsizer, Nancy Jacobs, Robert Kegan, Deborah Lapidus et Steven Ries pour leur précieuse aide. L'étude sur les images

7

de violence a été effectuée en collaboration avec Susan Pollak : une observation qu'elle avait menée fut à l'origine de ces travaux.

L'aide financière qui a permis de faire ce travail a été fournie par divers organismes : la Spencer Foundation, par l'intermédiaire d'une allocution d'études à la faculté de Harvard, a subventionné l'enquête sur la décision d'avorter ; le William F. Milton Fund et la Small Grants Section du National Institute for Mental Health (Grant R03MH31571) l'enquête des étudiants universitaires ; et le National Institute of Education l'enquête sur les droits et les responsabilités. Une bourse universitaire allouée par la Mellon Foundation m'a permis de passer un an au Centre de recherche sur les femmes au Wellesley College.

Mes collègues de la faculté de Harvard m'ont apporté une aide d'une autre nature : Lawrence Kohlberg, professeur et ami de longue date, qui m'a éclairé sur l'étude de la morale ; David McClelland et George Goethals qui, depuis des années, inspirent mon travail et m'encouragent si généreusement ; Beatrice Whiting qui a élargi ma réflexion ; William Perry, dont les travaux de recherche sont à l'origine des miens. Je suis reconnaissante à Patricia Spacks et Stephanie Engel pour leur collaboration dans le cadre de l'enseignement : mes perceptions se sont accrues et aiguisées grâce à elles, et à Urie Bronfen-brenner, Matina Horner, Jane Lilienfeld, Malkah Notman, Barbara et Paul Rosenkrantz et Dora Ullian : leurs suggestions ont étendu la portée de cet ouvrage ; à Janet Giele, pour son travail d'annotation ; à Jane Martin, pour ses nombreux commentaires sur les ébauches précédentes ; et envers Virginia Laplante dont les multiples suggestions judicieuses ont amélioré le texte final.

Des versions précédentes des chapitres I et III ont été publiées dans la *Harvard Educational Review*. Je sais gré aux étudiants attachés à la rédaction de leur attention et de leur aide. Le Social Science Research

Council m'a aimablement accordé l'autorisation de reproduire des extraits du chapitre VI, qui seront publiés, sous une forme différente, dans un livre subventionné par le Council et édité par Janet Giele.

Je suis profondément reconnaissante envers Eric Wanner de la Harvard University Press : il a été celui qui m'a encouragée dans la vision de ce livre. Un grand merci à mes amis Michael Murphy, Nona Lyons, Jean Baker Miller et Christina Robb pour avoir si généreusement accepté de m'écouter et de me lire. Je remercie mes fils Jon, Tim et Chris pour leur intérêt et leur enthousiasme, pour leurs idées et de leur soutien inébranlable. Et à mon mari, Jim Gilligan, merci pour la perspicacité de ses idées, la clarté de ses réponses, son aide, son humour et ses vues d'ensemble.

INTRODUCTION

Voici dix ans que je suis à l'écoute des gens : je
les écoute parler d'eux-mêmes et de morale. Il y a
cinq ans, j'ai commencé à percevoir des différences
entre toutes ces voix, à discerner deux façons de
parler de morale et de décrire les rapports entre
l'autre et soi. Les différences que les traités de
psychologie identifient comme des étapes progressives
du développement de l'identité et de la conscience
morale se révélèrent tout à coup plutôt comme les
notes d'un autre thème musical intimement mêlé au
cycle de vie et dont la mélodie se fait entendre, avec
toutes ses variations, à travers les jugements, les
fantasmes et les pensées des êtres. C'est ce que j'ai
observé lors de la sélection de femmes afin d'étudier
la relation entre le jugement et l'action au cours
d'une situation de conflit moral et de choix. Les voix
des femmes n'étaient pas conformes aux descriptions
psychologiques de développement que j'avais lues et
enseignées pendant des années. A partir de cet instant,
les difficultés chroniques soulevées par l'interprétation
du développement féminin attirèrent mon attention.
Je commençai à établir un rapport entre ces problèmes
et l'exclusion systématique des femmes des travaux
de recherche dans les théories de psychologie.

Ce livre décrit différentes manières de concevoir
les relations avec autrui et leurs liens avec la tonalité
des voix masculines et féminines dans la littérature,

dans les essais de psychologie et dans mes recherches. La disparité entre l'expérience des femmes et le modèle du développement humain, relevée par la majorité des traités de psychologie, est généralement considérée comme le symptôme d'un problème inhérent au développement des femmes. On peut envisager une autre hypothèse : les difficultés qu'éprouvent les femmes à se conformer aux modèles établis de développement humain indiquent peut-être qu'il existe un problème de représentation, une conception incomplète de la condition humaine, un oubli de certaines vérités.

La voix différente que je décris n'est pas caractérisée par son sexe mais par son thème. Qu'elle soit associée aux femmes est le résultat d'une observation empirique. J'ai pu l'identifier et suivre ses étapes en me mettant à l'écoute de voix féminines. Mais cette association n'est pas absolue. Les voix masculines et féminines ont été mises en contraste ici afin de souligner la distinction qui existe entre deux modes de pensée et d'élucider un problème d'interprétation. Je ne tiens pas à établir une généralisation quelconque sur l'un ou l'autre sexe. Lorsque j'analyse le développement d'une personnalité, j'attire l'attention sur l'interaction de ces voix chez l'un et l'autre sexe. Pour moi, leur convergence marque les périodes de crises et de changements. Je ne fais aucune hypothèse quant aux origines des différences ou quant à leur répartition suivant le milieu, la culture, l'âge. Il est évident que ces différences surgissent dans un contexte où des facteurs tels que la situation sociale et le pouvoir s'ajoutent à la biologie pour façonner l'expérience des hommes et des femmes et les rapports entre les sexes. Ce qui m'intéresse, c'est l'influence réciproque de l'expérience et de la pensée, les différences entre les voix et les dialogues qu'elles engendrent, la manière dont nous nous écoutons et dont nous écoutons autrui, et ce que nous racontons sur nos propres vies.

Les trois enquêtes auxquelles je fais référence au

cours de ce livre reflètent l'hypothèse fondamentale de mes recherches : la façon dont les êtres humains parlent de leur vie a son importance, le langage qu'ils emploient et les connexions qu'ils établissent révèlent le monde qu'ils voient et dans lequel ils évoluent et agissent. L'interview fut l'outil de travail utilisé au cours de ces enquêtes. Les questions, toujours les mêmes, portèrent sur les notions de moi et de morale et sur des expériences de conflit et de choix. La méthode a consisté à suivre le langage et la logique de la personne interrogée. L'enquêteur posait des questions plus approfondies afin de clarifier le sens d'une réponse donnée.

L'objectif de l'enquête sur les étudiants était d'explorer le développement de l'identité et de la conscience morale du jeune adulte. Les questions cherchaient à aider les participants à relier l'idée qu'ils se faisaient d'eux-mêmes et de la morale à des expériences vécues de conflits et de prises de décision importantes. Vingt-cinq étudiants, sélectionnés au hasard à partir d'un groupe qui, en seconde année d'université, avait pris en option un cours traitant de choix moral et politique, furent interrogés pendant leur dernière année d'études (c'est-à-dire deux ans plus tard), et cinq ans après. Lors de la sélection des participants, j'avais noté que, sur les vingt étudiants qui avaient abandonné le cours, seize étaient des femmes. Celles-ci furent aussi contactées et interrogées au cours de leur dernière année universitaire.

L'enquête sur la décision d'avorter portait sur la relation entre l'expérience, la pensée et le rôle du conflit au cours du développement de l'individu. Vingt-neuf femmes, âgées de quinze à trente-trois ans, participèrent à l'enquête. Elles étaient d'origines sociale et ethnique très diverses, mariées ou non, certaines mères d'un enfant en bas âge. L'interview eut lieu pendant le premier trimestre de leur grossesse (confirmée) à une époque où elles envisageaient de se faire avorter. Ces femmes furent contactées pour les besoins de l'enquête par l'intermédiaire des services sociaux et des cliniques d'interruption volontaire de grossesse d'une grande métropole. On n'a pas cherché à sélectionner un échantillon représentatif de la population aidée par ces services. Il fut possible d'interroger à fond vingt-quatre des vingt-neuf femmes qui nous avaient été adressées. Vingt et une d'entre elles furent à nouveau questionnées au terme de l'année qui suivit leur décision.

Le modèle habituel des études sur le jugement moral fut étendu lors de ces enquêtes. On demandait aux participants moins d'exprimer leur pensée sur des problèmes moraux qu'on leur donnait à résoudre, que de définir les problèmes et les expériences qu'ils avaient vécus comme des conflits moraux. Les hypothèses suscitées par ces enquêtes sur les différents modes de pensée quant à la morale et le rapport entre ces modes et différents concepts de soi furent étudiés de façon plus approfondie et plus précise grâce à l'enquête sur les droits et les responsabilités. L'âge, l'intelligence, l'éducation, la profession et la classe sociale furent les critères utilisés pour apparier les hommes et les femmes qui participèrent à cette enquête. On détermina neuf repères chronologiques du cycle de vie (six à neuf, onze, quinze, dix-neuf, vingt-deux, vingt-cinq à vingt-sept, trente-cinq, quarante-cinq et soixante ans) et chacun d'entre eux fut représenté par huit hommes et huit femmes. Il y eut donc au total cent quarante-quatre participants dont trente-six (deux hommes et deux femmes de chaque âge) furent interrogés de façon plus poussée. Les questions portaient sur les conceptions qu'ils avaient d'eux-mêmes et de la morale, sur leurs expériences de conflit et de choix, et sur leurs avis concernant des dilemmes moraux hypothétiques.

Les extraits des enquêtes constituent un rapport des travaux de recherche en cours. Leur but est d'offrir une représentation plus claire du développement des femmes qui permettra de suivre leur cheminement et de résoudre quelques-unes de ses énigmes apparentes; notamment celles concernant la formation de l'identité des femmes et leur maturation morale pendant l'adolescence et à l'âge adulte. J'espère que ce travail offrira aux femmes une représentation de leur mode de pensée qui leur permettra de mieux distinguer son intégrité et sa validité, de comprendre sa progression et de reconnaître les expériences au cours desquelles il se traduit. Mon objectif est de mieux comprendre le processus du développement humain en utilisant le groupe qui a été oublié lors de l'élaboration de la théorie afin d'attirer l'attention sur ses lacunes. Examinée sous cet angle, l'expérience contradictoire des femmes devient le fondement d'une nouvelle théorie qui devrait susciter une vision plus globale de la vie des deux sexes.

1

PLACE DE LA FEMME
DANS LE CYCLE DE VIE DE L'HOMME

Dans le deuxième acte de *La Cerisaie* d'Anton Tchekhov, Lopakhine, un jeune marchand, décrit sa vie de travail acharné et sa réussite. Il essaie, en vain, de convaincre madame Ranevskaïa de faire abattre les cerisiers afin d'éviter la mise en vente de sa propriété, qu'au troisième acte, il s'empressera d'acheter. Il est celui qui ne doit sa réussite sociale et financière qu'à ses seuls efforts et qui, en devenant propriétaire du domaine où son père et son grand-père avaient été esclaves, cherche à oublier la « malheureuse vie si mal fichue » du passé. La cerisaie est abattue. A sa place, il fait construire des villas où les générations futures « verront... une vie nouvelle ». En formulant cette vision, il révèle l'image sur laquelle repose son activité d'homme : « Parfois, quand je ne peux pas m'endormir, je me dis " Mon Dieu, Tu nous as donné d'immenses forêts, des champs infinis, les horizons les plus profonds, vivant ici nous devrions, en vérité, nous devrions être nous-mêmes des géants ". » A ces mots, madame Ranevskaïa l'interrompt : « Qu'avez-vous besoin de géants... Qu'ils restent dans les contes de fées, dans la vie, ils sont tout juste bons à vous faire peur. »

La vie quotidienne est faite d'une foule d'expériences et de perceptions, de désirs et de réalités toujours changeants. Nous nous efforçons de leur donner ordre et cohérence grâce aux conceptions du cycle de vie humain que nous élaborons. Néanmoins, la nature de telles conceptions dépend en partie de la position de l'observateur. Ce bref extrait de la pièce de Tchekhov suggère que lorsque l'observateur est une femme, l'approche peut être différente. Porter des jugements variés sur l'image de l'homme en tant que géant implique différentes idées sur le développement humain, différentes manières d'imaginer la condition humaine, différentes notions de ce qui a de la valeur dans la vie.

A une époque où, au nom de l'égalité et de la justice sociale, on cherche à éliminer les pratiques discriminatoires entre les sexes, on redécouvre dans les sciences humaines les différences qui les séparent. Des théories, dont l'objectivité scientifique a été considérée jusqu'à présent sexuellement neutre, s'appuient sur des observations et des évaluations systématiquement partiales. La prétendue neutralité de la science, comme celle du langage, disparaît devant le fait que les domaines de la connaissance sont des constructions humaines. Le point de vue qui a fasciné et inspiré les romanciers du XXᵉ siècle et la reconnaissance de la relativité du jugement imprègnent également notre compréhension scientifique lorsque nous commençons à nous rendre compte à quel point nous sommes habitués à regarder la vie à travers des yeux masculins.

Une récente découverte de ce genre concerne l'ouvrage classique et apparemment innocent de William Strunk et E. B. White, *Les Éléments de style*. La décision de la Cour suprême des États-Unis statuant sur les problèmes de discrimination dans les manuels scolaires a conduit un professeur d'anglais à remarquer que les règles fondamentales de la grammaire anglaise étaient illustrées et enseignées à l'aide d'exemples dont la neutralité était douteuse. Ils opposaient la mort de Napoléon, les œuvres de Coleridge, des phrases telles que : « Il avait une conversation intéressante. Un homme qui avait voyagé dans le monde entier et vécu dans une demi-douzaine de pays » à : « Eh bien, Suzanne, vous vous êtes mise dans une situation fort embarrassante! » ou bien : « Il vit une femme, accompagnée de deux enfants, qui marchait lentement au bord de la route », affirmation sinon dure, tout au moins stéréotypée.

Les théoriciens de la psychologie se sont rendus coupables, sans le vouloir, des mêmes préjugés d'observation que Strunk et White. Adoptant implicitement comme norme la vie des hommes, ils ont essayé de façonner les femmes à partir d'un matériau masculin. Tout cela remonte, bien sûr, à Adam et Ève : une histoire qui démontre, entre autres que fabriquer une femme à partir d'un homme constitue une source d'ennuis innombrables et inévitables. Dans le cycle de vie, comme au jardin d'Éden, la femme a été et est la déviante.

La tendance des théoriciens du développement à projeter une image masculine, image qui semble effrayer les femmes, date au moins de Freud (1905), qui fonda sa théorie de développement psychosexuel sur les expériences du jeune garçon aboutissant au complexe d'Œdipe. Au cours des années vingt, Freud s'efforça de résoudre les contradictions que créaient, pour sa théorie, les différences de l'anatomie féminine et la structure différente des rapports familiaux de la petite fille pendant les premières années de sa vie. Il essaya d'abord de faire coïncider les femmes avec son modèle masculin et expliqua les contradictions qu'elles présentaient en leur attribuant un sentiment d'envie pour ce qu'elles ne possédaient pas. Mais la force et la persistance de l'attachement préœdipien des femmes pour leur mère le contraignirent à reconnaître chez elles une différence de développement. Il imputa à cette différence ce qui constituait, à ses yeux, l'échec du développement féminin.

Ayant relié la formation du surmoi ou de la conscience à l'angoisse de castration, Freud estima que les femmes étaient, par nature, dépourvues de la force d'impulsion nécessaire pour résoudre de façon claire et nette leur complexe d'Œdipe. Par conséquent, le surmoi des femmes – héritier du complexe d'Œdipe – était compromis : il n'était jamais « aussi inexorable, impersonnel et détaché de ses origines émotionnelles que le surmoi des hommes ou celui auquel on pouvait s'attendre de leur part ». De cette observation de différence, c'est-à-dire « que pour les femmes, le degré de ce qui est moralement normal diffère de celui des hommes », Freud conclut que les femmes, par rapport aux hommes, « avaient un sens de la justice moindre, se soumettaient moins facilement aux grandes exigences de la vie et que leurs jugements étaient plus souvent influencés par des sentiments d'affection ou d'hostilité [1] » (1925).

C'est ainsi qu'un problème de théorie devint un problème du développement des femmes lors de leurs expériences relationnelles. Nancy Chodorow (1974), afin d'expliquer « la reproduction, à chaque génération, de certaines différences quasiment universelles qui caractérisent la personnalité et les rôles masculin et féminin », attribue ces différences entre les sexes non pas à l'anatomie mais plutôt « au fait que les femmes sont généralement en grande partie responsables des soins et de l'éducation des jeunes enfants pendant les premières années de leur vie ». Parce que les petits garçons et les petites filles ressentent et vivent ce premier environnement social autrement, les différences sexuelles fondamentales se reproduisent lors du développement de la personnalité. Par conséquent, « au sein de toute société donnée, la personnalité féminine se définit beaucoup plus par rapport à autrui que celle des hommes [2] ».

L'analyse de Chodorow repose principalement sur les recherches de Robert Stoller pour qui l'identité sexuelle, pivot immuable de la formation de la

1. Freud, 1925, p. 257-258. Les ouvrages cités dans le texte et les notes sous forme abrégée [éd. anglaise] renvoient à la bibliographie en fin de volume.
2. Chodorow, 1974, p. 43-44.

personnalité, est, « à de rares exceptions près, profondément établie et de façon irréversible lorsque l'enfant atteint l'âge d'environ trois ans ». Étant donné que pour les enfants des deux sexes la personne qui s'occupe d'eux pendant les trois premières années de leur vie est en général une femme, la dynamique interpersonnelle lors de la formation de l'identité sexuelle est différente pour les filles et pour les garçons. La formation de l'identité féminine se produit dans un contexte de relation ininterrompue, car « les mères ont tendance à percevoir leurs filles comme leurs semblables et la continuité d'elles-mêmes ». Réciproquement, les filles s'identifient à la fois et au sexe féminin et à leur mère, fusionnant ainsi les processus d'attachement et de formation d'identité. En revanche, « les mères perçoivent leurs fils comme un opposé masculin », et les garçons, afin de se définir comme appartenant au sexe masculin, se séparent de leur mère et mettent ainsi un terme « à leur premier amour et à leur sens d'un lien empathique ». Il en résulte que le développement masculin entraîne « une différenciation beaucoup plus énergique de la personnalité (individuation) et un renforcement des frontières que le jeune garçon identifie au fur et à mesure de ses expériences entre son moi et le monde extérieur ». « Les problèmes de différenciation deviennent », pour les garçons mais non pour les filles, « intimement liés aux problèmes sexuels [1] » (1978).

S'érigeant contre le parti pris de la théorie psychanalytique en faveur des hommes, Chodorow affirme que l'existence de différences sexuelles lors des premières expériences d'individuation et de relations avec les autres « ne signifie pas que les femmes ont des limites de leur moi plus " faibles " que les hommes ou sont plus sujettes à la psychose ». Cela veut dire, au contraire, que « les filles émergent de cette période avec la capacité de se mettre à la place d'autrui, une

---

1. Stoller, 1978, p. 150 et p. 166-167.

capacité " d'empathie " intégrée de façon fondamentale à la conscience qu'elles ont d'elles-mêmes, ce que les garçons ne font pas ». Chodorow remplace la description négative et dérivée que nous a léguée Freud de la psychologie féminine par la sienne propre, positive et directe : « Au sortir de cette période, les filles ressentent plus les besoins ou les sentiments d'autrui comme les leurs (ou tout au moins pensent avoir une telle capacité). En outre, pour se définir, les filles ne dépendent pas autant que les garçons du reniement des modes de relations préœdipiens. Par conséquent, régresser ou rester fixées à ce stade n'est pas perçu comme une atteinte directe de leur moi. Dès les toutes premières années de leur vie, et parce qu'elles sont maternées par une personne de leur sexe [...], les filles se conçoivent moins différenciées que les garçons, vivent et se sentent beaucoup plus en rapport, comme en continuité, avec le monde extérieur. Elles abordent aussi leur monde intérieur d'une autre manière [1]. »

En conséquence, les hommes et les femmes vivent les rapports avec autrui, et en particulier, les problèmes de dépendance d'une façon différente. Pour les jeunes garçons et les hommes, les processus de séparation et d'individuation sont liés de manière critique à l'identité sexuelle, car il est essentiel qu'ils se séparent de leur mère pour le développement de leur masculinité. Pour les jeunes filles et les femmes, les problèmes de féminité ou d'identité féminine ne dépendent pas de l'achèvement du processus de séparation ou de la progression de celui d'individuation. Comme la masculinité est définie par la séparation et la féminité par l'attachement, l'intimité menace l'identité masculine et la séparation l'identité féminine. Ainsi, les hommes ont tendance à éprouver des difficultés dans les relations avec autrui et les femmes des problèmes d'individuation. La vie des femmes, comparée à celle des hommes, se nourrit

1. Stoller, *op. cit.*, p. 167.

davantage des interactions sociales et des rapports personnels. Néanmoins, cette qualité qui la caractérise devient non seulement une différence descriptive mais également un handicap quand les traités de psychologie considèrent les étapes du développement de l'enfant et de l'adolescent comme des repères d'une séparation de plus en plus marquée. L'incapacité des femmes à se séparer devient alors, par définition, un échec de développement.

Les différences sexuelles lors de la formation de la personnalité que Chodorow décrit pendant la petite enfance apparaissent au cours de l'enfance, comme le révèlent les études effectuées sur les jeux d'enfants. George Herbert Mead et Jean Piaget [1] estiment que ces jeux sont le creuset du développement social des enfants d'âge scolaire. Grâce à eux, les enfants apprennent à assumer le rôle de l'autre et à se voir à travers les yeux d'autrui. Les jeux leur enseignent le respect des règles, comment elles sont faites et peuvent être changées.

Janet Lever considère que le groupe de ses semblables constitue l'agent de socialisation d'un enfant pendant les années d'école primaire et que le jeu est l'activité principale de socialisation. Se donnant pour objectif de découvrir s'il existait des différences sexuelles dans les jeux des enfants, elle observe l'organisation et la structure des activités de cent quatre-vingt-un écoliers, âgés de dix et onze ans, issus de la classe moyenne et de race blanche, durant leurs heures de loisirs. Elle les regarde jouer à l'école lors de la récréation et pendant les cours d'éducation physique, et tient également un journal, d'après leurs dires, de leur emploi du temps en dehors des heures de classe. L'enquête confirme l'existence de différences sexuelles : les garçons jouent beaucoup plus souvent en plein air ; leurs jeux comprennent fréquemment plus d'enfants d'âges plus diversifiés, impliquent habituellement davantage la compétition

1. Mead, 1934 ; Piaget, 1932.

23

et durent plus longtemps que ceux des filles. La dernière constatation est, par certains aspects, la plus intéressante : les jeux des garçons durent plus longtemps; plus élaborés, ils risquent moins d'être ennuyeux et, par ailleurs, les garçons sont capables de régler les querelles qui éclatent au cours du jeu plus efficacement que les filles. « On a pu constater, durant cette enquête, que les garçons se disputaient constamment. En revanche, en aucun cas un jeu ne fut abandonné à cause d'une querelle ou interrompu plus de sept minutes. Même les disputes les plus graves se résolvaient toujours par une volonté de " répéter le jeu ", suivie le plus souvent, par un tollé général " dénonçant le tricheur " [1]. » Il semble qu'en fait les garçons prennent autant de plaisir à discuter d'un litige qu'à jouer. Tous les garçons, y compris les participants d'une taille ou d'une habileté moindre dont le rôle n'est que marginal, participent activement à ces débats « légaux » incessants. A l'opposé, chez les filles, il suffit généralement qu'une dispute éclate pour que le jeu cesse.

L'enquête de Lever corrobore les observations faites par Piaget lors d'une étude effectuée sur les règles du jeu. Il a constaté que les petits garçons deviennent, au cours de leur enfance, de plus en plus passionnés par l'élaboration juridique des règles et la mise au point de procédures équitables servant à juger les différends, fascination, remarque-t-il, que les filles ne partagent pas. Celles-ci, observe Piaget, ont une approche plus « pragmatique » et « estiment qu'une règle est valable aussi longtemps que le jeu la justifie [2] ». Elles ont une attitude plus tolérante envers les règles, font plus volontiers des exceptions et s'adaptent plus facilement aux innovations. Par conséquent, le sens juridique, que Piaget juge essentiel au développement moral, « est nettement moins développé chez les fillettes que chez les jeunes garçons [3] ».

1. Lever, 1976, p. 482.
2. Piaget, 1932, p. 83.
3. *Ibid.*, p. 77.

La démarche orientée de Piaget qui le conduit à assimiler le développement masculin à celui de tous les enfants, garçons ou filles, se reflète dans la recherche de Lever. Son analyse des résultats est fondée sur l'hypothèse que le modèle masculin est le meilleur, car il remplit les conditions indispensables de réussite dans le monde moderne des affaires. Au contraire, la sensibilité, le respect des sentiments d'autrui, la capacité de se mettre à la place des autres qui croît chez les filles grâce à leurs jeux ont peu de valeur sur le marché du travail et peuvent même entraver leur carrière. Lever en déduit que, compte tenu des réalités de la vie adulte, une fille devra apprendre à jouer comme un garçon si elle ne veut pas plus tard dépendre des hommes.

Selon Piaget, les enfants apprennent le respect des règles nécessaire à leur maturité morale par l'intermédiaire de jeux réglementés. Les débats que soulève une querelle, ajoute Lawrence Kohlberg [1], donnent aux enfants l'occasion d'assumer un rôle, et c'est à ce moment-là que les leçons sont le mieux apprises. Les jeux traditionnels des filles (sauter à la corde, jouer à la marelle) comportent moins de leçons morales que ceux des garçons. La rivalité est indirecte car ils se jouent à tour de rôle et la réussite d'une personne ne signifie pas obligatoirement l'échec d'une autre. Il en résulte que les litiges nécessitant un jugement ont moins de chances de se produire. En fait, la plupart des filles interrogées par Lever déclarèrent qu'elles s'arrêtaient de jouer lorsqu'il y avait dispute. Plutôt que de mettre au point un système de règles afin de résoudre les querelles, les filles subordonnaient la poursuite du jeu à celle de leurs relations.

Lever conclut que les garçons, grâce à leurs jeux, acquièrent à la fois l'indépendance et les qualités d'organisation dont on a besoin pour coordonner les activités de grands groupes hétérogènes de personnes.

1. Kohlberg, 1969.

Les situations compétitives contrôlées et approuvées par la société auxquelles ils participent leur permettent d'acquérir un esprit de compétition relativement sain et honnête : ils apprennent, selon les règles du jeu, à jouer avec leurs ennemis et à rivaliser avec leurs amis. Les fillettes, en revanche, ont tendance à jouer par petits groupes plus intimes, souvent en couple, ou en dyades qu'elles forment avec leurs meilleures amies et à l'abri des regards indiscrets. Cette façon de jouer reproduit la structure sociale des rapports humains fondamentaux, car elle est fondée sur la coopération. Elle ne constitue pas un cadre aussi propice que les jeux des garçons pour apprendre à assumer le rôle, pour reprendre les termes de Mead, de l'« autre en général » et à faire abstraction des relations humaines. Mais elle favorise le développement de l'empathie et de la sensibilité dont on a besoin pour assumer le rôle de l'« autre en particulier » et pour apprendre à connaître autrui comme une entité différente de soi.

L'analyse des rapports mère-enfant par Chodorow met en évidence des différences sexuelles lors de la formation de la personnalité au cours de la petite enfance. Les conclusions que tire Lever après avoir observé les jeux des enfants suggèrent que ces différences continuent pendant l'enfance. Ces deux rapports impliquent que les garçons et les filles parviennent à la puberté avec une orientation interpersonnelle différente et un éventail d'expériences sociales autre. Pourtant, bien que l'adolescence soit considérée comme un moment crucial pour la séparation, la période du « deuxième processus d'individuation [1] », c'est le développement féminin qui est apparu le plus divergent et donc le plus problématique.

« La puberté, écrit Freud, qui, chez les garçons, entraîne un accroissement immense de la libido, est marquée, chez les filles, par une nouvelle vague de refoulement. » Ce refoulement ou répression incons-

1. Blos, 1967.

26

ciente sert à transformer la « sexualité masculine » de la jeune fille afin de la préparer à la sexualité spécifiquement féminine de l'adulte [1]. Freud fait reposer cette transformation sur le principe que la jeune fille reconnaît et accepte « le fait de sa castration [2] ». Le moment de la puberté, explique Freud, signifie pour la jeune fille une nouvelle prise de conscience « de la blessure faite à son narcissisme » et la conduit à développer « pareil à une cicatrice, un sentiment d'infériorité [3] ». Selon Erik Erikson qui fonde sa théorie sur l'explication psychanalytique de Freud, l'adolescence est la période de la vie où le processus de maturation de l'individu dépend de l'identité. Dans ce cas, la jeune fille parvient à ce stade soit psychologiquement fragile, soit avec un calendrier différent.

Le problème que pose l'adolescence féminine aux théoriciens du développement humain est évident dans l'exposé d'Erikson (1950). Il établit huit étapes de développement psychosocial, l'adolescence étant la cinquième. La tâche, à ce stade, est de forger un sens cohérent de soi, d'affirmer une identité capable de supporter la discontinuité de la puberté et de rendre le futur adulte apte à aimer et à travailler. La description des crises qui caractérisent les quatre étapes précédentes est aussi celle de la préparation qui est à l'origine d'une résolution positive de la crise d'identité de l'adolescence. Bien que la crise initiale « confiance/méfiance » de la petite enfance soit le point de départ du développement des rapports avec autrui, la tâche devient ensuite clairement un travail d'individuation. La deuxième étape d'Erikson est centrée sur la crise « autonomie/honte et doute ». Cette crise coïncide avec l'acquisition de la marche : l'enfant commence à prendre conscience de son existence distincte et de sa capacité d'action. La crise

1. Freud, 1905, p. 220-221.
2. *Id.*, 1931, p. 229.
3. *Id.*, 1925, p. 253.

suivante dans le développement du jeune enfant est celle de l'« initiative/culpabilité ». Traversée sans encombre, elle représente un autre pas vers l'autonomie. Après la déception inévitable qui fait suite aux souhaits magiques non réalisés de la période œdipienne, les enfants se rendent compte que pour être capables de rivaliser avec leurs parents, ils doivent d'abord se joindre à eux et apprendre à faire ce qu'ils font si bien. Les années de la grande enfance se caractérisent par la crise de « digilence au travail contre l'infériorité » car l'enfant doit démontrer sa compétence afin de protéger sa propre estime naissante. Pendant cette période, les enfants s'efforcent d'apprendre et de maîtriser la technologie de leur culture afin d'être acceptés par les autres et par eux-mêmes comme étant capables de devenir adultes. Puis vient l'adolescence, la célébration d'un moi autonome, travailleur, entreprenant, qui se forge une identité fondée sur une idéologie capable d'assumer et de justifier les engagements de l'adulte. Mais de qui Erikson parle-t-il?

Encore une fois, il s'agit de l'enfant de sexe masculin. Pour la fille, dit Erikson [1], la séquence est quelque peu différente. Elle maintient son identité en suspens tandis qu'elle se prépare à attirer l'homme dont elle prendra le nom, dont le statut la définira, l'homme qui la délivrera du néant et de la solitude en remplissant « son espace intérieur ». Alors que chez les hommes l'identité précède l'intimité et la procréativité dans le cycle optimal de séparation et d'attachement, ces processus semblent être liés chez les femmes. L'intimité va de pair avec l'identité, car la femme se perçoit et se connaît comme les autres la perçoivent, à travers ses rapports avec autrui.

Malgré les différences sexuelles qu'il a observées, Erikson n'a pas changé l'ordre des étapes du cycle de vie: l'identité continue à précéder l'intimité, de

1. Erikson, 1968.

même que l'expérience masculine continue à définir sa conception du cycle de vie. Mais ce cycle de vie masculin ne prépare guère l'enfant à l'intimité des premières années de l'âge adulte. Seul le stade initial de « confiance/méfiance » suggère le type de solidarité réciproque qu'Erikson appelle intimité et procréativité, et Freud génitalité. Les autres étapes représentent uniquement une progression vers l'autonomie, de sorte que le processus de maturation lui-même en vient à être identifié à celui de la séparation et que les attachements semblent être des entraves au développement, comme ils ont été maintes et maintes fois considérés dans l'évaluation des femmes.

La description d'Erikson d'une identité masculine forgée par rapport au monde et d'une identité féminine réveillée par une relation intime avec une autre personne est loin d'être nouvelle. Un portrait identique émerge des contes que nous cite Bruno Bettelheim [1]. Le conflit du père et du fils dans *Les Trois Langages* illustre l'archétype de la dynamique de l'adolescence masculine. Dans ce conte, un fils que son père considère comme irrémédiablement stupide obtient une dernière chance d'améliorer ses connaissances. On l'envoie étudier avec un maître pendant un an. Mais lorsqu'il revient, tout ce qu'il a appris est « ce que les chiens aboient ». Après deux autres tentatives infructueuses de ce genre, le père, profondément dégoûté, donne l'ordre à ses domestiques d'emmener l'enfant dans la forêt et de le tuer. Mais les serviteurs, ces éternels sauveurs des enfants désavoués et abandonnés, ont pitié du fils et décident de le laisser dans la forêt. Les vagabondages de l'enfant le conduisent dans un pays assiégé par des chiens furieux qui dévorent régulièrement un des habitants et empêchent tout le monde de dormir. Il se trouve alors que le garçon a appris exactement la seule chose capable de rendre la paix au pays : il peut parler aux chiens et les calmer. Comme les

---

1. Bettelheim, 1976.

autres connaissances qu'il acquiert lui sont tout aussi utiles, il sort triomphant de sa confrontation d'adolescent avec son père – un géant dans cette conception du cycle de vie.

En revanche, la dynamique de l'adolescence féminine est illustrée par une histoire très différente. Dans le monde des contes de fées, les premières règles de la jeune fille sont suivies par une période d'intense passivité durant laquelle rien ne semble se produire. Bettelheim voit pourtant dans le sommeil profond de Blanche-Neige et de La Belle au bois dormant une concentration intérieure qu'il considère comme l'équivalent nécessaire de l'activité de l'aventure. Comme les héroïnes adolescentes sortent de leur sommeil non pour conquérir le monde mais pour se marier avec le prince, leur identité est définie intérieurement et par rapport à une autre personne. Pour Bettelheim, comme pour Erikson, l'identité et l'intimité sont profondément liées chez les femmes. Les différences sexuelles décrites dans le monde des contes de fées ainsi que dans la vision fantastique de la femme guerrière [1] du roman autobiographique récemment publié par Maxine Hong Kingston (1977), qui se fait l'écho des vieilles histoires de Troïlus et Cressida [2] et de Tancrède et Clorinde [3], indiquent à maintes reprises que l'aventure est une activité masculine et que si une femme veut s'embarquer dans de telles entreprises, elle doit au moins s'habiller comme un homme.

Ces observations sur la différence sexuelle étayent la conclusion de David McClelland. « Le rôle sexuel est en fait un des plus importants paramètres du comportement humain; les psychologues ont constaté des différences sexuelles dès qu'ils ont commencé à

---

1. *The Woman Warrior,* New York, Alfred A. Knopf, 1977 (*N. d. T.*).

2. *Troïlus et Cressida,* tragédie de Shakespeare (*N. d. T.*).

3. Tancrède, personnage de *La Jérusalem délivrée,* poème épique de Torquato Tasso (le Tasse). Il combat Clorinde, l'héroïne des Sarrasins, et la tue sans la reconnaître (*N. d. T.*).

faire de la recherche empirique. » Mais comme il est difficile de dire « différent » sans impliquer « mieux » ou « pire », comme nous avons tendance à construire une seule échelle de mesure et comme cette échelle a été généralement élaborée et standardisée à partir de données interprétées par des hommes et obtenues à la suite d'enquêtes, dont les participants étaient principalement ou exclusivement des hommes, les psychologues « ont été prédisposés à considérer le comportement masculin comme la " norme " et le comportement féminin comme une sorte de déviance [1] ». Par conséquent, lorsque les femmes ne se conforment pas aux standards établis par les psychologues, la conclusion habituelle a été que quelque chose n'allait pas chez ces dernières.

Matina Horner découvrit que le problème des femmes était l'angoisse que suscitait en elles une réussite réalisée au détriment d'autrui. Depuis le début, les études effectuées sur la motivation humaine à l'aide du test d'aperception thématique (T.A.T.) avaient été compliquées par la présence de différences sexuelles qui embrouillaient l'analyse des résultats. Le T.A.T. consiste à écrire une histoire en s'inspirant d'une image vague et ambiguë ou d'en compléter une à partir d'une phrase donnée. Les psychologues estiment que de telles histoires, en reflétant une imagination prompte à s'extérioriser, révèlent la manière dont les gens analysent ce qu'ils perçoivent, c'est-à-dire les concepts et les interprétations qu'ils apportent à leur expérience et vraisemblablement le sens qu'ils donnent à leur vie. Avant les travaux de Matina Horner, il était déjà clair que les femmes interprétaient les situations compétitives différemment des hommes, qu'elles percevaient ces situations d'une autre manière ou que les situations provoquaient en elles une réaction différente.

Se fondant sur ses travaux de recherche sur des sujets masculins, McClelland divise le concept de la

1. McClelland, 1975, p. 81.

motivation de la réussite en ce qui lui apparaît être ses deux composantes logiques, un motif qui incite l'individu à rechercher le succès (« espérance de succès ») et un autre qui pousse la personne à éviter l'échec (« crainte de l'échec »). Matina Horner identifie une troisième catégorie, d'après les résultats de ses études menées auprès des femmes : la motivation en apparence peu probable qui exhorte quelqu'un à éviter le succès (« crainte du succès »). La réussite au détriment d'autrui semble constituer un problème pour les femmes, problème qui paraît provenir d'un conflit entre la féminité et le succès. C'est le dilemme de l'adolescente qui se débat pour intégrer la compétence plus masculine acquise à l'école dans ses aspirations féminines et les identifications de sa petite enfance. Elle analyse d'abord ce que les femmes ont imaginé pour compléter une histoire qui commençait par : « A la fin du premier trimestre, Anne, une étudiante en médecine, se retrouvait la première de sa classe. » Puis, après avoir observé comment les femmes réagissaient en situation de compétition, Matina Horner rapporte que « lorsque le succès est probable ou possible, les jeunes femmes deviennent angoissées et leurs efforts positifs de réussite contrariés, car elles se sentent menacées par les conséquences négatives que leur apportera, pensent-elles, le succès [1] ». Elle conclut que cette peur « existe parce que, pour la plupart des femmes, anticiper la réussite, surtout dans une situation de rivalité avec des hommes, signifie également anticiper certaines conséquences négatives comme, par exemple, le risque d'être rejetées par la société et de perdre leur féminité [2] ».

Il est cependant possible d'examiner les conflits que provoque le succès sous un autre angle. Georgia Sassen suggère que les conflits exprimés par les femmes indiquent au contraire « une perception aigui-

1. Horner, 1972, p. 171.
2. *Id.* 1968, p. 125.

sée de l'" autre côté " de la réussite, c'est-à-dire du coût émotionnel élevé qui est souvent la rançon du succès dans une situation compétitive. Il y a la prise de conscience, encore mal exprimée et confuse, de quelque chose de fondamentalement malsain dans le succès défini comme l'obtention de la meilleure note de la classe [1] ». Georgia Sassen souligne le fait que Matina Horner, elle, limitait l'angoisse du succès chez les femmes aux cas où la réussite était directement compétitive, c'est-à-dire lorsque le succès de l'un signifiait l'échec de l'autre.

Dans son étude détaillée de la crise d'identité, Erikson cite la vie de George Bernard Shaw pour illustrer l'impression que peut ressentir un être jeune qu'un succès prématuré pousse vers une carrière où il s'engage à contrecœur. A soixante-dix ans, alors qu'il réfléchissait sur sa vie passée, Shaw expliquait la crise de ses vingt ans non par le manque de succès ou l'absence de considération mais par la surabondance des deux : « J'ai réussi malgré moi et j'ai découvert, à mon grand étonnement, que le monde des affaires, au lieu de dénoncer l'imposteur que j'étais et de me renvoyer, s'attachait à moi sans aucune intention de lâcher prise. Et me voilà donc, âgé d'à peine vingt ans, un diplôme de gestion en poche, engagé dans une profession que je détestais de bon cœur, comme toute personne saine d'esprit s'autorise à haïr ce qui la retient prisonnière. En mars 1876, je me suis échappé [2]. » A partir de ce moment-là, Shaw mena la vie qui lui plaisait : il se mit à étudier et à écrire. Loin d'interpréter cette attitude de rejet envers la réussite et la compétition comme une preuve névrotique d'angoisse, Erikson voit dans le refus de Shaw « le travail extraordinaire d'une personnalité extraordinaire en train de s'affirmer [3] ».

1. Sassen, 1980, p. 15.
2. Erikson, 1968, p. 143.
3. Erikson, 1968, p. 144.

33

A partir de ces constatations on pourrait se demander non pas pourquoi les femmes ressentent un conflit dans la réussite compétitive, mais pourquoi les hommes montrent un tel empressement à adopter et à glorifier une vision assez étroite du succès. En se souvenant de l'observation de Piaget, corroborée par Lever, que les garçons sont plus préoccupés par les règles du jeu que les filles, qui, elles, le sont par les rapports avec autrui, souvent au détriment du jeu, et en tenant compte de la conclusion de Chodorow selon laquelle l'orientation sociale des hommes est positionnelle alors que celle des femmes est personnelle, on commence à comprendre pourquoi, quand « Anne » devient « Jean » et que des hommes complètent l'histoire de réussite compétitive de Matina Horner, la crainte du succès a tendance à disparaître. On considère que Jean a joué selon les règles du jeu et a gagné. Il a le *droit* d'être heureux de son succès. Confirmé dans sa propre identité, il se sent distinct de ceux qui, comparés à lui, sont moins compétents, et le sens positionnel qu'il a de lui-même est affirmé. Quant à Anne, il est possible que la position qu'elle pourrait obtenir en étant la première de sa classe ne soit pas ce qu'elle veut.

« Il est évident, écrivait Virginia Woolf en 1929, que l'échelle de valeurs des femmes est souvent différente de celle établie par l'autre sexe et c'est bien naturel [1]. » Et pourtant, ajoute-t-elle, « ce sont les valeurs masculines qui prédominent ». Par conséquent, les femmes sont conduites à mettre en doute la normalité de leurs sentiments et à modifier leurs jugements par déférence envers l'opinion des autres. Dans les romans du XIXe siècle écrits par des femmes, Virginia Woolf voit l'œuvre d'« un esprit légèrement dévié de la ligne droite et contraint de modifier sa vision propre par déférence envers une autorité extérieure ». On peut constater ce même respect des valeurs et des opinions d'autrui dans le jugement

---

1. Woolf, 1980.

féminin au XXᵉ siècle. La difficulté qu'éprouvent les femmes à trouver ou à s'exprimer en public se manifeste souvent sous la forme de réserves et d'un manque de confiance en soi, mais aussi par les signes d'un jugement partagé, une appréciation publique et une appréciation privée qui sont fondamentalement opposées.

Néanmoins, la déférence et la confusion que Virginia Woolf reproche aux femmes proviennent des valeurs qu'elle perçoit comme leur force. La déférence des femmes prend sa source non seulement dans leur subordination sociale mais également dans l'essentiel de leur préoccupation morale. La sensibilité aux besoins des autres et le sentiment d'être responsables de leur bien-être poussent les femmes à tenir compte des voix autres que les leurs et à inclure dans leur jugement des points de vue différents. La faiblesse morale des femmes, qui se manifeste par une apparente diffusion et confusion du jugement, est donc inséparable de leur force morale, de leur souci prioritaire des rapports avec autrui et de leurs responsabilités. La répugnance à juger peut elle-même être une indication de leur souci à l'égard du bien-être des autres qui inspire la psychologie du développement féminin et qui est responsable de l'aspect de sa nature considéré généralement comme problématique.

Ainsi, les femmes se définissent non seulement dans un contexte de relations humaines mais se jugent aussi en fonction de leur capacité à prendre soin d'autrui. La place de la femme dans le cycle de vie de l'homme a été celle de nourricière, de gardienne et de collaboratrice, celle qui tisse la trame de tous ces rapports humains, trame sur laquelle elle s'appuie à son tour. Mais tandis que les femmes ont pris soin des hommes, les hommes ont eu tendance, dans leurs théories de développement psychologique comme dans leurs organisations économiques, à s'arroger ou à dévaluer cette préoccupation. Quand l'accent mis sur l'individuation et la réussite individuelle se prolonge dans la vie adulte et que la maturité est assimilée à l'autonomie personnelle, le souci de l'autre et des rapports humains apparaît plutôt comme une faiblesse que comme une force humaine [1].

Les études effectuées sur les stéréotypes du rôle sexuel par Broverman, Vogel, Clarkson et Rosenkrantz [2] mettent en évidence l'antinomie entre être femme et être adulte. On a pu constater au cours de ces études que les qualités jugées nécessaires pour être adulte – capacité de penser d'une façon autonome, de prendre des décisions nettes et d'agir de manière responsable – sont celles que l'on associe à la masculinité et qu'on estime être des attributs indésirables chez la femme. Les stéréotypes impliquent une division de l'amour et du travail qui relègue les capacités d'expression aux femmes et situe les aptitudes instrumentales dans le domaine masculin. Examinés sous un angle différent, ces stéréotypes reflètent une conception de l'âge adulte déséquilibrée, car elle donne plus de valeur à l'état d'entité séparée de l'individu qu'à ses liens avec les autres et favorise plus l'épanouissement d'une vie autonome de travail que celui de l'interdépendance de l'amour et du souci de l'autre.

Les hommes d'âge mûr qui célèbrent aujourd'hui l'importance de l'intimité, des rapports humains et du souci d'autrui, font une découverte de ce que les femmes ont toujours su. Mais comme ce savoir était considéré comme une « intuition » ou un « instinct », les psychologues ont négligé de décrire son développement. Au cours de mes travaux, j'ai constaté que le développement moral des femmes se concentre sur l'élaboration de cette connaissance et trace ainsi une ligne critique du développement psychologique qui concerne la vie des deux sexes. L'étude du développement moral nous fournit l'ultime illustra-

1. Miller, 1976.
2. Broverman *et al.*, 1972.

tion du leitmotiv qui revient sans cesse dans l'observation et l'évaluation des différences sexuelles présentées par les traités sur le développement humain, et nous indique plus particulièrement pourquoi la nature et l'importance du développement féminin ont été si longtemps rendues obscures et entourées de mystère.

La critique par Freud du sens de la justice des femmes qu'il estime compromis par leur refus d'impartialité aveugle est réitérée par Piaget et Kohlberg. Dans l'étude de Piaget [1] sur le jugement moral de l'enfant, celui des filles n'est qu'une curiosité à laquelle il consacre quatre brefs paragraphes; le mot « garçon » ne figure pas à l'index car l'« enfant » est supposé être du sexe masculin. Quant à Kohlberg, les femmes n'existent pas dans les travaux de recherche sur lesquels il fonde sa théorie. Kohlberg [2] a défini les six stades qui décrivent le développement du jugement moral de l'enfance à l'âge adulte à partir d'une recherche empirique effectuée sur quatre-vingt-quatre garçons dont il a suivi le développement pendant plus de vingt ans. Bien qu'il affirme l'universalité de sa succession de stades, les groupes qui n'avaient pas été inclus dans son échantillon originel atteignent rarement les stades les plus avancés [3]. Les femmes font partie du groupe de ceux dont le développement moral paraît être un des plus immatures selon l'échelle de Kohlberg : leurs jugements, semble-t-il, illustrent le troisième des six stades de la séquence. A ce stade, la moralité est conçue en termes interpersonnels et la bonté se traduit par l'aide et le plaisir que l'on apporte à autrui. Kohlberg et Kramer (1969) estiment que cette conception de la bonté est fonctionnelle dans la vie d'une femme d'âge mûr tant qu'elle demeure au foyer. Ce n'est que si les femmes entrent dans l'arène d'activités traditionnel-

1. Piaget, 1932.
2. Kohlberg, 1958 et 1981.
3. Voir Edwards, 1975; Holstein, 1976; Simpson, 1974.

lement masculines qu'elles reconnaissent l'insuffisance de cette perspective morale et progressent comme les hommes vers les stades où les rapports humains sont subordonnés aux règles (quatrième stade) et les règles aux principes universels de justice (cinquième et sixième stade).

Il y a pourtant là un paradoxe, car les caractéristiques qui définissent la « bonté » des femmes, leur préoccupation et leur sensibilité aux besoins d'autrui, correspondent à celles qui dénotent la carence de leur développement moral. Dans cette version du développement moral, cependant, la conception de la maturité provient de l'étude de la vie des hommes et reflète l'importance de l'individuation. Selon Piaget (1970), une théorie du développement humain n'est pas construite comme une pyramide dont la base est celle de la petite enfance. Au contraire, elle prend son point de départ au sommet, là où l'individu a atteint sa pleine maturité et à partir duquel il est possible de suivre sa progression. Ainsi, un changement de la définition de la maturité n'a pas seulement pour conséquence de modifier la description du stade le plus avancé, mais de remettre en question l'ensemble de la théorie.

Les données de développement que l'on obtient en étudiant la vie des femmes dessinent le profil d'une conception de la morale différente de celle décrite par Freud, Piaget ou Kohlberg, et une description différente du développement s'impose. Le problème moral est davantage provoqué par un conflit de responsabilités que par des droits incompatibles, et demande pour être résolu un mode de pensée plus contextuel et narratif que formel et abstrait. Cette conception de la morale se définit par une préoccupation fondamentale du bien-être d'autrui, et centre le développement moral sur la compréhension des responsabilités et des rapports humains; alors que la morale conçue comme justice rattache le développement moral à la compréhension des droits et des règles.

L'échec du développement des femmes selon les normes définies par le système de Kohlberg s'explique peut-être par le fait qu'elles construisent le problème moral différemment. Kohlberg considère que toutes les constructions de responsabilité sont des preuves d'une compréhension conventionnelle de la morale car, pour lui, les stades les plus avancés du développement moral sont l'aboutissement d'une longue réflexion sur les droits humains. Les deux extraits d'entretiens ci-dessous illustrent la différence entre les deux types de morale, celle des droits qui accorde un rôle primordial à la séparation et à l'individu et celle de la responsabilité axée sur les rapports et la connexion entre les personnes. Voici comment un homme âgé de vingt-cinq ans, l'un des participants de l'étude de Kohlberg, a répondu à des questions portant sur la nature de la morale :

> *Que signifie pour vous le mot « morale » ?*
> Personne au monde ne connaît la réponse. Je pense que c'est reconnaître le droit de l'individu, les droits d'autres individus et ne pas empiéter sur ces droits. Traiter les autres aussi justement que vous voudriez qu'ils vous traitent. Je crois que son rôle principal est de préserver le droit à l'existence d'un être humain. Je pense que c'est le plus important. Ensuite, le droit d'un être humain à faire ce qu'il lui plaît sans, je le répète, empiéter sur les droits de quelqu'un d'autre.
> *Comment vos concepts de la morale se sont-ils modifiés depuis la dernière interview ?*
> Je pense qu'aujourd'hui je suis plus conscient des droits d'un individu. Auparavant, je n'envisageais la question que de mon point de vue, uniquement pour moi. Maintenant, je pense que je me rends mieux compte de ce à quoi un individu a droit.

Kohlberg cite la réponse de cet homme comme exemple d'une conception des droits humains fondée sur des principes et qui correspond aux cinquième et sixième stades de son système. « Se plaçant en dehors de la perspective de sa propre société, commente Kohlberg, il identifie la morale à la justice (l'impartialité, les droits, la Règle d'or [1]) et reconnaît les droits des autres comme étant naturels et intrinsèques. Le droit de l'être humain à faire ce qui lui plaît tant que cela n'empiète pas sur les droits de quelqu'un d'autre est une formule qui définit les droits et précède la législation sociale [2]. »

Le deuxième extrait présente les réponses d'une jeune femme âgée aussi de vingt-cinq ans qui, à l'époque, était en troisième année de droit et avait participé à l'enquête des droits et des responsabilités.

Les problèmes moraux ont-ils réellement une seule bonne solution, ou bien l'opinion de l'un est-elle aussi valide que celle de l'autre ?

Non, je ne pense pas que l'opinion de l'un soit toujours aussi valide que celle de l'autre. Je crois, que dans certaines situations, il existe plusieurs opinions valables et que l'on peut, en conscience, adopter une ligne de conduite parmi d'autres qui seraient tout aussi bien. Mais je pense qu'il y a des situations où les solutions ne peuvent être que bonnes ou mauvaises : elles sont en quelque sorte inhérentes à la nature même de l'existence, de tous les individus qui ressentent le besoin de vivre ensemble pour vivre. Nous avons besoin de dépendre les uns des autres et espérons que cela ne soit pas seulement une nécessité physique, mais une nécessité qui réponde à un désir intérieur de sentir sa vie enrichie par les efforts faits pour coopérer et vivre en harmonie avec autrui. Si l'on a une telle conception de la vie, il existe alors de bonnes et mauvaises solutions. Certaines actions nous rapprochent de notre objectif alors que d'autres nous en éloignent. C'est ainsi qu'il est possible dans certains cas de choisir parmi plusieurs lignes de conduite qui, de toute évidence, nous feront progresser ou régresser par rapport au but fixé.

Y a-t-il une époque dans le passé où vous pensiez différemment à ce sujet ?

1. La « Règle d'or » de la probité scientifique, pour reprendre le terme de Darwin (*N. d. T.*).
2. Kohlberg, 1973, p. 29-30.

Oui, bien sûr, j'ai traversé une période où je pensais que tout était relatif, que « je ne peux pas te dire ce que tu dois faire et tu ne peux pas me dire ce que je dois faire, car tu as ta conscience et j'ai la mienne ».

A quelle époque pensiez-vous ainsi ?

Quand j'allais au lycée. Je suppose que j'ai dû simplement me rendre compte que mes propres idées changeaient et que, puisque mon propre jugement changeait, j'estimais ne pas pouvoir juger le jugement de quelqu'un d'autre. Mais maintenant, même si la ligne de conduite choisie affecte uniquement la personne concernée, je dis qu'une action est mauvaise si elle va à l'encontre de ce que je connais de la nature humaine, de ce que je sais de la personne concernée : je pense pouvoir dire à cette personne qu'elle commet une erreur et je fonde mon jugement sur ce que je pense être vrai du fonctionnement du monde.

Qu'est-ce qui vous a incitée à changer, à votre avis ?

J'ai simplement vécu un peu plus et je me suis aperçue que les gens avaient un nombre incroyable de points communs. J'ai appris à reconnaître ce qui favorise l'épanouissement d'une vie meilleure, de rapports avec autrui plus harmonieux et d'une satisfaction personnelle plus profonde, et ce qui a généralement tendance à faire l'inverse. Les choses qui améliorent la qualité de la vie pourraient être appelées moralement bonnes et justes.

Cette réponse constitue aussi une reconstruction personnelle de la morale après une période de doute et de remise en question. Elle n'est pas fondée sur la prééminence et l'universalité des droits de l'individu, mais sur « un sentiment très fort de responsabilité envers le monde ». Son dilemme moral n'est plus comment faire respecter ses droits tout en respectant ceux des autres, mais comment « mener une vie morale faite d'obligations envers moi-même, ma famille et les gens en général ». La difficulté est alors de limiter le nombre des responsabilités, sans abandonner sa préoccupation morale. Pour se décrire, cette femme donne surtout de l'importance au fait d'avoir autour d'elle des personnes auxquelles elle se sent attachée et aussi envers lesquelles elle est responsable. « J'éprouve un sentiment très fort de responsabilité envers le monde. Je ne peux pas vivre uniquement pour mon bon plaisir; le fait même d'être au monde me donne l'obligation de faire ce que je peux pour l'améliorer, si petite ma contribution soit-elle. » Tandis que le sujet de Kohlberg est préoccupé par le respect des droits de chacun, cette femme s'inquiète « d'une omission éventuelle, de ne pas aider les autres quand on pourrait le faire ».

Le cinquième stade « autonome » du développement du moi identifié par Jane Loevinger répond à la question que soulève cette femme. L'autonomie, placée dans un contexte de rapports humains, est définie comme l'élément modulateur d'un sens excessif de la responsabilité grâce à la reconnaissance du fait que les autres personnes sont responsables de leur propre destin. Le stade autonome de Loevinger témoigne de l'abandon des dichotomies morales et de leur remplacement par une « réalisation de la complexité et du caractère multiple des personnes et des situations dans la vie réelle [1] ». Alors que la morale de droits sur laquelle reposent les cinquième et sixième stades de Kohlberg (le niveau des principes) vise à trouver une résolution objective et équitable des dilemmes moraux avec laquelle toute personne raisonnable pourrait être d'accord, la morale des responsabilités met l'accent sur les limitations de n'importe quelle résolution et décrit les conflits toujours en attente.

Les raisons pour lesquelles une morale de droits et de non-interférence, avec son potentiel de justification de l'indifférence, peut faire peur aux femmes deviennent évidentes. Simultanément, on peut comprendre pourquoi, d'un point de vue masculin, une morale de responsabilités semble diffuse et non concluante à cause de son relativisme contextuel très insistant. Les jugements moraux des femmes per-

---

1. Loevinger, 1970, p. 6.

mettent d'élucider l'image complexe observée lors de la description des différences de développement entre les deux sexes et donnent une autre conception de la maturité avec laquelle il est possible d'évaluer ces différences et d'identifier leurs implications. La psychologie féminine, dont la forte orientation vers les rapports humains et l'interdépendance a été logiquement décrite comme distincte de celle des hommes, sous-entend un mode de jugement plus contextuel et une compréhension de la morale différente. A cause de ces conceptions opposées, les femmes perçoivent le cycle de vie d'un autre point de vue et attribuent des priorités différentes à l'expérience humaine.

Le mythe de Déméter et de Perséphone que McClelland (1975) cite pour illustrer l'attitude féminine envers le pouvoir a été associé aux mystères d'Éleusis que la Grèce antique célébra pendant plus de deux mille ans. Telle que la raconte l'hymne homérique à Déméter, l'histoire de Perséphone illustre les forces de l'interdépendance, c'est-à-dire l'accumulation des ressources et leur distribution. McClelland a constaté, dans son étude sur la motivation du pouvoir, qu'elles caractérisent le style des femmes à la maturité. « Bien qu'il soit à la mode de conclure, écrit McClelland, que personne ne sait ce qui se passait pendant les mystères, il est connu qu'ils représentaient probablement les cérémonies religieuses les plus importantes, même si elles ne sont que partiellement documentées, qui furent organisées par et pour les femmes, surtout avant que les hommes, en célébrant le culte de Dionysos, n'en prennent le contrôle. » McClelland considère le mythe comme « une présentation spéciale de la psychologie féminine [1] ». Il est également une histoire du cycle de vie par excellence.

Perséphone, la fille de Déméter, alors qu'elle joue dans un pré avec ses amies, voit un narcisse magnifique et court le cueillir. Au même moment, la terre

---

1. McClelland, 1975, p. 96.

s'ouvre et elle est enlevée par Hadès qui l'emmène dans son royaume souterrain. Déméter, déesse de la Terre, pleure tellement la perte de sa fille qu'elle refuse de laisser pousser quoi que ce soit. La végétation qui entretient la vie sur terre se flétrit, les hommes et les animaux meurent, jusqu'à ce que Zeus ait pitié de la souffrance de l'homme et persuade son frère de rendre Perséphone à sa mère. Mais avant de la laisser partir, Hadès lui fait manger quelques graines de grenade; il s'assure ainsi qu'elle reviendra passer une partie de chaque année dans son royaume.

Le mystère insaisissable du développement féminin réside dans sa reconnaissance de l'importance continue de l'attachement au cours du cycle de vie. Le rôle de la femme dans le cycle de vie de l'homme est de protéger cette reconnaissance, alors que la litanie du développement glorifie la séparation, l'autonomie, l'individuation et les droits naturels. Le mythe de Perséphone s'adresse directement à cette vision déformée en nous rappelant que le narcissisme conduit à la mort, que la fécondité de la terre est mystérieusement liée à la continuité des relations entre mère et fille et que le cycle de vie provient lui-même d'une alternance entre le monde des femmes et celui des hommes. Ce n'est que lorsque les théoriciens du cycle de vie partageront leur attention et commenceront à vivre avec les femmes comme ils l'ont fait avec les hommes que leur vision embrassera l'expérience des deux sexes et que, par conséquent, leurs théories deviendront plus fertiles.

2

LES RAPPORTS AVEC AUTRUI
DES IMAGES DIFFÉRENTES

En 1914, Freud « quitte avec regret son poste d'observateur et s'engage dans l'aride controverse théorique » : il écrit son essai pour introduire le narcissisme et élargit son domaine psychologique. Recherchant l'origine de la faculté d'aimer qui est pour lui un symptôme de maturité et de santé psychique, il la situe dans le contraste entre l'amour pour la mère et l'amour de soi. Il partage le monde de l'amour entre, d'un côté, le narcissisme, et de l'autre, les relations d'« objet ». Sa vision de l'amour éclaire le développement des hommes alors qu'elle obscurcit encore plus celui des femmes. Le problème provient de ce que le contraste entre la mère et soi-même provoque deux images différentes des relations. Comme Freud utilise les images de la vie des hommes pour suivre le cheminement de la maturation humaine, il ne peut pas identifier, chez les femmes, le développement des rapports avec autrui, de la morale ou d'une claire perception de soi. Malgré ses efforts, il ne parvient pas à faire entrer l'expérience féminine dans la logique de sa théorie et il finit par considérer les femmes comme un genre à part. Leurs relations ainsi que leur vie sexuelle sont pour lui « un " continent noir " de la psychologie [1] ».

1. Freud, 1926, p. 212.

Par conséquent, le problème d'interprétation qui rend difficile la compréhension du développement féminin a pour origine les différences de leur manière de vivre leurs rapports avec autrui. Freud, qui pourtant a vécu entouré de femmes et qui par ailleurs a été si perspicace, a constaté que les relations humaines des femmes lui semblaient de plus en plus mystérieuses, difficiles à discerner et encore plus à décrire. Ce mystère montre combien la théorie peut aveugler l'observation, mais suggère aussi que le processus de maturation des femmes est voilé par une conception particulière des rapports humains. Comme la panoplie d'images ou de métaphores dont on se sert pour décrire les relations avec autrui façonne le compte rendu du développement humain, l'inclusion des femmes entraîne un changement d'images et implique une modification de l'ensemble de la théorie.

Ce changement d'images qui crée la difficulté d'interprétation du développement féminin est illustré par les jugements moraux de deux enfants, un garçon et une fille âgés de onze ans, qui voient deux problèmes moraux très différents dans le même dilemme. La théorie actuelle illustre brillamment la logique et le mode de pensée du garçon; elle projette une faible lueur sur ceux de la fille. Le but recherché en choisissant une fille dont les jugements moraux échappent à tous les systèmes d'évaluation a plus été de souligner le problème d'interprétation que de donner un exemple de différence sexuelle *per se.* L'élaboration d'un nouveau mode d'interprétation fondé sur les images suscitées par la pensée de la fille permet de discerner un processus de maturation, là où ce n'était pas possible auparavant, et de considérer les différences de compréhension des relations sans leur attribuer une échelle de valeurs.

Les deux enfants étaient dans la même classe à l'école (cours moyen deuxième année) et avaient participé à l'enquête sur les droits et les responsabilités dont le but était d'explorer les différentes conceptions de la morale et de soi. Les personnes sélectionnées pour cette étude ont été choisies pour mettre en évidence les variables du sexe et de l'âge. Afin d'obtenir un développement potentiel maximum, la sélection des participants a été également effectuée selon des critères élevés et constants d'intelligence, d'éducation et de classe sociale. Ces facteurs sont ceux que l'on a associés au développement moral, au moins tel qu'il est évalué aujourd'hui d'après les normes établies. Les deux enfants en question, Amy et Jake, étaient intelligents, vifs et s'exprimaient dans un langage clair et net. Ils savaient résister, par leurs tendances d'enfants âgés de onze ans, aux stéréotypes faciles des rôles sexuels puisque Amy voulait devenir une scientifique et que Jake préférait l'anglais aux mathématiques. Néanmoins, leurs jugements moraux semblaient initialement confirmer les idées habituelles sur les différences entre les sexes et suggéraient qu'à la puberté le développement moral féminin perd l'avance prise pendant les premières années scolaires et cède la priorité à la pensée logique et formelle qui s'affirme chez les garçons.

On demanda à ces enfants de résoudre l'un des dilemmes que Kohlberg avait conçu afin d'évaluer le développement moral des adolescents. Le processus est d'explorer la logique de la résolution d'un conflit entre deux normes morales. Dans ce dilemme, un homme, Heinz, se demande s'il doit ou s'il ne doit pas voler, pour sauver la vie de sa femme, un médicament qu'il n'a pas les moyens d'acheter. La méthode standard d'interview de Kohlberg consiste à poser la question : « Est-ce que Heinz devrait voler le médicament ? », après avoir décrit le dilemme (sa situation difficile, la maladie de sa femme, le pharmacien qui refuse de baisser son prix). Les raisons pour et contre le vol sont alors explorées à l'aide d'une série de questions qui permettent d'examiner les paramètres du dilemme sous le plus grand nombre d'angles possible, de manière à révéler la structure sous-jacente de la pensée morale.

Jake, à onze ans, ne manifeste aucune hésitation :

Heinz devrait voler le médicament. Il construit le dilemme ainsi que Kohlberg l'avait fait comme un conflit entre deux valeurs, la propriété et la vie. Il perçoit la priorité logique de la vie et utilise cette logique pour justifier son choix.

Tout d'abord, une vie humaine a plus de valeur que l'argent. Si le pharmacien ne fait que mille dollars, il va quand même vivre, mais si Heinz ne vole pas le médicament, sa femme va mourir.
Pourquoi la vie vaut-elle plus que l'argent?
Parce que le pharmacien peut plus tard avoir de l'argent en vendant des médicaments à des gens riches et atteints de cancer, mais Heinz ne peut pas ravoir sa femme.
Pourquoi pas?
Parce que les gens sont tous différents, voilà pourquoi on ne pourrait pas avoir la femme de Heinz une nouvelle fois.

A la question : « Heinz devrait-il voler le médicament s'il n'aime pas sa femme ? », Jake réplique qu'il devrait le faire et précise « qu'il y a une différence entre haïr et tuer et que le juge », au cas où Heinz serait arrêté, « penserait probablement qu'il avait fait ce qu'il fallait faire ». Interrogé sur le fait que le vol de Heinz constituerait une violation de la loi, il répond que « les lois comportent des erreurs, qu'il est impossible de rédiger une loi pour toutes les infractions imaginables ».

Jake tient compte de la loi et reconnaît sa fonction : le maintien de l'ordre social. Mais en même temps, il la considère comme étant faite par l'homme et par conséquent sujette à l'erreur et au changement. Son jugement et son appréciation de la loi sont néanmoins fondés sur l'hypothèse qu'il existe un consensus de la société quant aux valeurs morales. Ce consensus permet à un individu de savoir et de s'attendre à ce que les autres sachent « ce qu'il faut faire ».

Fasciné par le pouvoir de la logique, ce garçon de onze ans situe la vérité dans les mathématiques qui, dit-il, sont « les seules à être totalement logiques ». Le dilemme moral est pour lui « une sorte de problème mathématique avec des êtres humains ». Il le construit donc comme une équation à résoudre pour trouver la solution. Puisqu'il a obtenu sa solution rationnellement, il suppose que toute personne dont la réflexion serait fondée sur la raison parviendrait à la même conclusion. C'est pourquoi il estime qu'un juge penserait aussi que voler était ce que Heinz devait faire. Il est toutefois également conscient des limites de la logique. A la question : « Les problèmes moraux ont-ils une solution correcte ? », Jake réplique « qu'il ne peut y avoir que de bons et de mauvais jugements », puisque les paramètres d'une action sont complexes et variables. Afin d'illustrer comment une action entreprise avec la meilleure des intentions peut avoir les conséquences les plus désastreuses, il donne cet exemple : « Imaginez que vous cédiez votre place d'autobus à une vieille dame et qu'ensuite il se produise un accident. Si par malheur ce siège-là était éjecté par la fenêtre lors de l'accident, il se pourrait que votre geste soit la cause de la mort de la vieille dame. »

Les théories du développement expliquent bien la position de cet enfant qui se tient à la jonction entre l'enfance et l'adolescence, stade que Piaget considère comme l'apogée de l'intelligence enfantine, et qui commence à découvrir, grâce à la pensée, un univers plus large de possibilités. La période de la préadolescence est marquée par la conjonction d'un mode de pensée opérationnel et formel et d'une description de soi encore ancrée dans le monde factuel de l'enfance (son âge, sa ville, la profession de son père, ses préférences, ses aversions et ses convictions). La manière dont Jake se décrit reflète la confiance en soi que possède un enfant quand il est parvenu à assurer un équilibre positif entre le travail et le sentiment d'infériorité pour reprendre les termes d'Erikson : compétent, sûr de lui et connaissant bien les règles du jeu. Son mode formel de pensée qui émerge, sa capacité de raisonner et d'aboutir à une conclusion logique le libèrent de l'autorité d'autrui et lui permettent de trouver la solution d'un problème sans dépendre de qui que ce soit.

Cette autonomie naissante suit la trajectoire tracée par les six stades de développement moral identifiés par Kohlberg. Cette progression va d'une compréhension égocentrique de l'équité établie sur les besoins de l'individu (stades 1 et 2) à une conception de la justice ancrée dans les conventions acceptées d'un commun accord par la société (stades 3 et 4), pour aboutir à des principes de justice fondés sur une logique autonome d'égalité et de réciprocité (stades 5 et 6). Les jugements de cet enfant de onze ans sont considérés comme conventionnels, un mélange des troisième et quatrième stades selon l'échelle de Kohlberg. Il n'en demeure pas moins que la faculté d'utiliser une logique déductive afin de résoudre un dilemme moral, de différencier les concepts de morale et de loi et de percevoir que parfois les lois peuvent comporter des erreurs, indique que le développement moral de ce garçon progresse vers une conception de la justice fondée sur des principes qui, selon Kohlberg, caractérisent la maturité morale.

Au contraire, la réaction d'Amy face à ce dilemme donne une tout autre impression. Son développement moral semble être arrêté dans sa progression par un manque de logique et une incapacité apparente de pensée autonome. Lorsqu'on lui demande si Heinz devait voler le médicament, elle réplique d'une manière évasive et incertaine :

> Eh bien, je ne pense pas. Il y a peut-être d'autres moyens de s'en sortir, sans avoir à voler le médicament : il pourrait emprunter l'argent, par exemple. Mais il ne devrait vraiment pas voler et sa femme ne devrait pas mourir non plus.

A la question : « Pourquoi ne devrait-il pas voler le médicament ? », sa réponse ne prend en considération ni les concepts de propriété ni ceux de loi. Elle pense surtout à l'effet qu'un vol pourrait avoir sur les rapports entre Heinz et sa femme :

> S'il volait le médicament, il sauverait peut-être la vie de sa femme, mais alors il risquerait d'aller en prison. Si sa femme retombait malade par la suite, il ne serait plus en mesure de lui procurer le médicament et la vie de sa femme serait de nouveau en danger. Ils devraient discuter à fond du problème et trouver un moyen de réunir l'argent.

Amy ne conçoit pas le dilemme comme un problème mathématique mais plutôt comme une narration de rapports humains dont les effets se prolongent dans le temps. Elle envisage que la femme continuera à avoir besoin de son mari et que celui-ci voudra toujours prendre soin d'elle. Amy cherche à satisfaire les exigences du pharmacien sans pour autant rompre toute relation avec lui. Elle place la valeur de la vie de la femme dans un contexte de rapports humains qu'elle veut préserver. « Ce serait une mauvaise action, dit-elle, de la laisser mourir, car cela ferait aussi du mal à beaucoup de personnes. » Son jugement moral est fondé sur la conviction que « si une personne possède quelque chose capable de sauver la vie d'une autre, elle aurait tort de ne pas le lui donner ». Amy, par conséquent, situe l'origine du problème au niveau du refus de répondre aux besoins d'autrui de la part du pharmacien et non pas au niveau de l'affirmation de ses droits.

Les questions suivantes, qui correspondent à la construction du dilemme établie par Kohlberg, ne modifient pratiquement pas la réponse initiale d'Amy et n'apportent aucun élément nouveau. Que Heinz aime ou n'aime pas sa femme, il ne doit toujours pas voler ni la laisser mourir. Si, au lieu de la vie de sa femme, c'était celle d'une inconnue qui était en danger, Heinz devrait essayer de la sauver mais sans avoir recours au vol, « au cas où cette dernière n'aurait pas de parent proche ou d'amis autour d'elle », précise Amy. La répétition des questions pendant l'interview lui donnant l'impression que ses réponses sont fausses ou mal comprises, elle commence à perdre confiance en elle et à être de plus en plus embarrassée et incertaine. Lorsqu'on lui demande à nouveau pourquoi Heinz ne devrait pas voler le médicament, elle répète tout simplement : « Parce que ce n'est pas bien. » Quand on lui demande une deuxième fois d'expliquer pourquoi, elle s'en tient à sa première réponse, à savoir « que le vol n'est pas une bonne solution », et ajoute gauchement : « S'il le volait, il ne saurait peut-être pas comment le donner à sa femme, et donc elle risquerait encore de mourir. » Incapable de percevoir le dilemme comme un problème autonome de logique morale, elle ne discerne pas la structure interne de sa résolution. Étant donné qu'elle construit le problème différemment, la conception de Kohlberg lui échappe complètement.

Sa vision du monde est constituée de relations humaines qui se tissent et dont la trame forme un tout cohérent, et non pas d'individus isolés et indépendants dont les rapports sont régis par des systèmes de règles. Le pharmacien ne réagit pas aux besoins de la femme de Heinz et, pour Amy, le fond du problème est là. Partant du principe que « c'est mal de laisser mourir quelqu'un quand on peut lui sauver la vie », elle suppose que si le pharmacien se rendait compte des conséquences que pourrait avoir son refus de baisser le prix du médicament, il comprendrait que « son devoir serait de le donner tout simplement et de se faire rembourser plus tard par le mari ». Amy estime donc que le meilleur moyen de résoudre ce dilemme est de faire comprendre au pharmacien l'urgence et la gravité de l'état de la femme de Heinz ou, si l'on n'y parvient pas, de faire appel à d'autres personnes qui seraient en mesure de l'aider.

Tout comme Jake est sûr que le juge serait d'accord avec lui quant au vol du médicament, Amy est persuadée que si « Heinz et le pharmacien discutaient assez longtemps de la situation, ils pourraient parvenir à une solution autre que le vol ». Il estime que la loi « comporte des erreurs » et elle considère que ce drame est une erreur car, pense-t-elle, « les gens devraient partager ce qu'ils possèdent; voler deviendrait alors inutile ». Les deux enfants reconnaissent la nécessité d'un accord mais empruntent deux voies différentes pour y parvenir : lui d'une façon impersonnelle par les intermédiaires de la logique et de la loi; elle personnellement grâce à la communication dans les rapports humains. De même que Jake appuie son raisonnement sur les conventions de la logique pour déduire la solution de ce dilemme tout en supposant que ces conventions soient partagées, Amy fonde le sien sur un processus de communication et de rapports ouverts entre les personnes, convaincue que sa voix sera entendue. La convergence de ses réponses et des questions posées confirme pour le jeune garçon la véracité de ses suppositions ancrées dans les conventions de la logique. Mais, en revanche, le manque de communication entre Amy et la personne qui l'interroge et l'incapacité de cette dernière à comprendre ses réponses altèrent les convictions de la jeune fille.

La répétition des questions et l'impasse dans laquelle s'est terminée l'interview d'Amy démontrent clairement que l'expérience a été très frustrante. Surtout, l'évaluation de ses réponses met en évidence le problème d'interprétation. Si l'on utilise comme instrument de mesure l'échelle établie par Kohlberg, le degré de développement des jugements moraux d'Amy semble être un mélange des deuxième et troisième stades. Comparé au niveau de développement moral du jeune garçon (troisième et quatrième stades), il est donc nettement moins avancé. Les réponses d'Amy donnent l'impression qu'elle se sent impuissante par rapport au monde qui l'entoure, qu'elle est incapable de réfléchir systématiquement sur les concepts de morale ou de loi, qu'elle hésite à défier l'autorité en place ou à examiner la logique des vérités morales reçues, qu'il lui est même impossible de concevoir une action directe pour sauver une vie ou de penser qu'une telle action pourrait avoir une chance quelconque de réussite. Comme sa foi dans les rapports humains semble être un symptôme de dépendance et de vulnérabilité, son mode de résolution des dilemmes moraux, la communication, la fait paraître naïve et immature.

Et pourtant, la manière dont Amy se décrit donne une impression bien différente. C'est une préadolescente sûre d'elle-même et de la valeur de ses convictions. Elle a entièrement confiance en ses facultés et se sent capable d'accomplir quelque chose de bien dans la vie. A onze ans, elle se décrit « en train de grandir et de changer. Aujourd'hui, je vois certaines choses différemment parce que maintenant je me connais vraiment bien moi-même et je comprends le monde beaucoup mieux qu'avant ». Le monde qu'elle connaît est toutefois différent de celui que reflète la construction de Kohlberg du dilemme de Heinz. Son monde est peuplé de relations humaines et de vérités psychologiques, un monde où la prise de conscience des rapports entre les individus donne lieu à une reconnaissance des responsabilités que l'on a l'un envers l'autre, à une perception de la nécessité de répondre aux besoins d'autrui. Sa compréhension de la morale fondée sur la reconnaissance des rapports humains, sa confiance dans le pouvoir de la communication pour résoudre les conflits, sa conviction que le dilemme sera obligatoirement résolu, si la situation de la personne dans le besoin est présentée avec assez de force, ne semblent pas alors aussi naïves ou immatures. Au contraire, les jugements d'Amy contiennent les préceptes essentiels à une éthique fondée sur la préoccupation d'autrui, comme les jugements de Jake reflètent la logique intrinsèque d'une approche du dilemme par la justice. Sa nouvelle prise de conscience de la « méthode de vérité », pivot sur lequel s'appuie la résolution non violente d'un conflit, et la foi qu'elle place dans le pouvoir réparateur de toute activité qui vise à sauvegarder le bien-être d'autrui la conduisent à considérer les personnages du dilemme non pas comme des adversaires qui s'opposent dans un litige de droits, mais comme les gens qui font partie d'un réseau de rapports humains. Chacun dépend, pour sa survie, de la continuité de ce réseau, et c'est pourquoi Amy a recours à la communication, assure l'inclusion de l'épouse et préfère renforcer les nœuds.

Mais la logique différente des réponses d'Amy attire l'attention sur l'interprétation de l'interview même. Conçue comme une interrogation, elle paraît être un dialogue, ce qui prend en soi des dimensions morales, car dans ce cas la position supérieure de la personne qui interroge, l'usage qu'elle fait de son pouvoir et les manifestations de respect de l'interrogée entrent en jeu. Cette modification de la conception de l'interview met immédiatement en évidence l'origine des difficultés qu'éprouve l'interrogateur à comprendre les réponses d'Amy : cette dernière répond à une question différente de celle que l'interrogateur pensait avoir posée. Amy ne prend pas en considération le fait du savoir *si oui ou non* Heinz devrait agir dans cette situation (« Heinz *devrait-il* voler le médicament ? »). Elle envisage plutôt *comment* Heinz devrait agir pour répondre au besoin de sa femme (« Heinz devrait-il *voler* le médicament ? »). L'interrogateur considère que le mode d'action est admis, qu'il est inutile de le remettre en question; Amy estime que la nécessité d'agir va de soi et s'interroge surtout sur sa forme. L'interrogateur est incapable d'imaginer une réponse qui n'appartienne pas au système philosophique et moral de Kohlberg; il lui est donc impossible de saisir la question d'Amy et de percevoir la logique de sa réponse. Il ne peut pas discerner que, derrière cette réponse qui à première vue semble évasive, se cachent une prise de conscience du problème et le désir de trouver une solution plus appropriée.

Ces deux enfants voient dans le dilemme de Heinz

deux problèmes extrêmement différents. Pour Jake, il s'agit d'un conflit entre les droits de propriété et de vie qui peut être résolu par déduction logique. Pour Amy, c'est une rupture du réseau des relations humaines qu'il faut réparer avec le même matériau, c'est-à-dire la communication. Les enfants se posent des questions différentes qui émanent de conceptions divergentes de la morale et parviennent à des conclusions fondamentalement opposées. Le jugement d'Amy révèle une autre vérité qui échappe totalement à un système de mesure de maturité morale établi sur la logique des réponses du jeune garçon. A la question : « Que voit-il qu'elle ne voit pas ? », la théorie de Kohlberg fournit une réponse toute prête qui se traduit par un score en maturité morale supérieur à celui d'Amy d'un stade. A la question : « Que voit-elle qu'il ne voit pas ? », la théorie de Kohlberg n'a rien à répondre. Comme la plupart des réponses d'Amy passent au travers du système d'évaluation de Kohlberg, elles ne semblent pas appartenir, de son point de vue, au domaine de la morale.

Si Jake fait preuve d'un sens aigu de la logique de justification, Amy démontre une compréhension aussi recherchée de l'acte de choisir. Elle reconnaît que « lorsque deux routes partent dans des directions opposées, si l'on en choisit une, on ne saura jamais ce qui aurait pu se passer si l'on avait emprunté l'autre ». Elle explique que « c'est un risque à courir. On ne peut pas être sûr à l'avance ». Afin d'illustrer sa pensée « d'une manière simple », elle raconte le choix qu'elle a fait de partir en colonie de vacances cet été :

> Si les choses se passent mal en colonie de vacances, je ne saurai jamais s'il aurait été préférable que je reste ici. Cela m'est impossible de le savoir car c'est impossible de faire les deux choses en même temps, et il faut donc choisir sans jamais savoir ce qui aurait pu être.

Ces deux enfants de onze ans, chacun extrêmement intelligent et perspicace à sa manière, manifestent des modes différents de compréhension morale, un cheminement différent de la pensée face aux situations de conflit et de choix. Jake utilise le vol afin d'éviter une confrontation et fait appel à la loi pour trancher le litige. Il désamorce un conflit potentiellement explosif entre des personnes par une permutation des hiérarchies de pouvoirs et de valeurs : la situation devient impersonnelle et se résume à une question de droits. Il soustrait ainsi le problème moral du monde subjectif des relations humaines pour le placer dans le domaine objectif de la logique et de la justice. Il y aura donc des gagnants et des perdants, mais selon les règles d'un jeu objectif. La violence potentielle qu'implique cette relation d'ordre avec ses vainqueurs et ses vaincus est remplacée, dans la façon dont Amy construit le dilemme, par un réseau de relations, une toile tissée par un processus de communication. Elle transforme le problème moral : il n'est plus celui d'une suprématie injuste du droit de propriété mais celui d'une exclusion inutile – le refus de la part du pharmacien de répondre aux besoins de la femme.

Cette modification de la formulation du problème moral qui s'accompagne d'un changement de l'image ou de la représentation que l'on se fait des rapports humains apparaît également dans les réponses de deux enfants âgés de huit ans, Jeffrey et Karen. On leur avait demandé de décrire une situation dans laquelle ils n'étaient pas sûrs de ce qu'il fallait faire :

Jeffrey	*Karen*
Quand je veux aller voir mes amis et que ma mère est en train de nettoyer la cave, je pense à mes amis, puis je pense à ma mère et alors je pense à ce qu'il est bien de faire.	J'ai beaucoup d'amis et je ne peux pas toujours jouer avec tous. Alors ils doivent attendre chacun leur tour parce qu'ils sont tous mes amis. Mais si quelqu'un est tout seul, je joue avec lui.
Mais comment sais-tu ce qu'il est bien de faire ?	*A quoi penses-tu quand tu essaies de prendre cette décision ?*

Parce que certaines choses passent avant d'autres.	Euh, à une personne toute seule, la solitude.

Alors que Jeffrey établit un ordre hiérarchique afin de résoudre un conflit entre son désir et son devoir, Karen décrit un réseau qui comprend tous ses amis. Les deux enfants discutent des problèmes d'exclusion et de priorité que crée l'obligation de choisir, mais tandis que Jeffrey réfléchit à ce qui doit passer en premier, Karen se soucie de la personne laissée pour compte.

Le contraste entre les images de hiérarchie et de réseau de relations humaines que révèlent les modes de pensée des enfants face à une situation de conflit moral et de choix éclaire deux conceptions de la morale qui sont plus complémentaires que séquentielles ou opposées. Mais cette complémentarité s'oppose aux théories du développement moral qui hiérarchisent les différences. La théorie actuelle correspond à la structure de la pensée des garçons, alors qu'au contraire elle diverge de façon marquée de celle des filles. Néanmoins, dans aucun des deux exemples cités, le jugement d'un enfant n'apparaît être le précurseur de la position de l'autre. Cela soulève des questions quant à la nature de la relation entre ces deux perspectives : quelle est la signification de cette différence et comment ces deux modes de pensée se rejoignent-ils ? L'examen du rapport entre la manière dont Jake et Amy conçoivent la morale et la description qu'ils font d'eux-mêmes apportent une réponse à ces questions :

Jake	*Amy*
Comment te décrirais-tu à toi-même ?	
Parfait. Ça, c'est mon côté suffisant. Que voulez-vous dire, au juste ? Est-ce que je suis libre de me décrire comme cela me plaît ?	Vous voulez dire ma personnalité ? *Qu'en penses-tu ?* Eh bien, je ne sais pas. Je décrirais... euh..., mais que

voulez-vous dire exactement?

Si tu avais à décrire la personne que tu es de manière à ce que tu reconnaisses que c'est de toi dont on parle, que dirais-tu?

Je commencerais par mon âge. Onze ans. Jake [nom de famille]. Je devrais ajouter que je vis à [nom de la ville] parce que c'est une partie importante de moi-même et aussi que mon père est médecin, car je pense que cela me change quand même un peu. Je devrais dire également que je pense que c'est mal de commettre un crime, sauf lorsqu'on s'appelle Heinz, et que c'est embêtant d'aller à l'école. C'est important de dire ça parce que cela donne une petite idée de mon caractère. Je ne sais pas trop comment me décrire parce que je ne sais comment analyser ma personnalité.

Si tu devais décrire la façon dont tu te vois réellement, que dirais-tu?

J'aime les histoires drôles et idiotes. Je n'aime pas vraiment me mettre au travail, mais je suis capable de faire tous mes devoirs à l'école. Je n'ai pas encore vu un seul problème trop difficile pour moi. J'ai pu faire tous les exercices qui exigent des connaissances après avoir lu ce qu'il fallait. Parfois, je

Eh bien, je dirais que je suis quelqu'un qui aime bien aller à l'école et étudier, et c'est ce que je veux faire dans la vie. Je veux être dans la recherche scientifique ou quelque chose de ce genre et je veux aider les gens. Je pense que c'est le genre de personnes que je suis ou que j'essaie d'être. C'est probablement comme ça que je me décrirais. Et je veux faire quelque chose pour aider les autres.

Et pourquoi?

Eh bien, parce que je pense qu'il y a beaucoup de problèmes dans le monde et je pense que chacun devrait aider les autres d'une manière quelconque, et moi je choisis de le faire par l'intermédiaire de la science!

n'aime pas perdre mon
temps à faire des devoirs
trop faciles. Et puis, j'adore
le sport. Contrairement à
beaucoup de gens, je pense
qu'il y a encore de l'espoir
pour le monde... La plupart
des gens que je connais, je
les aime bien. J'ai une vie
formidable, je n'ai rien à
envier aux autres et aussi je
suis grand pour mon âge.

On entend dans la voix de ce jeune garçon de onze
ans l'écho familier [1] d'une définition de soi qui utilise
les coordonnées de temps et d'espace pour établir un
ordre hiérarchique par rapport auquel on peut se
situer. Jake se décrit en déterminant sa position
spécifique dans le monde et se différencie de celui-
ci par ses capacités, ses aptitudes, ses convictions et
sa taille. Bien qu'Amy fasse également l'énumération
de ses préférences, désirs et convictions, elle se situe
dans le monde non pas par ce qui la distingue de
celui-ci mais par ce qui la relie à autrui. Elle se
décrit à travers les actions qui l'unissent au monde
et utilise sa faculté de contribution pour resserrer les
liens. Jake mesure sa propre valeur par rapport à son
idéal de perfection. L'idéal d'Amy est le bien-être
d'autrui et cet idéal lui sert de critère pour évaluer
la valeur de son activité. Alors qu'elle se situe en
rapport avec le monde et choisit d'aider autrui par
l'entremise de la science, lui place le monde par
rapport à lui-même et la distinction qu'il y a entre
le monde et lui définit son caractère, sa position et
la qualité de sa vie.

1. Le jeune Stephen Dedalus, personnage de James Joyce dans
Dedalus, portrait de l'artiste jeune par lui-même, avait repéré sur
une carte de son manuel de géographie là où il habitait et y
avait inscrit son nom *(N. d. T)*.

Le contraste entre une autodéfinition par séparation et une autodescription par connexion, entre se mesurer par rapport à un idéal abstrait de perfection et s'évaluer à travers des activités visant à améliorer le bien-être d'autrui devient encore plus évident, et les implications de ce contraste sont encore plus grandes, si l'on examine les voies différentes qu'empruntent ces deux enfants pour résoudre un conflit de responsabilités, envers soi-même et envers les autres. La question de la responsabilité fut abordée à la suite d'un débat sur le dilemme d'une femme tiraillée entre ses obligations professionnelles et familiales. Les réponses d'Amy sont encore imprégnées des détails de cette discussion, mais celles de Jake démontrent qu'il situe le problème de la responsabilité hors du contexte dans lequel il est présenté et remplace les thèmes d'intimité par ses propres images explosives de rapports humains :

Jake	*Amy*

Quand il y a un conflit entre les responsabilités que l'on a envers soi-même et envers autrui, comment devrait-on choisir ?

Un quart pour les autres et les trois quarts pour soi.	Eh bien, cela dépend réellement de la situation ! Si vous avez une responsabilité envers quelqu'un, vous devrez assumer votre responsabilité envers cette personne jusqu'à un certain point, mais pas au point où cela vous porte tort ou vous empêche de faire quelque chose que vous désirez faire de tout votre cœur. Dans ce cas-là, je crois que vous devez peut-être penser d'abord à vous-même. Mais si c'est une responsabilité envers une personne très proche de vous, vous devez décider ce

qui est, dans cette situation, le plus important : vous ou cette personne. Et comme je l'ai déjà dit, cela dépend réellement du genre de personnes que vous êtes et de vos sentiments envers les personnes impliquées dans la situation.

Pourquoi ?

Parce que, dans cette décision, ce qui est le plus important, c'est vous. Ne vous laissez jamais totalement guider par les autres, mais il faut quand même les prendre en considération. Par exemple, si ce que vous voulez faire est de vous tuer avec une bombe atomique, vous devez peut-être le faire avec une grenade. Il faut penser aux voisins qui autrement seraient aussi tués avec vous.

Eh bien, il y a des gens qui font passer leur propre intérêt avant de penser aux autres et il y a des gens qui prennent vraiment à cœur les intérêts d'autrui ! Par exemple, je ne pense pas que votre travail soit aussi important que quelqu'un que vous aimez réellement comme votre mari, vos parents ou un ami très proche. Si c'est seulement votre responsabilité envers votre travail ou quelqu'un que vous connaissez à peine, alors vous pouvez penser d'abord à vous. Mais si c'est quelqu'un que vous aimez de toute votre âme, autant ou même plus que vous-même, vous devez décider ce qui est le plus important : cette personne, ou cette chose, ou vous-même.

Et comment fait-on cela ?

Eh bien, on doit y réfléchir, examiner les deux points de vue, penser à ce qui serait le mieux pour tout le monde ou pour soi-même, ce qui est le plus important et ce qui rendra tout le monde plus heureux! Par exemple, si les autres personnes peuvent trouver quelqu'un d'autre que vous pour faire ce qui doit être fait ou si elles n'ont pas besoin de vous en particulier, alors dans ce cas, ce serait peut-être mieux de faire ce que vous voulez, car les personnes dont vous êtes responsables seront tout aussi bien et heureuses sans vous, et vous aussi, vous serez heureux parce que vous serez libre de faire ce que vous voulez.

Que veut dire le mot « responsabilité » ?

Cela veut dire penser aux autres quand je fais quelque chose. Par exemple, si je lance une pierre, j'évite de la diriger vers une fenêtre. En faisant ça, je pense aux gens qui devraient dépenser de l'argent pour remplacer la vitre si je la cassais. Il ne faut pas penser qu'à soi parce qu'on doit vivre avec les autres, tous les gens de la ville. Si on fait quelque chose qui fait du tort à tous les autres, beaucoup de gens vont souffrir, et ça, c'est mal agir.

Que les autres comptent sur vous pour faire quelque chose. Vous ne pouvez pas simplement décider : « Bon, je préfère faire ceci ou cela. »

Existe-t-il d'autres sortes de responsabilités ?

Oui, envers soi-même. Par exemple, quelque chose semble vraiment amusant à faire, mais vous risquez de vous blesser car vous ne savez pas comment vous y prendre. Vos amis vous poussent quand même à le faire et disent : « Alors, vas-y, tu peux le faire, ne t'inquiète pas! » Si vous avez peur de vous faire mal, c'est votre responsabilité envers vous-même de ne pas le

faire, parce que vous devez
prendre soin de votre personne. Ça, c'est la responsabilité envers soi-même.

Encore une fois, Jake construit le dilemme comme
une équation mathématique d'où il tire une formule
qui lui donne la solution : un quart pour les autres,
les trois quarts pour soi. Il affirme d'abord la responsabilité qu'il a envers lui-même, responsabilité qu'il
estime toute naturelle et qui, pour lui, n'est pas à
remettre en question. Ce n'est qu'ensuite qu'il considère le degré de sa responsabilité envers autrui. Il
part d'un principe de séparation mais reconnaît
néanmoins que l'on « doit vivre avec les autres ». Il
cherche à définir des règles pour que la liberté des
uns n'empiète pas sur celle des autres, afin de réduire
ainsi au maximum les torts que l'on pourrait faire à
autrui. Il se représente la responsabilité comme une
limitation du champ d'action, une restriction de
l'agression. Il est guidé par la reconnaissance du fait
que ses actions peuvent avoir des répercussions sur
autrui et que celles des autres peuvent interférer avec
sa propre vie. Les règles ont donc pour but de limiter
l'interférence, ce qui garantit la sécurité de la vie en
communauté et protège l'autonomie grâce à une
réciprocité de considération des uns envers les autres.
Amy précède ses réponses d'un : « Cela dépend »
et indique ainsi qu'elle envisage les problèmes soulevés par un conflit de responsabilités dans leur
contexte. Elle n'est pas catégorique car, pour elle,
des facteurs tels que la personnalité et les circonstances peuvent influencer un choix. Ce n'est qu'après
avoir réaffirmé sa connexion avec autrui – « si l'on a
une responsabilité *envers* quelqu'un, on doit l'assumer » – qu'elle examine le degré de responsabilité
qu'elle a envers elle-même. Lorsqu'elle analyse les
paramètres de séparation, elle imagine des situations
dans lesquelles faire ce que l'on veut ne diminue pas

le bonheur d'autrui ou est le moyen d'éviter de se faire du tort. Être responsable signifie pour elle être sensible à autrui, une extension plus qu'une limitation de l'action. Cela implique qu'il faut répondre aux besoins des autres et non pas refréner un acte d'agression. Elle cherche à « rendre tout le monde plus heureux », à trouver la solution au dilemme qui tiendrait compte des besoins de tous. Comme Jake se préoccupe de limiter l'interférence d'autrui tandis qu'Amy, elle, se concentre sur la nécessité de donner une réponse, la restriction : « ne vous laissez pas totalement guider par les autres », est pour lui déterminante. Pour elle, les choses changent dès lors que « d'autres comptent sur vous » : « Vous ne pouvez pas décider tout simplement : " Bon, je préfère faire ceci ou cela " quand les autres comptent sur vous. » L'interaction entre ces deux réponses est patente : postulant un lien, Amy entreprend, pour sa part, d'en analyser les paramètres. Mais la primauté de la séparation ou du lien aboutit à des images différentes de soi et des relations humaines.

La différence la plus frappante tient aux images de violence contenues dans la réponse du garçon, car elles évoquent un monde rempli de confrontations dangereuses et de connexions explosives. Amy, en revanche, voit un monde où règnent l'affection et la protection, une vie passée avec d'autres que « l'on peut aimer autant ou même plus que soi-même ». Comme la conception de la morale reflète la manière dont on perçoit les rapports sociaux, cette différence dans les images de relations humaines provoque un changement de l'injonction morale. Pour Jake, être responsable signifie ne pas faire ce qu'il veut parce qu'il pense à autrui; pour Amy, cela veut dire faire ce que les autres attendent qu'elle fasse, sans considérer ses propres désirs. Les deux enfants se soucient d'éviter de porter tort à autrui, mais ils construisent le problème différemment : lui voit le mal dans un acte d'agression et elle dans un refus de répondre aux besoins des autres.

Si, à partir de ces réponses, on établissait le cheminement futur du développement moral des enfants, on obtiendrait deux tracés. La progression de Jake serait marquée par une perception de l'autre comme son égal et la découverte que cette égalité est un moyen d'entrer en rapport avec autrui sans se mettre en danger. Le développement d'Amy comprendrait son inclusion dans un réseau toujours plus grand de liens et la découverte que la séparation peut être un moyen de protection et ne signifie pas obligatoirement l'isolement. A la lumière de ces dissemblances et en particulier de l'écho différent que l'on entend dans les voix des enfants quand ils expriment leurs expériences de séparation et de liaison, on comprend pourquoi une représentation unique de développement pour les deux sexes, celle du garçon, crée un constant problème d'interprétation du développement féminin.

La théorie a fondé le processus de maturation morale sur la séparation et l'a raconté comme une succession de rapports intimes qui échouent : les attachements préœdipiens, les fantasmes œdipiens, les amitiés de la préadolescence et les jeunes amours des adolescents. Ces relations intimes, qui sont bien visibles sur un fond de séparation, éclatent tour à tour et cèdent la place à une individuation de plus en plus marquée. Par conséquent, la continuité des rapports dans la vie des filles fait apparaître leur développement moral comme très problématique. Freud attribue le repliement des filles sur elles-mêmes au moment de la puberté à une intensification de leur narcissisme primaire, qui indiquerait une incapacité d'aimer autrui. Mais si l'on considère ce repliement intérieur dans un contexte de connexion ininterrompue, il suggère une nouvelle sensibilité, un accroissement du souci d'autrui plutôt qu'un échec dans leurs rapports avec les autres. On constate alors que les catégories de relations humaines élaborées à partir de l'expérience masculine ne s'appliquent pas aux filles, car elles remplacent les images de liaison explosive par des images de séparation dangereuse.

L'importance de cette substitution est mise en évidence par une étude des images de violence que laissent transparaître les histoires que des étudiants universitaires avaient écrites en s'inspirant d'illustrations tirées du T.A.T. Cette étude indique qu'il y a une différence statistiquement importante entre les sexes quant aux scènes ressenties comme violentes et la substance des fantasmes violents. L'étude, menée par Susan Pollak et moi-même [1], est fondée sur une analyse des histoires que des étudiants en psychologie avaient rédigées lors d'un cours sur la motivation. Nous eûmes l'idée de cette étude, qui a pour thème central la séparation et la liaison, lorsque, Pollak observa des images bizarres de violence dans des histoires écrites par des hommes à partir d'une scène d'apparence bien tranquille : un couple assis sur un banc au bord d'une rivière, près d'un petit pont. Cette scène avait inspiré des actes de violence chez plus de 21 % des quatre-vingt-huit hommes de la classe : homicide, suicide, assassinat à coups de poignard, rapt ou viol. En revanche, aucune des cinquante femmes de la classe n'avait lu de la violence dans ce tableau qui semblait serein.

Cette scène d'intimité et les images de violence qu'elle avait suscitées chez les hommes nous ont paru être un corollaire possible de la violence que Horner avait observé dans les histoires que des femmes avaient écrites à propos du succès obtenu au détriment d'autrui. Afin de donner un exemple des « images bizarres ou violentes » qu'évoque chez les femmes l'anticipation des conséquences négatives de la réussite, Horner cite l'histoire suivante : Anne, une étudiante en médecine, manifeste sa joie d'être la première de sa classe et se fait attaquer par ses camarades jaloux d'elle ; ils la mutilent et l'estropient pour le

1. Pollak et Gilligan, 1982.

restant de ses jours. A ces images de violence, on peut faire correspondre celles qui hantent les fantasmes masculins sur les rapports intimes, comme le démontre l'histoire écrite par un des hommes de la classe de psychologie au sujet du couple assis sur un banc au bord de la rivière :

Nick vit sa vie entière défiler devant ses yeux. Il pouvait sentir le froid qui pénétrait jusqu'au tréfonds de son corps. Combien de temps s'était-il écoulé depuis qu'il était tombé dans le trou, à travers la glace qui recouvrait la rivière ? Trente secondes, une minute ? Il ne pourrait pas résister bien longtemps à l'eau glaciale de la Charles : on était au cœur de l'hiver. Quel idiot d'avoir accepté de relever le défi de traverser la rivière gelée! Un défi que lui avait lancé Sam, le camarade avec lequel il partageait sa chambre d'étudiant. Il avait toujours su que Sam le haïssait... le haïssait parce qu'il était riche et surtout le haïssait parce qu'il était fiancé à Mary, la petite amie d'enfance de Sam. Mais Nick ne s'était jamais rendu compte jusqu'à présent que Mary le haïssait aussi et qu'en fait c'était Sam qu'elle aimait. Et ils étaient là, tous les deux, tranquillement assis sur un banc près de la rivière à regarder Nick se noyer. Ils doivent probablement projeter de se marier bientôt et de profiter de l'assurance-vie de Nick dont Mary est la bénéficiaire.

Nous nous sommes demandé, Pollak et moi, si les hommes et les femmes percevaient la présence de dangers dans des situations différentes et si leurs conceptions du danger différaient également. Après avoir initialement observé la violence contenue dans les histoires écrites par les hommes sur l'intimité, nous nous donnâmes pour objectif de découvrir s'il existait des différences sexuelles quant à la répartition des fantasmes de violence suscités par les thèmes de réussite et de relations intimes. Notre but fut aussi de déterminer si les hommes et les femmes associaient ces thèmes à la violence de façon différente. Les résultats corroborent les différences sexuelles constatées lors d'enquêtes précédentes sur l'agression [1] : la violence est présente à un degré beaucoup plus important dans les histoires écrites par les hommes que dans celles écrites par les femmes. Sur les quatre-vingt-huit hommes inscrits au cours sur la motivation, 51 % d'entre eux rédigèrent au moins une histoire contenant des images de violence. En comparaison, 20 % des cinquante femmes de la classe en écrivirent une et, parmi celles-ci, aucune ne fut l'auteur de plus d'une histoire faisant apparaître des scènes de violence. L'étude révéla également des différences sexuelles quant à la répartition et à la substance des fantasmes violents. Cela indique qu'il existe une différence dans la manière dont les hommes et les femmes ont tendance à imaginer les relations humaines.

Le T.A.T. fut constitué de six illustrations. Quatre d'entre elles furent sélectionnées pour cette analyse en fonction des situations non ambiguës de réussite et d'intimité qu'elles présentaient. Deux des illustrations montraient un homme et une femme engagés dans des rapports très personnels : le couple assis sur un banc près de la rivière et deux trapézistes se tenant par les poignets, l'homme suspendu par les genoux et la femme en pleine voltige aérienne. Les deux autres illustrations choisies montraient des personnes engagées dans des situations impersonnelles de travail : un homme seul assis derrière son bureau, un bureau parmi d'autres dans un gratte-ciel, et deux femmes en blouse blanche travaillant dans un laboratoire, la femme située au premier plan manipule des éprouvettes tandis que celle à l'arrière-plan la regarde. L'étude consista principalement à comparer les histoires écrites à partir de ces deux types d'illustrations.

Les hommes de la classe, considérés comme un groupe, projetèrent plus de violence dans les situations

1. Terman et Tyler, 1953; Whiting et Pope, 1973; Maccoby et Jacklin, 1974.

d'intimité que dans les rapports impersonnels de travail. Pour 25 % d'entre eux, seules les illustrations de situations intimes inspirèrent des scènes de violence; 19 % lurent de la violence dans les deux types d'illustrations; et 7 % virent uniquement de la violence dans les situations de travail. En revanche, les femmes eurent la réaction inverse : pour 16 % d'entre elles, les situations de travail évoquèrent des scènes de violence alors que 6 % écrivirent des histoires violentes à propos des situations de rapports personnels. L'histoire de Nick, rédigée par un homme, donne un exemple de l'association danger/intimité tandis que l'histoire de Mlle Hegstead illustre l'association danger/réussite et la projection de violence dans une situation d'accomplissement personnel :

> Encore une autre longue journée à tirer au laboratoire avec cette horrible Mlle Hegstead qui est toujours en train d'épier les élèves derrière leur dos. Cela fait quarante ans que Mlle Hegstead enseigne au lycée de Needham. Chaque cours de chimie est invariablement le même. Comme d'habitude, elle regarde ce que fait Jane, l'élève modèle de la classe, et la donne en exemple aux autres. Jane est la seule à ne jamais se tromper, elle réussit toutes ses expériences de chimie, il n'y a qu'elle qui travaille vraiment, etc. Mlle Hegstead est loin de s'imaginer la surprise que Jane lui prépare pour agrémenter sa tasse de café de l'après-midi : de l'arsenic.

Si l'on admet que l'agression est une façon de réagir au danger, les résultats de l'étude semblent en effet confirmer l'hypothèse que les hommes et les femmes ont une perception et une conception différentes du danger. Les hommes, avec leurs histoires sur l'intimité, décrivent le danger d'être pris au piège ou trahis, de se faire prendre et emprisonner dans une relation intime étouffante ou d'être humiliés si les autres les rejettent ou les trompent. En revanche, le danger que les femmes évoquent dans leurs récits de réussite personnelle est un danger d'isolation, la peur d'être délaissées si elles se font remarquer par leur succès. Dans l'histoire de Mlle Hegstead, la seule cause apparente de violence est le fait que Jane se distingue des autres et que le professeur la désigne comme la meilleure élève de la classe. Tout ce que le professeur a fait est de vanter ses mérites, et pourtant Jane se venge sur ce même professeur en fabriquant de l'arsenic qu'elle mettra dans son café.

Plus les illustrations montraient des personnes dans des rapports d'intimité accrue, plus le degré de violence contenue dans les histoires des hommes augmentait. Au contraire, les images de violence s'intensifiaient avec les histoires des femmes lorsque les personnages s'éloignaient les uns des autres. L'illustration de l'homme assis derrière son bureau fut celle qui suscita le plus souvent des scènes de violence dans les histoires des femmes. (Il est à noter qu'elle était l'unique illustration comportant un seul personnage.) En revanche, les hommes de la classe lurent plus fréquemment de la violence dans la scène des deux trapézistes (la seule illustration dans laquelle les personnages se touchaient). Il semble donc que les hommes et les femmes vivent les expériences d'attachement et de séparation de différentes manières et que chaque sexe perçoit un danger là où l'autre n'en voit pas : les hommes lorsqu'il y a des liens et les femmes lorsqu'il y a séparation.

Mais comme la perception féminine du danger s'éloigne de la norme (les acrobates semblent être en plus grand danger que l'homme seul assis à son bureau), elle remet en question le mode habituel d'interprétation. La norme généralement utilisée pour interpréter l'agression est la réaction masculine, et l'absence d'agression chez les femmes est par conséquent identifiée comme un problème à élucider. On peut également se demander pourquoi ces dernières perçoivent la situation des acrobates comme sans danger, alors qu'au contraire les hommes la considèrent comme la plus périlleuse.

Une analyse approfondie des histoires écrites à propos des trapézistes fournit la réponse à cette question. Bien que l'illustration ne montre pas de filet de protection, 22 % des femmes en ajoutèrent un. Au contraire, 6 % des hommes imaginèrent la présence d'un filet tandis que 40 % d'entre eux mentionnèrent explicitement ou implicitement l'absence de protection, lors de la description de la chute et de la mort de l'un ou des deux acrobates. La scène du trapèze ne comportait pas de danger aux yeux des femmes, car elles l'avaient rendue telle grâce aux filets qu'elles avaient ajoutés : elles protégeaient la vie des acrobates en cas de chute. Les hommes, à qui l'idée de mettre un filet de protection ne vient pas à l'esprit, sont prêts à interpréter l'absence de violence dans les histoires des femmes comme une négation du danger ou un refoulement de l'agression [1] et ne pensent pas qu'elle soit le résultat des précautions prises pour sauvegarder la vie des trapézistes. A mesure que les femmes imaginent les activités grâce auxquelles se tisse la trame des rapports interpersonnels et qui entretiennent les rapports humains, le monde de l'intimité, ce monde, qui paraît si mystérieux et si dangereux aux hommes, devient de plus en plus cohérent et sûr.

Si, comme le perçoivent les femmes, l'agression est liée à une rupture des rapports humains, les activités qui tendent à préserver le bien-être d'autrui sont alors celles qui transforment le monde social en un lieu sûr et protégé ainsi que le suggèrent leurs fantasmes. Examinée ainsi, l'agression n'apparaît plus comme une pulsion désordonnée qu'il faut contenir : elle est l'indice d'une rupture des relations, le signal d'un non-fonctionnement des rapports humains. Vue dans cette perspective, la prééminence de la violence dans les fantasmes masculins révèle un monde où l'on vit constamment entouré de dangers et devient le symptôme d'une difficulté à nouer des liens avec

1. R. May, 1981.

autrui. Elle provoque la rupture des rapports personnels et transforme la séparation en une isolation dangereuse. Si l'on inverse le mode habituel d'interprétation qui voit un problème de séparation dans l'absence d'agression chez les femmes, on peut concevoir la prédominance de la violence chez les hommes, sa présence bizarre dans un contexte de relations intimes, et la trahison et la tromperie qui lui sont associées comme l'indication d'un problème de relations. Une telle conception fait apparaître les rapports personnels comme dangereux et la séparation comme un havre de sécurité. Les situations de réussite compétitive régies par des règles qui, aux yeux des femmes, menacent le réseau des relations humaines sont au contraire pour les hommes un moyen relativement sûr d'établir un rapport avec autrui, car les limites à ne pas dépasser sont clairement définies et l'agression contrôlée.

L'histoire qu'une des femmes écrivit à propos des trapézistes illustre ces thèmes. Elle remet en question l'opposition habituelle entre la réussite et les liens, car elle fait dépendre le succès de la continuité des rapports personnels :

> Et voilà les Gitans volants, un couple de trapézistes qui espèrent décrocher le gros contrat avec le cirque des frères Ringling. Ils sont les derniers à auditionner et on les voit ici présenter leur numéro. Le style et la grâce de ces artistes les rendent exceptionnels, mais ils utilisent un filet alors que certaines autres équipes se passent de cette protection. Les propriétaires du cirque proposent de les engager à une condition : ils devront travailler sans filet. Les gitans décident de refuser l'offre, car ils préfèrent vivre plus longtemps plutôt que de prendre des risques. Ils savent que leur numéro ne vaudrait plus rien si l'un d'eux se blessait et ne voient pas pourquoi ils prendraient un tel risque.

Dans cette histoire, ce n'est pas le gros contrat qui est d'une importance primordiale, mais le bien-être des deux gitans. Ils anticipent les conséquences fâcheuses d'un succès obtenu au risque de leurs vies et préfèrent laisser passer ce travail et ne pas se priver du filet. Ils protègent ainsi leurs vies mais aussi leur numéro qui « ne vaudrait plus rien si l'un d'eux se blessait ».

Alors que les femmes s'efforcent de changer les règles afin de préserver les rapports personnels, les hommes, eux, respectent ces règles et décrivent les relations humaines comme étant facilement remplaçables. Cette illustration leur inspire une très grande violence et les histoires qu'ils écrivent ont pour thèmes l'infidélité et la trahison. L'acrobate finit toujours par lâcher sa partenaire et on laisse supposer au lecteur qu'il projette de la remplacer et de continuer son numéro :

> La trapéziste est mariée au meilleur ami de son partenaire. Ce dernier vient juste de découvrir (avant le spectacle) qu'elle trompe son ami (son mari). Il veut qu'elle confesse son infidélité à son mari mais elle refuse de le faire. N'ayant pas le courage de dire lui-même la vérité à son ami, l'acrobate simule un accident à trente mètres au-dessus du sol. Il desserre son étreinte et laisse sa partenaire lui échapper des mains. Elle tombe en chute libre, s'écrase sur le sol et meurt. Il ne se sent pas coupable car il pense avoir ainsi rectifié la situation.

La prédominance de la violence dans les fantasmes masculins, tout comme les images explosives dont Jake se sert pour exprimer son jugement moral et le recours au vol pour régler un différend, sont conformes à une conception des relations humaines où l'agression sévit de façon endémique. Mais ces images et fantasmes masculins révèlent aussi un monde qui souffre d'un manque de communication, où les liens sont rompus, où la trahison nous guette à chaque instant, car connaître la vérité semble une tâche impossible. On demanda à Jake s'il lui arrivait de s'interroger sur la réalité des choses. Ce garçon de onze ans répondit qu'il doutait très souvent de la véracité de ce que disent les gens. « Lorsqu'un de

mes amis me dit par exemple : " Oh oui, il a dit ça ",
je me pose parfois la question : " Me dit-il réellement
la vérité ? " » Comme il estime que les mathématiques
détiennent la vérité et la logique la certitude, il est
incapable de « définir des règles » qui lui permettraient
d'établir la vérité en littérature ou dans les rapports
personnels.

Malgré une conception instinctuelle de l'agressivité
qui rend la séparation nécessaire afin qu'elle soit
canalisée, la violence des fantasmes masculins semble
donc plutôt provenir d'un problème de communication et d'une ignorance des relations humaines. Mais
lorsque Amy, âgée de onze ans, essaie d'établir un
lien là où Kohlberg pense qu'un tel effort est voué
à l'échec et lorsque les femmes, au cours de leurs
fantasmes, créent des filets de protection là où les
hommes imaginent la destruction, les voix féminines
évoquent le problème de l'agressivité auquel les deux
sexes sont confrontés : elles situent le problème au
niveau de l'isolement de l'individu et de la construction hiérarchique des rapports humains.

Freud, dans *Malaise dans la civilisation* (1930),
retourne aux thèmes de culture et de morale qui
l'ont préoccupé pendant sa jeunesse. Il s'attaque
d'abord au problème de la définition de l'unité de
mesure, la notion de « ce qui a une valeur réelle dans
la vie ». Faisant allusion à Romain Rolland qui, dans
une de ses lettres, avait écrit que l'ultime réconfort
de l'homme est « une sensation d'éternité », un sentiment « océanique », Freud, tout en respectant l'opinion de son ami, rejette cette idée qu'il considère
comme une illusion, car il ne peut pas « découvrir
ce sentiment océanique en lui-même ». Il le décrit
comme la sensation « d'un lien indissoluble, de ne
faire qu'un avec le monde extérieur » et explique :
« Je ne peux pas me convaincre de la nature fondamentale d'un tel sentiment car ma propre expérience
en contredit l'existence. Mais cela ne me donne pas
le droit de dire que les autres ne le ressentent pas.
Il reste à savoir si ce sentiment est interprété correc-

tement. » Toutefois, Freud soulève le problème d'interprétation pour aussitôt l'écarter. Il rejette la prééminence d'un sentiment de connexion puisque, raisonne-t-il, « il s'intègre si mal à la structure de notre psychologie ». Il se fonde sur ces prémisses pour donner « une explication psychanalytique, c'est-à-dire génétique », à ce sentiment de connexion qui, selon lui, est un dérivé du sentiment plus fondamental de séparation [1].

L'argument de Freud s'appuie sur le « sentiment de notre propre personne, de notre moi », qui « nous apparaît être quelque chose d'autonome, une entité indépendante qui se différencie de tout le reste ». Bien qu'il s'empresse de souligner qu'une « telle apparence est trompeuse », ce n'est pas de l'incapacité à voir une relation entre soi et autrui dont il parle. Il fait allusion aux rapports entre le moi et le ça inconscient qui « se cache derrière le moi comme derrière un paravent ». A l'aide de l'explication génétique, il situe l'origine du sentiment de fusion dans celui du nourrisson qui ne parvient pas à identifier la source de ses sensations, qui ne fait pas de distinction entre son moi et le monde extérieur. Il commence à faire cette distinction grâce aux sentiments de frustration qu'il éprouve quand les sources extérieures de sensations lui échappent, « sources qui sont principalement le sein de sa mère et dont la réapparition est provoquée par ses hurlements et appels au secours [2] ». Dans cet appel à l'aide, Freud voit la naissance du moi, la séparation entre les mondes extérieur et intérieur. Elle entraîne la localisation interne des sensations tandis que les autres deviennent des objets de gratification.

Ce détachement du moi par rapport au monde extérieur ne déclenche pas seulement le processus de différenciation mais aussi la recherche d'autonomie, le désir de contrôler les sources et objets de plaisir

1. Freud, *op. cit.,* p. 64-65.
2. *Ibid.,* p. 65-67.

afin d'augmenter les chances de bonheur et de diminuer les risques de déceptions et de pertes. C'est ainsi que la connexion (que Freud associe à l'« impuissance infantile et à un narcissisme illimité », à l'illusion et à la dénégation du danger) disparaît pour donner la prééminence à la séparation. Par conséquent, l'affirmation de soi, qui est liée à l'agressivité, devient le fondement des relations humaines. Une séparation fondamentale, qui est le fruit des déceptions vécues et qui est alimentée par la rage, façonne un individu dont les rapports avec autrui ou « objets » doivent être protégés par des règles, une morale qui contient ce potentiel explosif et lubrifie « les rouages des relations entre les personnes au sein de la famille, de l'État et de la société [1] ».

Et pourtant, Freud nous suggère qu'il perçoit aussi l'existence d'une sensibilité différente de la sienne, d'un état mental autre que celui sur lequel il fait reposer sa psychologie, qui est l'« unique exception » à « l'hostilité foncière qu'éprouve l'être humain envers son congénère », à « l'agressivité qui forme la base de tous les rapports d'affection et d'amour entre les personnes ». Il situe cette exception dans l'expérience des femmes, dans « la relation d'une mère avec son fils [2] ». Encore une fois, les femmes semblent être l'exception à la règle des relations humaines : elles font preuve d'un amour pur de toute colère, un amour qui provient ni de la séparation ni du sentiment de se confondre avec le monde extérieur, mais d'un sentiment de connexion, d'un lien fondamental entre l'autre et soi. Mais cet amour de la mère, dit Freud, ne peut pas être partagé par le fils. « Il prendrait le risque de devenir lui-même dépendant en grande partie du monde extérieur, c'est-à-dire de l'objet de son amour, et s'exposerait à des souffrances atroces si jamais il était rejeté par cet objet ou si la mort ou l'infidélité le lui dérobait [3]. »

1. *Ibid.*, p. 86.
2. *Ibid.*, p. 113.
3. *Ibid.*, p. 101.

Freud affirme que « nous ne sommes jamais aussi dépourvus de défense contre la souffrance que lorsque nous aimons [1] » et poursuit la voie de la défense qui, à travers la colère et la conscience, mène à la civilisation et à la culpabilité. Il aurait été plus intéressant de se demander pourquoi la mère veut bien prendre le risque d'aimer et de souffrir. Il semblerait que cette réponse se trouve dans une expérience différente de la connexion et un mode différent de réaction à autrui. A travers toute l'œuvre de Freud, les femmes demeurent l'exception au tableau qu'il peint des rapports personnels. Leurs voix font entendre un thème ininterrompu, une expérience de l'amour qui, quelle que soit la manière dont on la décrit (narcissique ou hostile à la civilisation), ne paraît jamais être fondée sur la séparation et l'agression. Vu sous cet angle, le moi n'apparaît ni abandonné dans son isolement et hurlant ses appels au secours ni perdu dans une fusion avec le monde entier, mais lié dans un rapport indissoluble avec autrui qu'il est possible d'observer comme différent mais difficile à décrire.

Par leur démonstration d'un sens continuel de liens avec autrui face à la séparation et à la perte, les femmes illuminent une expérience du moi qui, bien qu'elle diverge de l'analyse de Freud, s'adresse directement au problème de l'agression. Freud s'attaque finalement à ce problème et s'interroge sur les moyens avec lesquels il serait possible de « se débarrasser du plus grand frein de la civilisation », de l'agressivité et du cortège de parades que l'on édifie pour s'en défendre et qui causent « plus de malheurs que l'agression en elle-même [2] ». Alors qu'il envisage les données de ce problème, Freud commence à entrevoir sa solution dans un sens plus fondamental de la connexion, non pas un sentiment océanique mais une « pulsion altruiste » qui entraîne l'individu à un mode

1. *Ibid.*, p. 82.
2. *Ibid.*, p. 142-143.

de rapports avec les autres ancré dans un « désir d'union » avec eux. Tout en décrivant cette pulsion d'union avec autrui comme un élément néfaste au développement individuel [1], Freud suggère une conception du développement qui était absente de ses analyses précédentes. Cette voie de développement ne conduit pas à la séparation en passant par l'agression, mais à l'interdépendance grâce à un processus de différenciation. En qualifiant cette pulsion du mot « altruiste », Freud fait allusion à une conception différente de la morale dont le rôle est non pas de limiter l'agression mais d'entretenir des liens.

Freud donne le rôle principal, dans le drame théâtral qu'il crée entre le bonheur et la culture, à la morale qui transforme le danger de l'amour en un malaise de la civilisation. Ce drame projette une lumière sombre sur le rôle de « l'amour, générateur de la conscience et d'un sens inévitable et fatal de la culpabilité [2] ». Parallèlement, un autre scénario se dessine dans lequel la connexion, au lieu de sembler une illusion ou de prendre un aspect explosif ou transcendantal, joue un rôle essentiel dans la psychologie de l'individu et la vie civilisée. Comme « une personne participe au développement de l'humanité tout entière en même temps qu'elle poursuit son propre chemin dans la vie [3] », la séparation apparaît tout à coup aussi illusoire que la liaison l'avait été auparavant. Mais, pour Freud, intégrer ce sentiment dans la structure de sa psychologie changerait sa description de la vie pulsionnelle, du moi et des relations humaines.

Dans son rapport sur les différences sexuelles que font transparaître les tests projectifs (tests révélateurs de la personnalité), Robert May (1980) appelle le cheminement des fantasmes masculins « orgueil » et celui des femmes « affection ». Le cheminement mas-

1. *Ibid.*, p. 141.
2. *Ibid.*, p. 132.
3. *Ibid.*, p. 141.

culin que May a identifié va de la mise en valeur à la perte et à la dépossession. Ce cheminement raconte en fait la même histoire que Freud : celle d'une rupture initiale de la liaison qui mène, à travers l'expérience de la séparation, à une perte irrémédiable, une réussite glorieuse suivie d'une chute désastreuse. Mais le cheminement des fantasmes féminins que May nomme « affection » demeure encore en grande partie inexploré. C'est un récit de pertes et de dépossessions suivies par un rehaussement de la valeur. La connexion est le fil conducteur de ce récit car, en dépit d'un passage à travers la séparation, elle finit toujours par se maintenir ou par se rétablir. En éclairant la vie comme un tissu plus qu'une succession de relations humaines, les femmes représentent plus l'autonomie, que l'attachement comme la poursuite illusoire et dangereuse. De cette manière, le développement féminin montre qu'il existe une histoire différente de l'attachement humain : elle met l'accent sur des relations qui changent sans interrompre leur continuité au lieu d'être brisées et remplacées. Elle fournit une alternative à la perte et transforme la métaphore de la maturation.

Jean Baker Miller énumère les problèmes qui surgissent lorsque toutes les relations humaines sont conçues comme des rapports de force et suggère que « les paramètres du développement des femmes ne sont pas les mêmes que ceux des hommes et que, par conséquent, les mêmes termes ne conviennent pas [1] ». Elle ne trouve pas dans le langage actuel de la psychologie les mots pour décrire le sens qu'ont les femmes de leur propre personne, « qui est structuré autour d'une capacité à établir et à ensuite maintenir des liens et des relations de solidarité et d'amitié avec autrui [2] ». Elle voit néanmoins dans cette structure du psychisme féminin la potentialité « d'une manière de vivre plus fraternelle qui s'écarte des voies dan-

---

1. J.-B. Miller, 1976, p. 86.
2. *Ibid.*, p. 83.

gereuses sur lesquelles nous sommes actuellement engagés », puisque l'individu ne croit pas, pour se définir, à l'efficacité de l'agression mais à la nécessité de la connexion avec autrui. Pour que ce mode de vie potentiel plus créatif et fraternel puisse se développer, Miller réclame donc l'égalité sociale mais aussi l'instauration d'un nouveau langage en psychologie qui éliminerait les connotations d'inégalité et d'oppression des descriptions d'affection et de liaison.

L'absence de ce langage entraîne non seulement un problème d'interprétation pour les psychologues qui éprouvent des difficultés à comprendre l'expérience féminine, mais aussi un problème pour les femmes car leur expérience n'est pas présentée ou bien elle l'est de façon déformée. Lorsque les interconnexions de la trame des relations humaines sont dissoutes par leur hiérarchisation, lorsque les filets de protection sont décrits comme des pièges dangereux qui empêchent la fuite et non la chute, les femmes commencent à douter de l'existence de ce qu'elles perçoivent et de la véracité de ce que leur propre expérience leur enseigne. Ces remises en question ne sont pas des spéculations philosophiques et abstraites sur la nature de la réalité et de la vérité, mais des doutes personnels. Les femmes doutent alors d'elles-mêmes, de leurs propres perceptions. Elles hésitent à prendre la responsabilité de leurs actes et cela compromet leur capacité d'agir. Ce problème est surtout critique pendant l'adolescence, période du développement durant laquelle la pensée devient réfléchie, car les difficultés créées par l'interprétation s'intègrent au processus même de la maturation.

Quand on a demandé aux deux enfants de onze ans de décrire leurs expériences de conflit moral et de choix, ils ont raconté en fait la même histoire mais vue de deux perspectives extrêmement différentes, et leurs récits préfigurent les thèmes des développements masculin et féminin pendant l'adolescence. Les deux enfants décrivent une situation où ils doivent prendre une décision : rapporter ou ne pas rapporter quelque chose qui s'est passé à l'école. Jake a fait appel aux autorités de l'école pour qu'elles protègent un ami qui a été « injustement tabassé ». Après être allé voir le proviseur avec cet ami pour l'informer des événements, il se demande maintenant s'il doit rapporter à un autre ami le fait que le proviseur est au courant. Comme cet ami a battu l'autre uniquement parce qu'il a été provoqué, ne pas le lui dire serait l'exposer à des représailles qui, dans son cas, seraient injustes.

Le dilemme de Jake, tel qu'il le décrit, est de savoir si ce cas justifie qu'il enfreigne sa propre règle « d'essayer de faire ce qu'il dit ». Il a déjà donné sa parole de ne dire à personne que le proviseur a été informé. La difficulté de la décision à laquelle Jake est confronté consiste à déterminer s'il serait équitable de rapporter ce qu'il sait, si les démarches qu'il entreprend pour assurer le bien-être de ses deux amis peuvent se concilier avec sa conviction morale. S'il parvient à faire correspondre son action à son idéal de justice, il ne se sentira pas « honteux » et sera « prêt à défendre ce qu'il a fait »; autrement, dit-il, il devra admettre, devant ses amis et devant lui-même, qu'il a commis une erreur.

Amy a vu une de ses amies prendre un livre qui appartient à une autre. Son dilemme est de savoir si, en venant à l'aide d'une amie, elle peut prendre le risque de porter tort à l'autre. Elle construit le problème comme un conflit de loyauté et se demande comment répondre aux besoins de ses deux amies car, pour elle, ne rien dire constitue aussi une réponse. Alors que Jake s'efforce de déterminer si sa loyauté envers son ami est une raison assez valable pour violer ses propres principes et ne pas tenir parole, Amy se demande si elle peut prendre le risque de rompre des rapports d'amitié afin d'affirmer ses convictions. Ces mêmes principes qui dictent de partager, de veiller au bien-être d'autrui la font réfléchir sur les conséquences probables que son action aura sur l'une ou l'autre de ses amies. Tandis que le dilemme de Jake est de savoir si, en agissant au nom de l'amitié, il va compromettre son intégrité personnelle, celui d'Amy est de déterminer si, en affirmant ses convictions, elle va faire du tort à une amie.

Pour décrire ses pensées au moment de sa décision, Amy recrée le dialogue intérieur des voix qu'elle écoute. Ce dialogue comprend les voix des autres ainsi que la sienne propre :

> Personne ne saura jamais que j'ai été témoin et personne ne m'en tiendra rigueur. Mais si tu commences à y réfléchir sérieusement, tu sais très bien que quelqu'un le saura toujours : toi! Tu sauras toujours que tu ne l'as jamais dit. Et cela me met très mal à l'aise parce que mon amie est là : « Quelqu'un a-t-il vu mon livre? Où est-il? Au secours! J'ai besoin de mon livre pour le prochain cours. Aidez-moi, il n'est pas là. Où est-il? » Et je pense que si tu sais cela, c'est plus important de le lui dire et tu sais que ce n'est pas vraiment être une rapporteuse parce que c'est mieux, tu le sais, de lui dire.

Le fait même d'être consciente de l'appel à l'aide de son amie transforme un silence éventuel en un acte de malveillance; dire où se trouve le livre n'est plus « être une rapporteuse » dans ce contexte particulier des relations. Mais ce mode contextuel d'analyse peut conduire très rapidement à un changement d'interprétation, puisqu'une altération du contexte des rapports transformerait son acte de bienveillance en un acte de trahison.

Amy se rend compte que les autres ne sont pas au courant de ce qu'elle a vu et entendu, et sachant avec quelle facilité son action peut être mal interprétée, elle se demande si ce serait mieux de ne rien dire ou au moins de ne pas dire qu'elle l'a fait. Si les secrets de l'adolescent cachent la persistance d'attachements qui ne peuvent pas s'intégrer logiquement dans son équation de l'équité, les secrets de l'adolescente sont le résultat du silence qu'elle impose à sa propre voix, poussée par le désir de ne pas faire de tort à autrui et par la crainte de ne pas être entendue si elle parle.

Ce silence rappelle le mythe de Perséphone dont les images donnent quelques indications sur la disparition mystérieuse de l'identité féminine pendant l'adolescence. Elles font apercevoir un monde souterrain tenu secret, car les autres, dans leur incompréhension, le jugent égoïste et mauvais. A mesure que la pensée de l'adolescente mûrit et devient plus réfléchie, sa conception de la morale et d'elle-même se modifie. Les questions qu'elle se pose sur sa propre identité et la morale aboutissent au même écueil, celui de l'interprétation. Amy, à onze ans, se demande si elle peut écouter sa propre voix et l'écho de cette question s'entend à travers toute l'adolescence. Les difficultés qu'éprouvent les psychologues à écouter les voix féminines sont aggravées par celles que rencontrent les femmes à s'écouter elles-mêmes.

Ce problème est mis en évidence dans la description que fait une jeune femme de sa crise d'identité et de conviction morale. C'est le récit d'une femme qui se débat pour désenchevêtrer sa voix de celles des autres et pour trouver un langage qui traduise son expérience des relations avec autrui et le sens qu'elle a de sa propre identité. Claire, qui participa à l'enquête des étudiants universitaires, fut interrogée une première fois pendant sa dernière année d'études, puis une seconde fois quand elle avait vingt-sept ans. Lors de la première interview, on lui demanda comment elle se décrivait à elle-même. Elle répondit : « Confuse. Je devrais être capable de dire : " Je suis comme ça et comme ça ", mais je suis aujourd'hui encore plus incertaine que je ne l'ai jamais été. » Consciente du fait que « les gens [la] voient d'une certaine manière », elle trouve ces images contraignantes et contradictoires. « J'ai l'impression d'être poussée et d'être prise entre deux impératifs divergents. Je devrais être une bonne mère et une bonne fille et je devrais, puisque je fais des études, être agressive, très active et ne penser qu'à ma carrière professionnelle. » Elle se sent, pendant cette dernière année d'études, contrainte de passer à l'action : « [Je suis] poussée à réfléchir et à prendre des décisions à mon sujet. Je me rends compte que tous ces divers rôles qu'on m'attribue ne sont pas exactement ceux qui me conviennent. » Et elle conclut :

> Je ne suis pas exactement le genre de fiancée que je devrais être ou que l'on pense que je suis, tout comme je ne suis pas obligatoirement la fille que mes parents et les autres croient voir en moi. On grandit et on finit par penser être celle que les autres voient. C'est très difficile, tout à coup, de se mettre à démêler tout cela et de réaliser que personne d'autre ne peut prendre ces décisions à votre place.

Le stade auquel elle est parvenue dans ses études l'oblige à faire un choix. Afin de pouvoir décider ce qu'elle fera l'année suivante, elle s'efforce de séparer sa perception d'elle-même des perceptions que les autres ont d'elle, de se voir directement avec ses propres yeux plutôt que dans le miroir des yeux d'autrui.

> Pendant longtemps, je me suis vue moi-même comme les autres voulaient me voir. Je veux dire, l'idée d'avoir une femme professeur d'anglais plaisait beaucoup à mon fiancé et je refoulais au plus profond de moi-même le fait que je ne voulais pas faire ce métier. J'en étais venue à penser que c'était ce que je voulais réellement faire. J'ai commencé à voir les aspects positifs de ce métier parce que je le voyais à travers ses yeux. Et puis, j'ai réalisé tout à coup que ce n'était plus possible, que je devais arrêter de regarder mon avenir avec ses yeux. Et je ne peux plus. Il faut que je vois les choses avec mes propres yeux, comme moi je veux les voir. Alors je me rends compte que ce monde universitaire est trop étouffant *pour moi,* que ce métier ne *me* convient pas, même s'il me transforme en une épouse idéale. Naturellement, il me faut maintenant décider ce qui est bon et bien pour moi. C'est très difficile car, en même

temps, j'ai l'impression d'être incapable de devenir adulte.

A mesure qu'elle dirige un regard plus direct sur elle-même, la question morale se modifie également. Ce n'est plus : « Qu'est-ce qui est bien ? », mais plutôt : « Qu'est-ce qui est bien pour moi ? » Elle recule immédiatement devant la difficulté de cette question et est envahie par le sentiment « d'être incapable de devenir adulte ».

L'interrogateur lui demande de se décrire à un moment où elle résiste à « toute tentative de classification d'elle-même ». Elle répond : « Il est difficile de me définir alors que je suis engagée dans un processus de démantèlement de mon vieux moi qui, dans le passé, aurait essayé de balayer mes sentiments sous le tapis » afin de ne pas provoquer de « répercussions ». Le terme « affectueuse » qu'elle utilise pour se décrire s'applique maintenant à deux contextes entre lesquels elle se sent tiraillée : un monde souterrain qui la place « loin des autres, en dehors des définitions qu'ils ont d'[elle] », et un monde de connexions qui la place à l'écart d'elle-même. En essayant d'expliquer la sensation qu'elle éprouve d'être à la fois séparée et reliée à autrui, elle rencontre un problème de « terminologie » :

> J'essaie de vous dire deux choses. J'essaie d'être moi-même, seule, loin des autres, en dehors des définitions qu'ils ont de moi, et en même temps, je m'efforce de faire exactement l'opposé, j'essaie d'être en rapport avec autrui, d'être reliée aux autres – je ne connais pas la terminologie qu'il conviendrait d'appliquer. Mais je ne pense pas que ces deux efforts s'excluent mutuellement.

Elle relie ainsi un nouveau sentiment de séparation à une nouvelle expérience de liaison, une manière d'être avec autrui qui lui permet également d'être avec elle-même.

Incapable de trouver l'image qui exprimerait ce sentiment encore inconnu de connexion, elle saisit celle que lui offre un ami, le personnage de Gudrun dans *Femmes amoureuses (Women in Love)* de D. H. Lawrence. L'image de Gudrun traduit pour Claire la sensation qu'elle éprouve d'être « enfantine » et « sauvage », d'être sensible à sa propre sensualité et à celle de la nature. Cette relation avec le monde du « plaisir sensuel » représente son côté « artiste et bohème », et forme un contraste avec cette autre vision d'elle-même, celle d'une personne « distinguée et bien élevée ». Le personnage de Gudrun évoque une forme différente de connexion, mais, malgré cela, Claire finit par la rejeter car elle implique « une insouciance du bien-être d'autrui ».

Encore une fois, Claire est prise non pas entre les attentes contradictoires de la part d'autrui, mais entre une sensibilité envers les autres et envers elle-même. Elle sent que ces deux modes de réaction ne sont pas « mutuellement exclusifs » et elle examine le jugement moral qui, dans le passé, les avait tenus à distance. Auparavant, elle estimait « qu'un comportement moral » était surtout le fait de « se sentir responsable envers autrui ». Elle était convaincue « qu'en faisant ce qui était bien pour les autres, elle faisait ce qui était bien pour elle-même ». Aujourd'hui, elle remet en question ce qui autrefois lui paraissait une vérité évidente en soi. « Ma manière de voir les choses, dit-elle, s'est véritablement modifiée, car maintenant je pense être incapable d'apporter quelque chose de positif à qui que ce soit si je ne sais pas qui je suis. »

Elle a donc entrepris de partir à la recherche d'elle-même, « de découvrir qui [elle est] », et a commencé cette démarche « en [se] débarrassant tout d'abord de tous ces qualificatifs, de toutes ces choses qu'[elle] ne [voit] pas avec [ses] propres yeux ». Elle s'efforce de distinguer ses perceptions de son ancien mode d'interprétation et de regarder les autres aussi bien qu'elle-même d'une façon plus directe. Elle perçoit sa mère comme un être qui sans cesse fait don de sa personne. De la nouvelle perspective dans laquelle elle observe autrui, elle estime que ce comportement est un « défaut parce qu'elle est indifférente au tort qu'elle peut se porter en oubliant ses propres intérêts. Elle ne se rend pas compte, ou bien plutôt oui elle se rend compte, qu'en se faisant du mal à elle-même, elle fait du mal aux personnes très proches d'elle ». Avoir pour idéal le bien-être des autres ne veut plus dire se sacrifier. Claire a maintenant la vision « d'une famille où chacun des membres est encouragé à devenir un individu, aide les autres et peut s'attendre à être aidé par eux ».

Claire examine le dilemme de Heinz dans cette perspective et, comme Amy âgée de onze ans, identifie l'origine du problème moral dans le refus de la part du pharmacien de répondre au besoin d'autrui et non pas dans le conflit des droits de propriété et de vie. Claire pense que Heinz devrait voler le médicament : « La vie de sa femme était beaucoup plus importante que quoi que ce soit d'autre; il aurait dû faire n'importe quoi pour sauver sa vie. » Elle interprète à sa manière la construction du dilemme fondée sur un problème de droits. Bien que le pharmacien soit « dans son droit, je veux dire légalement, je pense qu'il avait aussi l'obligation morale d'être compatissant dans ce cas. Je ne pense pas qu'il avait le droit de refuser ». Elle estime que Heinz se devait d'agir « parce que sa femme avait besoin de lui à ce moment-là; elle ne pouvait pas agir elle-même et donc c'était à lui de le faire pour elle ». Cette conception de la responsabilité rejoint celle d'Amy. Pour Claire tout comme pour Amy, être responsable signifie être sensible aux besoins d'autrui et agir en conséquence quand on peut faire quelque chose et que l'on sait que les autres comptent sur vous.

Que Heinz aime ou n'aime pas sa femme n'a aucune influence sur la décision de Claire, non pas parce que la vie a priorité sur l'amour, mais parce que « sa femme est un être humain qui a besoin d'aide ». L'injonction morale n'est donc pas dictée par les sentiments de Heinz envers sa femme. Il se doit d'agir parce qu'il sait qu'elle a besoin de lui. La prise de conscience de ce besoin ne s'est pas faite grâce au processus d'identification mais à celui de communication. Claire considère le pharmacien moralement responsable de son refus, car elle associe la morale à la prise de conscience d'un lien avec autrui. Elle définit la personne morale comme quelqu'un qui, en agissant, tient compte sérieusement des conséquences que son acte pourrait avoir sur chacune des personnes impliquées dans la situation. C'est pourquoi elle critique sa mère qui néglige ses responsabilités envers elle-même comme elle se critique quand elle néglige ses responsabilités envers autrui.

La plupart des jugements que porte Claire sur le dilemme de Heinz n'entrent pas dans les catégories de l'échelle de Kohlberg. Néanmoins, elle obtient un score de maturité morale correspondant au quatrième stade grâce à sa compréhension de la loi et à la faculté d'exprimer sa fonction d'une manière systématique. Cinq années plus tard, lorsqu'elle est interrogée à l'âge de vingt-sept ans, ce score est remis en question car elle place la loi au même niveau que les considérations de responsabilités sur lesquelles elle fonde son jugement pour résoudre le dilemme de Heinz. Lors de cette seconde interview, Claire évalue la loi en fonction des personnes qu'elle protège et son éthique de la responsabilité englobe une vision plus large des connexions sociales. Toutefois, la grande différence qui existe entre cette vision et une conception de la morale fondée sur la justice lui fait perdre des points sur l'échelle de Kohlberg.

A l'époque où les jugements moraux de Claire semblaient régresser, sa crise morale fut résolue. Comme elle avait suivi le cours de Kohlberg, elle se doutait bien que le progrès moral qu'elle pensait avoir fait n'en serait pas un selon lui. C'est pourquoi, lorsqu'elle reçut la lettre lui demandant si elle voulait bien être interrogée de nouveau, elle pensa :

Mon Dieu, et si j'ai régressé. Il me semble qu'à un stade de ma vie, j'aurais été capable de résoudre ces dilemmes avec beaucoup plus de certitude et de dire : « Oui, ceci est sans l'ombre d'un doute bien et cela est sans l'ombre d'un doute mal. » Et voilà que je m'enfonce de plus en plus profondément dans le bourbier de l'incertitude. Au point où j'en suis, je ne suis pas sûre de ce qui est bien ou mal, mais je pense qu'il y a eu progrès, je pense avoir persévéré dans une direction.

Elle oppose, à un idéal absolu de jugement, sa propre expérience de la complexité du choix moral et soulève la question de la direction, de l'interprétation de son propre développement.

La question de l'interprétation revient sans cesse tout au long de son interview. Elle a vingt-sept ans, elle est mariée et sur le point de débuter des études de médecine. Elle s'efforce d'analyser la crise morale qu'elle a vécu et décrit les changements qui ont marqué sa vie et son mode de pensée. Lorsqu'elle parle du présent, elle dit que « les choses se sont arrangées » et se corrige immédiatement pour choisir une autre expression, car sinon « on a l'impression que quelqu'un d'autre que moi les a mises en place et ce n'est pas ce qui s'est produit ». Le problème d'interprétation, néanmoins, se fait surtout sentir lors de la description du mode de liaison. La liaison en soi est apparente dans le portrait que Claire brosse d'elle-même. Elle se caractérise comme une personne « maternelle, avec toutes les connotations que cela comporte et aussi bizarre que cela puisse paraître ». La vision qu'elle a d'elle-même est celle « d'un médecin, d'une mère » et, précise-t-elle, « il m'est difficile de penser à moi sans penser aux autres personnes qui m'entourent et à qui je donne de moi-même ». Comme Amy, Claire se relie à des activités de connexion visant à améliorer le bien-être d'autrui. Elle unit l'image de sa mère avec celle qu'elle a d'elle-même et se voit devenir un médecin maternel s'apprêtant à prendre soin du monde. Amy s'est donné le même objectif par le biais de la recherche scientifique.

Elle décrit les étapes de la résolution d'une crise qui dura pendant plusieurs années afin d'expliquer sa découverte d'une « direction sous-jacente ». La crise commença alors qu'elle était en deuxième année universitaire :

> Pendant tout un week-end, je ne suis pas sortie de mon lit parce que je n'en avais aucune raison. Il m'était tout simplement impossible de me lever. Je ne savais ce que j'aurais pu faire si j'étais sortie du lit et une grande partie de cette deuxième année universitaire se passa comme ça. Je ne savais pas ce que je faisais et je ne voyais aucune raison de faire quoi que ce soit. Tout semblait décousu.

Elle attribue son désespoir à l'isolement et au détachement qu'elle ressent et tâtonne pour trouver un mot ou une image qui traduirait cette expérience :

> Ce n'était pas un moment décisif de ma vie dans le sens où, lorsque je suis sortie du lit, les choses s'étaient remises en place et tout allait bien. Cela ne s'est pas produit. Ce n'était pas une grande explosion de joie ou quelque chose de ce genre. J'ai un souvenir très vif de ce week-end, bien qu'à l'époque il ne m'avait pas semblé vivre des heures intenses. Il ne m'arrivait rien, tout au moins en apparence. Non. C'était une expérience très violente. C'était réel.

Elle décrit sa propre expérience en employant des métaphores communément acceptées de crise et de changement, et elle conclut qu'en fait rien ne lui est arrivé ou que ce qui s'est produit n'était pas intense ou réel. Elle n'avait vécu aucun des deux extrêmes, ni le désespoir le plus profond ni la joie la plus grande :

> Je n'étais pas là couchée dans mon lit, ressassant des idées noires et pensant que ma vie ne valait absolument rien. Ce n'était pas cela. Ce n'était pas comme une

profonde tristesse. C'était tout simplement rien. Peut-être que c'est cela, l'ultime désespoir, mais au moment où on le vit, on ne le sent pas. Je suppose que je m'en souviens aussi clairement à cause de l'absence totale d'émotion ou de sentiment. Et pourtant, il y avait autre chose. Il y avait cette rancune et cette haine féroce que je nourrissais envers [un parent] qui venait d'abandonner la famille. Je veux dire que c'était exactement le contraire, c'était si intense.

Déconcertée par l'absence totale de sentiment en même temps que la présence de haine, elle ne parvient pas à établir de rapports avec autrui. Elle pense que son désespoir provient de la sensation d'isolement et de détachement qui avait été en partie provoquée par l'échec et le bouleversement des relations familiales.

Ce sentiment d'isolement et de détachement déclenche chez Claire une lutte intérieure : elle se débat pour devenir « quelqu'un de valable » à ses propres yeux, qui mérite d'être l'objet de son attention et de ses soins et qui a le droit d'agir pour son propre compte. Elle décrit le processus grâce auquel elle est parvenue à se décider de prendre le risque de faire ce qu'elle veut et indique comment sa conception de la morale s'est en même temps modifiée. Alors qu'auparavant elle jugeait si une personne était bonne « en fonction du bien qu'elle faisait à autrui », elle considère maintenant que la faculté « de comprendre ce que quelqu'un d'autre est en train de vivre » est la condition sans laquelle il ne peut y avoir de réponse morale.

Le dilemme de Heinz l'impatiente à présent et elle le construit sans faire de nuance comme un contraste entre la vie de la femme et la cupidité du pharmacien. Elle interprète le souci qu'il montre pour son argent comme un refus de répondre aux besoins d'autrui et comme un manque de compréhension. La vie a plus de valeur que l'argent car « chacun a le droit de vivre ». Ensuite, elle modifie sa perspective et dit : « Je ne pense pas que je devrais m'exprimer de cette façon. » Elle corrige ce qu'elle vient de dire en remplaçant la hiérarchie de droits par un dense réseau de relations humaines. A travers cette substitution, elle met en doute le principe de séparation sur lequel repose la notion de droits et exprime « un principe directeur de liaison ». Étant donné qu'elle perçoit les rapports entre les individus comme fondamentaux et non comme un produit de la séparation, et qu'elle prend en considération l'interdépendance des vies humaines, elle conçoit la réalité sociale comme un immense réseau d'interdépendances auquel « chacun d'entre nous appartient et dont nous sommes tous issus ». Examinée sous cet angle, la position du pharmacien devient totalement contradictoire. Dans la vision de Claire, la vie est dépendante de la liaison, soutenue par les activités visant au bien-être d'autrui et fondée sur un lien d'attachement plutôt que sur un accord contractuel. Par conséquent, elle pense que Heinz devrait voler le médicament, quels que soient ses sentiments pour sa femme, « en vertu de leur simple présence, à tous les deux ». Malgré le fait qu'une personne puisse ne pas ressentir d'attirance particulière envers une autre, « vous êtes obligé d'aimer autrui, parce que vous êtes inséparable d'eux. Dans un sens, c'est un amour comparable à celui que vous avez pour votre main droite : elle fait partie de vous. Cette autre personne fait partie de cette gigantesque collection d'individus à laquelle nous appartenons tous, même si nous ne nous connaissons pas ». Elle exprime ainsi une éthique de responsabilité qui prend sa source dans une prise de conscience de l'interdépendance des individus.

Claire décrit la morale comme « la tension constante qui existe entre faire partie de quelque chose de plus grand et être une entité qui se suffit à elle-même ». La capacité de vivre avec cette tension définit la force morale d'un individu. Cette tension est au centre des dilemmes moraux auxquels elle a dû faire face. Elle a été confrontée à des conflits de responsabilité qui concernaient le problème de la vérité et éclairaient la réalité des rapports entre les individus. Le problème de la vérité est devenu évident pour Claire quand, ses études universitaires terminées, elle a travaillé en tant que conseillère dans une clinique d'interruption de grossesse. Elle avait reçu la consigne de répondre au cas où une femme voudrait voir ce qui avait été expulsé de son utérus : « A ce stade, il est impossible de distinguer quoi que ce soit. Cela ressemble tout simplement à de la gélatine. » Comme cette description s'opposait violemment au tourment moral qui déchirait Claire depuis qu'elle travaillait à la clinique, elle décida qu'elle « devait faire face à ce qui se passait réellement ». C'est pourquoi elle s'obligea à regarder un fœtus expulsé à un stade déjà avancé de la grossesse. Quand elle vit le fœtus, elle comprit :

> Je ne pouvais plus me faire d'illusions et dire qu'il n'y avait rien dans l'utérus, tout juste quelque chose gros comme un petit pois. Ce n'est pas vrai et je savais que ce n'était pas vrai, mais il fallait que je le voie. Et pourtant je le savais bien que le fœtus était comme ça mais j'étais quand même convaincue de la justesse de la décision qui avait été prise. En revanche, j'étais incapable de dire : « Eh bien voilà, ceci est bien et cela est mal! » J'étais constamment déchirée.

Quand elle mesura le monde à l'œil nu et se servit de ses perceptions pour définir ce qui se passait et ce qui était vrai, les absolus du jugement moral s'évanouirent. Par conséquent, elle était « constamment déchirée » et s'enfonçait dans les sables mouvants de l'incertitude face à la question de l'avortement. Mais elle était aussi maintenant capable d'agir d'une façon plus responsable :

> Je me suis longuement débattue avec ce problème. Finalement j'ai dû me résigner au fait (je suis profondément convaincue de cela, mais ce n'est pas une chose facile à dire sans émotions ou regrets) que, oui, la vie est sacrée, mais que la qualité de la vie est également importante et que, dans ce cas particulier, c'est elle qui doit être le facteur décisif : la qualité de la vie de cette

mère et la qualité de la vie de cet enfant qui n'est pas encore né. J'ai trop vu de photos de bébés jetés dans une poubelle et d'autres drames de ce genre, et c'est si facile de dire : « Bon, c'est ça ou ça. » Mais cela n'est pas aussi simple. Et il me fallait être capable de dire : « Oui, avorter c'est tuer, il n'y a pas moyen d'échapper à cette vérité, mais je l'accepte, il faut le faire, et c'est dur. » Je ne pense pas pouvoir l'expliquer. Je ne pense pas être en mesure d'exprimer clairement la justification.

Le jugement de Claire est contextuel, confiné dans les limites des coordonnées de temps et d'espace, toujours dépendant du cas particulier de « cette mère » et de « cet enfant à naître »; il est par conséquent réfractaire à toute catégorisation. Cela explique partiellement pourquoi Claire est incapable de formuler sa position morale. Pour elle, les possibilités de l'imagination dépassent celles de la généralisation. Mais cette impression d'être incapable d'exprimer les raisons qui la poussent à travailler dans une clinique pratiquant l'avortement pourrait refléter l'insuffisance de sa pensée morale. Cette incapacité pourrait également signifier que la position de Claire n'appartient à aucun des courants d'opinion acceptés à l'heure actuelle. Elle essaie d'exprimer une position qui n'est ni pour ni contre l'avortement mais qui est fondée sur une prise de conscience de la connexion continue entre la vie de la mère et celle de l'enfant.

Claire ne conçoit donc pas le dilemme comme un conflit de droits mais comme un problème de relations dont le centre est une question de responsabilité à laquelle il est finalement impossible d'échapper. Agir moralement, c'est reconnaître qu'il y a une relation, soit en prenant la responsabilité de s'occuper de l'enfant, soit, dans le cas où l'attachement ne peut pas être maintenu, en prenant la responsabilité de la décision d'avorter. Bien qu'il soit parfois « nécessaire de tuer ainsi, cela ne doit pas devenir trop facile » comme c'est le cas « si c'est loin de toi. Si le fœtus n'est que de la gélatine, alors il est bien loin de toi. L'Asie du Sud-Est est encore plus loin ». La morale et la sauvegarde de la vie dépendent donc du maintien de la liaison : il faut s'assurer que les conséquences de son action ne risquent pas de rompre la trame des rapports et il ne faut pas laisser quelqu'un d'autre tuer à votre place sans en prendre la responsabilité. Encore une fois, un jugement absolu s'efface devant la complexité des relations entre les personnes. Que la relation maintienne la vie conduit Claire à affirmer « le lien sacré de la vie » plutôt que « le caractère sacré de la vie à tout prix » et à formuler une éthique de responsabilité tout en demeurant consciente des droits de chacun.

Claire eut aussi à faire face au problème de la vérité lorsqu'une amie lui demanda d'écrire une lettre de recommandation pour un employeur. (Celui-ci exigeait que le postulant présente sa candidature accompagnée d'une appréciation de son caractère rédigée par un de ses pairs.) Ce service créa pour Claire un dilemme similaire à celui d'Amy. Alors que celle-ci avait hésité entre « l'amitié et la justice » et résolu son problème moral en répondant au besoin de son amie, ce qui avait eu pour effet d'assurer sa propre tranquillité d'esprit, la question de l'honnêteté fut dès le début au centre des préoccupations de Claire. « Comment être honnête et en même temps rendre justice à mon amie ? » Mais ce problème de justice était en réalité un problème de responsabilité : en se liant d'amitié avec cette personne, Claire lui avait laissé croire qu'elle pouvait compter sur elle et qu'elle était en droit de s'attendre à son aide. Tout en se rendant compte « qu'au fond elle n'aimait pas » son amie et que leurs systèmes de valeurs étaient « très différents », elle reconnaissait également la réalité de leurs relations et l'impossibilité d'être à la fois honnête et juste. Que faire ? Cela dépendait de la manière dont elle évaluerait le mal que son action pourrait infliger à son amie et aux gens dont les vies seraient affectées si cette dernière réussissait à obtenir l'emploi. Claire finit par décider que, dans ce cas, écrire la lettre de recommandation était la meilleure solution. Elle vit néanmoins que le dilemme aurait pu être évité si « elle avait été un peu plus honnête avec son amie dès leur première rencontre ».

Après avoir soulevé cette question de l'honnêteté, Claire en vint à parler d'un drame personnel qui réunit les différents thèmes de rapports avec autrui, de responsabilité et d'interprétation. Cette histoire vécue qu'elle intitula « M. Bien et M. Mal » a le mérite de personnaliser la question de la vérité morale au lieu d'objectiver le problème des rapports personnels. M. Bien, comme Anne dans l'histoire que nous raconte Horner, était un étudiant en médecine à la tête de sa classe et « avait horreur de ne pas avoir tout son dimanche pour étudier ». Il entendait demeurer le premier de sa classe. Par conséquent, il retournait dormir chez lui tous les samedis soir. Claire, qui pensait que M. Bien était l'homme de sa vie, se sentait non seulement seule et délaissée, mais aussi « égoïste » et « dans son tort » :

> Qu'est-ce que j'ai? Qu'est-ce qui ne va pas? Qu'est-ce que je veux de plus? Il est évident qu'il y a quelque chose. Je suis une personne terriblement égoïste et je n'ai jamais vraiment regardé la réalité en face. Il est clair qu'il y a quelque chose qui ne va pas dans nos rapports.

A la suite de cette expérience, elle se demanda si M. Bien était réellement « l'homme de sa vie ». Mais elle ne voulait pas rompre avec lui et au lieu de cela, se tourna vers M. Mal :

> Durant ma dernière année d'études, la situation a fini par exploser. Mais au lieu de dire : « Je m'affirme, je ne vais plus supporter ça une minute de plus », j'ai eu cette affaire sordide derrière son dos et ensuite je la lui ai jeté à la figure. Et non seulement je lui ai lancé mon infidélité au visage, mais je suis allée le trouver en larmes et j'ai eu le plaisir merveilleux de me confesser. Il semble que tous mes actes n'avaient qu'un but : inconsciemment, je voulais lui faire mal.

Claire construisit d'abord le dilemme comme une disparité entre son jugement et ses actions, étant donné qu'elle avait, dit-elle, « un sens très strict mais qui peut sembler quelque peu bizarre de la monogamie ». Puis, elle ajouta que le véritable conflit était entre deux images d'elle-même : « Mon côté pur et virginal, et cet autre côté de moi-même qui commençait à s'épanouir. » Le problème a surgi parce que, « à ce stade, je n'étais pas capable de décider ce que je voulais faire ». Perdue entre ces deux images d'elle-même, elle était prise au piège entre deux mondes différents de rapports personnels :

> Je ne voulais pas rompre avec le premier parce que mes rapports avec lui représentaient beaucoup de choses. Il était M. Bien aux yeux de tout le monde sauf pour moi qui savais à quoi m'en tenir. Et l'autre homme qui, comparé au premier, était manifestement M. Mal correspondait à cette chose animale en moi qui, à l'époque, essayait de s'exprimer. J'étais également incapable de renoncer au genre de relations que j'avais avec lui.

En examinant la disparité entre ces deux perceptions d'elle-même, elle commença à se rendre compte que « les valeurs morales imposées par quelqu'un d'autre ne sont pas nécessairement celles qui [lui] conviennent ». Ainsi, M. Bien se révéla ne pas être « bien pour elle » et M. Mal pas si « mal pour elle ».

Lorsqu'elle fit plus particulièrement attention aux faits et gestes qui manifestèrent l'existence d'un dilemme intérieur non résolu, elle constata : « Les deux personnes impliquées dans ce conflit étaient moi-même et moi-même. » Elle analysa également son comportement dans ses rapports avec M. Bien et réalisa alors que la répugnance dont elle avait fait preuve à « prendre la responsabilité de [ses] propres actions » était à l'origine de l'escalade du mal qu'ils s'étaient mutuellement infligés :

> Je ne prenais pas ma part de responsabilité des problèmes qui minaient nos rapports, et cela faisait

partie de tout ce qui n'allait pas. Je pense que je refusais aussi de le faire plus ou moins afin de lui infliger autant de peine qu'il m'en infligeait. Et pourtant, je n'avais rien fait pour qu'il cessât de me faire du mal. Je n'avais jamais dit : « Tu restes ici samedi, sinon tout est fini entre nous ! » Ce n'est que deux ou trois ans plus tard que je me rendis compte de ce qui s'était passé.

Claire, avec le recul du temps, estima que le dilemme de « M. Bien et M. Mal » avait été provoqué par deux facteurs : elle ne s'était pas affirmée et elle n'avait pas compris qu'elle *devait* s'affirmer. S'affirmer n'était pas un acte d'agression mais plutôt un moyen de communication. Si elle avait dit à M. Bien quels étaient ses véritables sentiments, elle aurait fermé la porte de l'agression et ouvert celle du dialogue. Le moi qui, à onze ans, parle d'une voix claire et sûre devient, pendant l'adolescence, confus et incertain. Le brouillard de l'adolescence se dissipe lorsqu'il découvre que les deux types de sensibilité, à soi-même et à autrui, se relient plutôt qu'ils ne s'opposent.

Claire aspirait à une vie intègre et très active, passée à prendre soin d'autrui. Son idéal réunissait les qualités des personnes qu'elle admirait : sa mère qui est « si généreuse d'elle-même » et son mari « qui vit selon ses convictions ». La vision qui la guidait était celle d'une femme médecin qui, lorsqu'elle voit la solitude d'une vieille femme à l'hôpital, « prend le temps d'aller lui acheter une limonade et de s'asseoir à côté d'elle uniquement pour que la vieille dame sente que quelqu'un s'intéresse à elle ». Un tel idéal était donc de voir et de répondre aux besoins d'autrui, de prendre soin du monde en maintenant la trame des connexions intacte afin de ne laisser personne seul et à l'écart.

Alors que les vérités des théories aveuglaient les psychologues sur la vérité de l'expérience féminine, cette expérience éclaire un monde qu'ils trouvaient difficile à cartographier, un territoire où la violence est rare et où les rapports avec autrui semblent sans danger. La raison pour laquelle l'expérience des femmes fut si difficile à déchiffrer ou même à discerner était que la modification des images dont on se sert pour décrire les rapports entraîne un problème d'interprétation. Les images de « hiérarchie » et de « trame », extraites des textes que les hommes et les femmes ont écrits afin d'exprimer leurs fantasmes et leurs pensées, traduisent deux constructions des rapports et sont associées à des conceptions différentes de la morale et de soi. Mais ces images créent un problème de compréhension, car chacune déforme la représentation de l'autre. Comme le haut de la hiérarchie se transforme pour devenir la limite de la trame et comme le centre du réseau de liens se modifie pour n'être qu'un point à mi-chemin de la progression hiérarchique, là où une image situe le danger, l'autre situe la protection. Par conséquent, les images de hiérarchie et de trame correspondent à deux modes différents d'affirmation et de réaction : le désir d'être seul au moment et la peur qui en résulte de voir les autres trop s'approcher ; le désir d'être au centre du réseau de liens et la peur qui en résulte de se retrouver trop à l'écart, à la périphérie du réseau. La hantise d'être abandonné et celle d'être pris au piège sont des craintes tellement opposées qu'elles donnent naissance à des conceptions différentes de la réussite et de la relation à autrui, ce qui entraîne deux modes d'action et deux manières d'évaluer les conséquences d'un choix.

Une nouvelle interprétation de l'expérience des femmes fondée, cette fois-ci, sur les images dont elles se servent pour visualiser les rapports avec autrui permet de mieux comprendre cette expérience et propose une vision non hiérarchique des relations humaines. Les relations entre les personnes apparaissent intrinsèquement instables et moralement problématiques lorsqu'on les examine à travers l'image de hiérarchie. Quand on lui substitue celle de l'immense trame humaine, cette relation d'inégalité se transforme en une structure d'interdépendances. Mais la puissance de ces deux images, les émotions et les pensées qu'elles suscitent signifient qu'elles sont profondément ancrées dans le cycle de la vie humaine. Les expériences d'inégalité et d'interdépendance, inhérentes à la relation entre parent et enfant, donnent lieu par la suite aux éthiques de justice et de responsabilité envers autrui, les deux idéaux des rapports humains : une vision où chacun, c'est-à-dire soi-même et l'autre, sera traité sur un pied d'égalité et où, malgré les différences de puissance et de pouvoir, les choses seront justes et équitables; une vision où les besoins de chacun d'entre nous seront entendus et satisfaits, et où personne ne sera laissé seul ou meurtri. Ces visions disparates dans leur tension reflètent les vérités paradoxales de l'expérience humaine. Nous nous savons séparés des autres dans la seule mesure où nous vivons en connexion avec eux, et nous nous sentons reliés aux autres dans la seule mesure où nous distinguons l'autre de nous-mêmes.

3

LES NOTIONS DE MOI
ET DE MORALE

A la question : « Si vous aviez à expliquer ce que la morale signifie pour vous, comment résumeriez-vous vos pensées ? », une étudiante répond :

> Quand je pense au mot « *morale* », je pense à des obligations. Je pense généralement à des conflits entre des désirs personnels et des considérations sociales, ou bien encore à des désirs personnels qui s'opposent à ceux d'une autre personne. La morale est tout cet ensemble de règles et de valeurs grâce auquel on décide de quelle façon on peut résoudre ces conflits. Une personne morale est celle qui, le plus souvent, place les autres sur un pied d'égalité quand elle détermine sa ligne de conduite. Une personne véritablement morale considérerait toujours autrui comme son égal [...]. Dans une situation d'interaction sociale, l'action d'un individu est moralement mauvaise lorsqu'elle porte tort à beaucoup de gens et moralement bonne lorsqu'elle améliore le sort de chacun.

Et pourtant, quand on demande à cette étudiante de nommer quelqu'un qu'elle considère comme une personne véritablement morale, elle réplique : « Eh bien, je pense immédiatement à Albert Schweitzer, car il est évident qu'il a passé sa vie entière à aider les autres ! » Le devoir et le sacrifice l'emportent sur l'idéal d'égalité : cela implique que sa pensée comporte une contradiction fondamentale.

Une autre étudiante à qui on avait posé la question :
« Qu'est-ce que cela signifie de dire que quelque
chose est moralement bien ou mal ? » répond aussi
en parlant d'abord de responsabilités et d'obligations :

> C'est une question de responsabilités, d'obligations et
> de valeurs, surtout de valeurs [...]. Dans mes rapports
> personnels, je considère qu'être morale, c'est avoir du
> respect pour l'autre personne et pour moi-même.
> *Pourquoi respecter autrui ?*
> Parce qu'il a une conscience ou des sentiments qui
> peuvent être froissés ou blessés.

Le mal que l'on peut infliger à l'autre est également
la préoccupation majeure de deux étudiantes à qui
l'on avait demandé : « Pourquoi être moral ? » Voici
leurs réponses :

> Des millions de gens doivent vivre ensemble et en
> paix. Personnellement, je ne veux pas faire de mal aux
> autres. C'est un véritable critère, un critère très impor-
> tant pour moi. Mon sens de la justice repose là-dessus.
> Ce n'est pas bien de faire de la peine. Je sympathise
> avec toute personne qui souffre. Ne pas faire de mal
> est un élément important de ma morale personnelle. Il
> y a des années, j'aurais sauté par la fenêtre avant
> d'infliger une peine quelconque à mon fiancé. C'était
> pathologique de ma part. Mais même aujourd'hui, je
> désire être approuvée et aimée, et je ne veux pas
> d'ennemis. Peut-être est-ce pour cela que la morale
> existe : afin d'aider les gens à obtenir approbation, amour
> et amitié.

Et la seconde étudiante :

> Mon principe directeur est de ne pas faire de mal à
> autrui, tant que la ligne de conduite choisie ne va pas
> à l'encontre de ma propre conscience et que je demeure
> fidèle à moi-même [...]. Il existe de nombreux problèmes
> moraux tels que l'avortement, le service militaire, le
> meurtre, le vol, et la monogamie. Lorsqu'il s'agit de
> questions aussi controversées que celles-ci, je dis toujours

que c'est à l'individu de décider en fonction de ce que lui dicte sa propre conscience. Il n'y a pas d'absolus moraux. Les lois sont des instruments pragmatiques mais elles ne sont pas des absolus. Une société ne peut pas fonctionner si elle fait constamment des exceptions, mais moi, personnellement, je peux le faire [...]. Je crains que nous n'allions un jour, mon fiancé et moi, vers une grande crise. Lorsque la crise éclatera, quelqu'un devra en subir les conséquences, et ce sera lui qui, bien plus que moi, en souffrira. Je pense avoir le devoir de ne pas lui faire mal mais aussi celui de ne pas mentir. Je ne sais pas si c'est possible de ne pas mentir et de ne pas faire mal.

Ces quatre réponses ont un thème commun : le désir de ne pas faire de mal et l'espoir que la morale permette de trouver le moyen de résoudre un conflit sans que personne ne souffre. Le souci de ne pas faire de tort aux autres a été le sujet le plus spécifique que chacune des femmes ait abordé, sans qu'il y ait dialogue entre elles, en réponse à une question des plus générales. La personne morale est celle qui aide les autres ; la bonté signifie rendre service, remplir ses obligations et ses responsabilités envers autrui, si possible sans se sacrifier. Alors que la première des étudiantes finit par nier le conflit moral qu'elle avait abordé au début, la dernière anticipe un conflit entre la fidélité à elle-même et le respect de son principe de ne pas faire de mal à autrui. Le dilemme qui testerait les limites de ce jugement serait celui où l'on verrait qu'aider l'autre ne serait possible qu'au prix du sacrifice de soi.

On retrouve cette même réticence à prendre position sur les « questions controversées », cet empressement à « faire constamment des exceptions » dans les voix d'autres étudiantes :

Je ne pense jamais pouvoir me permettre de condamner quelqu'un d'autre. J'ai une position extrêmement relativiste. L'idée fondamentale à laquelle je m'accroche est le caractère sacré de la vie humaine. Il me serait impossible d'imposer mes convictions à l'autre.

Loin de moi l'idée de vouloir faire accepter à autrui ma propre position sur une question morale. Je ne crois pas aux absolus. S'il existe un absolu en morale, c'est la vie humaine.

On peut entendre le même thème dans la voix d'une étudiante en maîtrise âgée de trente et un ans, quand elle explique pourquoi il lui serait difficile de voler un médicament pour sauver sa propre vie en dépit de sa conviction qu'il serait moralement bien de le faire pour autrui : « Il est tout simplement difficile de prendre sa propre défense contre les règles de conduite de la société. Je veux dire que nous vivons par consensus et que, si vous agissez pour vous-même et par vous-même, il n'y a plus de consensus. Une telle action est aujourd'hui indéfendable dans notre société. »

Il émerge de ces voix un sentiment de vulnérabilité qui empêche ces femmes de prendre position. George Eliot appelle cette réticence à porter un jugement la « susceptibilité » féminine à être jugée défavorablement par autrui et l'attribue à un manque de pouvoir et à l'incapacité qui en résulte « de faire quelque chose de positif dans le monde [1] ». La répugnance à porter un jugement moral que Kohlberg et Kramer (1969) et Kohlberg et Gilligan (1971) associent à la crise d'identité et de conviction de l'adolescence se traduit chez les hommes par une remise en question du concept même de morale. Mais la réticence que ces femmes éprouvent à juger provient plutôt de leur incertitude quant à leur droit de prendre une position morale ou peut-être du prix qu'un tel jugement semble comporter pour elles.

Quand les femmes se sentent exclues des activités de la société auxquelles elles ne peuvent pas participer directement, elles se voient soumises à un consensus ou à un jugement fait et appliqué par les hommes dont dépendent leur protection, leurs moyens d'exis-

---

1. Eliot, p. 365.

tence et leur identité, car elles sont connues par le nom de ces hommes. Une femme d'âge mûr, divorcée, mère de deux adolescentes, habitant une ville universitaire aux idées avancées, raconte cette histoire :

En tant que femme, je pense que je n'ai jamais compris que j'étais une personne, que je pouvais prendre des décisions et que j'avais le droit de les prendre. J'ai toujours senti que, d'une certaine manière, j'appartenais à mon père, ou à mon mari, ou bien encore à l'Église que représentait un ecclésiastique. Les trois hommes de ma vie – père, mari, ecclésiastique – ont eu toujours leur mot à dire sur ce que je devais ou ne devais pas faire. Ils étaient de véritables autorités que j'avais acceptées. Ce n'est que dernièrement que je me suis rendu compte que je ne m'étais jamais rebellée contre cet état de choses. Mes filles en sont beaucoup plus conscientes. Je ne veux pas dire qu'elles se révoltent, mais elles reconnaissent tout simplement la nature de ces rapports [...]. Encore maintenant, je laisse les choses m'arriver, je ne les provoque pas, je ne choisis pas. Et pourtant, je sais comment choisir, je sais quelles sont les étapes d'une prise de décision et quelles sont les procédures à suivre.

Savez-vous pourquoi cela serait vrai ?

Eh bien, dans un sens, je pense qu'il y a moins de responsabilité, car lorsque vous prenez une mauvaise décision, c'est à vous d'en subir les conséquences! Si la décision est prise pour vous, eh bien, vous pouvez toujours vous plaindre! Je pense que si en grandissant vous n'avez jamais eu l'impression d'avoir le choix, il vous est impossible de développer un sens des responsabilités. C'est avec la liberté de choisir que vient ce sens des responsabilités.

L'essence d'une décision morale consiste à exercer un choix et à en accepter la responsabilité. Dans la mesure où les femmes pensent qu'elles n'ont pas la liberté de choisir, elles s'excusent par conséquent de la responsabilité que cette décision comporte. Leur dépendance et la peur qui en résulte d'être abandonnées les rendent vulnérables comme des enfants. Elles affirment que leur seul désir est de plaire, mais en échange de leur bonté elles s'attendent à être aimées et entourées d'attentions. C'est donc un « altruisme » toujours en péril, car il présuppose une innocence qui risque constamment d'être compromise par une prise de conscience de l'échange qui a été fait. Une étudiante de quatrième et dernière année universitaire se décrit ainsi :

> J'ai entendu parler de la théorie de la pelure d'oignon. Je me vois comme un oignon, comme un bloc constitué de multiples pelures ou couches. Les couches extérieures sont réservées aux gens que je ne connais pas très bien : c'est mon côté agréable et social. A mesure que l'on pèle chacune de mes peaux extérieures, je présente des aspects différents aux gens que je connais. Je ne suis pas certaine qu'au tréfonds de moi-même il existe un « cœur » ou un « noyau », ou bien si je ne suis faite que de toutes ces couches extérieures qui se sont développées grâce à des influences différentes, alors que je grandissais. Je pense avoir une attitude neutre envers moi-même, mais je pense aussi en fonction de ce qui est bien et de ce qui est mal. Ce qui est bien : j'essaie d'être pleine d'égards et attentionnée envers les autres, j'essaie d'être juste, honnête et tolérante. J'utilise les mots mais je m'efforce de les mettre en pratique. Ce qui est mal : je ne sais pas vraiment si certaines choses sont réellement mauvaises, si elles sont altruistes, ou bien si je recherche principalement l'approbation d'autrui en les faisant.
>
> *Quelles sont ces choses ?*
>
> Les valeurs selon lesquelles je m'efforce de régler ma conduite, surtout dans mes rapports personnels [...]. Si j'agissais uniquement pour être approuvée, mes valeurs seraient très fragiles, car si jamais je n'obtenais pas la réaction voulue, elles pourraient toutes s'effondrer.

La pièce d'Ibsen, *La Maison de poupée,* illustre l'explosion d'un tel monde à travers un dilemme moral qui remet en question la notion de bonté, fondement même de ce monde. Nora, la « femme écureuil », qui vit avec son mari comme elle a vécu avec son père, met en pratique cette conception de la bonté synonyme de sacrifice et, avec la meilleure des intentions, décide d'outrepasser la loi. La crise que son acte provoque est extrêmement douloureuse pour elle, car sa bonté est rejetée par la personne qui en était l'objet et le bénéficiaire. Elle envisage tout d'abord de se suicider, car elle voit dans ce geste l'ultime expression de cette bonté. Mais la crise a détruit les fondations de son monde antérieur et, au lieu de mettre fin à ses jours, elle décide d'aller à la recherche de nouvelles réponses plus solides aux questions qu'elle se pose sur son identité et sur ses convictions morales.

La possibilité de choisir et le fardeau de responsabilités qui l'accompagne ont envahi maintenant les replis les plus intimes de l'âme féminine. Cette nouvelle liberté risque de provoquer une explosion similaire. Pendant des siècles, les femmes, en raison de leur sexualité, ont été maintenues dans la passivité, dans une position réceptive plus qu'active, où il ne leur était possible de contrôler leurs propres grossesses que par un refus, ce qui impliquait la négation ou le sacrifice de leurs propres besoins sexuels. Qu'une telle abnégation ait aussi rançonné leur intelligence est un fait que Freud avait constaté. Il avait associé « l'infériorité intellectuelle incontestable de tant de femmes » à « l'inhibition de la pensée rendue nécessaire par le refoulement sexuel [1] ». On peut comparer les stratégies de refus que les femmes ont utilisées pour mener leur politique dans le domaine des relations sexuelles aux dérobades et aux abstentions dont elles font preuve quand il s'agit de porter un jugement moral. Que des étudiantes universitaires hésitent à affirmer leurs convictions, même celle de croire en la valeur de la vie humaine, tout comme la répugnance à revendiquer sa propre sexualité, trahissent un moi incertain de sa force, qui recule devant les problèmes que pose la liberté de choisir et qui évite toute confrontation.

1. Freud, 1908, p. 199.

Ainsi, les femmes ont traditionnellement déféré aux jugements des hommes, bien qu'elles aient souvent laissé entrevoir une sensibilité qui leur était propre et en désaccord avec ce jugement. Maggie Tulliver, un personnage de George Eliot dans *Le Moulin sur la Floss,* avait continué de fréquenter secrètement Phillip Wakeham. Lorsque son intrigue amoureuse fut découverte, son frère lui reprocha sa conduite. Elle répondit à ses accusations en se soumettant à son jugement moral, tout en affirmant des valeurs différentes qui démontraient sa propre supériorité :

> Je ne veux pas me défendre [...]. Je sais que j'ai eu tort, même très souvent. Et pourtant, il m'arrive parfois de mal agir, car je suis poussée par des sentiments qui, si vous les ressentiez, feraient de vous un homme meilleur. Si jamais *vous* aviez été coupable, si vous aviez fait quelque chose de très mal, je serais désolée de la peine que cela vous aurait infligé. Je ne voudrais pas vous accabler encore davantage.

La protestation de Maggie est une affirmation éloquente de la très ancienne rupture entre penser et sentir, entre justice et miséricorde, qui est à la base des nombreux clichés et stéréotypes concernant les différences entre les sexes. Mais examinée sous un autre angle, sa protestation est un moment de confrontation qui succède à une dérobade. Cette confrontation révèle deux modes de jugement, deux constructions du domaine moral : l'une est associée par tradition à la masculinité et au monde public du pouvoir social, et l'autre à la féminité et à l'intimité du cercle familial. Les théories du développement ont jusqu'à présent considéré que le mode de jugement masculin était plus approprié que celui des femmes. Par conséquent, à mesure que l'individu s'approche de la maturité, la construction féminine du domaine moral doit en principe céder la priorité au mode de jugement masculin. La conciliation de ces deux modes n'est cependant pas claire.

Norma Haan effectua des recherches sur des étudiants universitaires et Constance Holstein mena une enquête auprès d'adolescents et de leurs parents pendant trois ans [1]. Les résultats de leurs travaux indiquent que les jugements moraux des femmes sont, beaucoup plus que ceux des hommes, reliés à des sentiments de sympathie et de compassion, et qu'elles se sentent surtout concernées par la résolution de dilemmes réels et non hypothétiques. Néanmoins, tant que les catégories à l'aide desquelles le développement d'un individu est évalué sont établies à partir de recherches effectuées auprès des hommes, toute divergence de la norme masculine ne peut être envisagée que comme un échec du développement. C'est pourquoi le raisonnement des femmes est souvent placé dans la même catégorie que celui des enfants. L'absence d'autres critères qui tiendraient mieux compte du développement féminin souligne les limites des théories élaborées par les hommes et validées par des échantillons comprenant un nombre disproportionné d'hommes et d'adolescents. Cette absence montre aussi le manque d'assurance dont souffrent beaucoup de femmes et leur réticence à s'exprimer en public de leur propre voix. Cette modestie excessive s'explique par leur manque de pouvoir et par la politique des relations entre les sexes.

Afin d'aller au-delà de la question : « Dans quelle mesure les femmes pensent-elles comme les hommes, sont-elles capables d'établir une construction abstraite et hypothétique de la réalité, et à quel point ? », il est nécessaire d'identifier et de définir les critères de développement qui englobent toutes les catégories de la pensée féminine. N. Haan estime qu'il est indispensable de formuler de tels critères à partir de la résolution de dilemmes qui ont depuis fort longtemps été au centre de la préoccupation morale des femmes : « Les dilemmes moraux qui surgissent beaucoup plus

---

1. Haan, 1975 et Holstein, 1976.

fréquemment dans la vie réelle et proviennent du souci d'épargner les sentiments d'autrui [1]. » Mais afin d'extraire les critères de développement du discours moral féminin, il est essentiel de déterminer si la construction féminine de la morale repose sur un langage différent aussi valable que celui des hommes. Pour cela, il faut aller écouter les femmes là où elles se sentent libres de s'exprimer avec leur voix propre, là où elles ont le pouvoir de choisir.

Avec la contraception et l'avortement, les femmes disposent d'un moyen de contrôle efficace de leur fécondité. Ce contrôle place le dilemme du choix dans un domaine situé au cœur de leur vie. Les rapports qui ont traditionnellement défini l'identité des femmes et façonné leurs jugements moraux ne découlent plus inéluctablement de leur capacité de reproduction : le pouvoir de décision est maintenant entre leurs mains. Libérées de la passivité et de la réticence d'une sexualité qui les enchaînait dans la dépendance, les femmes peuvent s'interroger avec Freud sur ce qu'elles veulent et affirmer leurs propres réponses à cette question. Même si la société revendique publiquement le libre arbitre de la femme, il n'en demeure pas moins que l'exercice d'un tel choix la met intimement en conflit avec les conventions de la féminité, particulièrement celle de l'équation morale : bonté égale sacrifice de soi. Bien que l'indépendance d'action et de jugement soit considérée comme l'une des caractéristiques de l'âge adulte, c'est surtout en fonction des soins et du bien-être qu'elles prodiguent à autrui que les femmes se jugent elles-mêmes et sont jugées.

Le conflit entre soi et l'autre constitue le problème moral central des femmes, car il pose un dilemme dont la résolution nécessite une réconciliation entre la féminité et l'âge adulte. En l'absence d'une telle réconciliation, le problème moral ne peut pas être résolu. La femme « qui est bonne » se dérobe à toute

1. Haan, 1975, p. 34.

affirmation et refuse de prendre sa part de responsabilité en proclamant n'être qu'au service d'autrui. En revanche, la femme « qui est mauvaise » désavoue ou renonce aux obligations qui la lient, déloyale envers elle-même et autrui. C'est ce dilemme (le conflit entre la compassion et l'autonomie, entre la vertu et le pouvoir) que la voix féminine s'efforce de résoudre. Elle lutte pour reconquérir son moi et trouver une solution au problème moral qui ne lésera personne.

Lorsqu'une femme envisage d'interrompre sa grossesse, elle est confrontée à une décision qui affecte à la fois sa propre personne et autrui, et aborde directement le problème moral très critique de faire volontairement du mal à une autre personne. Comme en dernier ressort ce choix lui appartient, elle en est responsable. C'est pourquoi une telle décision soulève les questions de jugement qui ont été les plus problématiques pour les femmes. Maintenant, on lui demande si elle désire éteindre cette étincelle de vie qui, pendant des siècles, l'a maintenue dépendante et passive tout en lui imposant la responsabilité des soins à donner. La décision d'avorter apporte les questions adultes de responsabilité et de choix au cœur de la perception féminine, ce que Joan Didion appelle la « différence irréconciliable : cette impression de vivre notre vie la plus intense dans un monde sous-marin, un monde obscur où notre existence est étroitement liée au sang, à la naissance et à la mort [1] ».

L'objectif de l'enquête sur la décision d'avorter était de savoir comment les femmes construisent et résolvent cette décision. Vingt-neuf femmes, âgées de quinze à trente-trois ans et d'origines sociale et ethnique très diverses, ont été contactées pour l'enquête par l'entremise de services sociaux et de cliniques où l'on pratique l'interruption volontaire de grossesse. Les femmes participèrent à l'enquête pour

1. Didion, 1972, p. 14.

des raisons variées : quelques-unes afin de clarifier leurs pensées sur une décision qui les plongeait dans un conflit intérieur, certaines à la demande d'un conseiller préoccupé par des avortements répétés et d'autres afin d'apporter leur contribution à la recherche. Bien que les grossesses se soient produites dans des circonstances différentes, il a été possible de discerner certains points communs. Dans de nombreux cas, les adolescentes avaient omis d'utiliser un contraceptif parce qu'elles niaient ou contestaient leur capacité d'avoir des enfants. Certaines femmes étaient enceintes car elles n'avaient pas prévu qu'elles auraient des rapports sexuels. La grossesse de quelques-unes correspondait à un moment de leur vie où elles essayaient de rompre avec leur partenaire. Leur grossesse pouvait alors être considérée comme une manifestation de l'ambivalence de leurs sentiments ou un moyen extrême de tester la solidité de leurs rapports. Pour ces femmes, la grossesse apparaît comme un moyen de tester la vérité, en faisant du futur bébé un allié grâce auquel elles auraient plus de chances de trouver aide et protection auprès de leur partenaire et, en cas d'échec, un compagnon d'infortune, une autre victime abandonnée par l'homme. Enfin, la conception d'autres femmes était le résultat de l'inefficacité de leur méthode de contraception ou bien encore celui d'une décision prise en commun avec le partenaire sur laquelle ils étaient plus tard revenus. Sur les vingt-neuf femmes, quatre décidèrent d'avoir leur bébé, deux eurent une fausse couche, vingt et une choisirent de se faire avorter. Il fut impossible de prendre contact pour la deuxième partie de l'enquête avec les deux femmes qui n'avaient pas encore pris de décision au moment de la première interview.

On questionna les femmes à deux reprises : d'abord pendant le premier trimestre de leur grossesse, alors qu'elles envisageaient de se faire avorter, ensuite à la fin de l'année suivante. Il y a lieu de croire que les femmes furent interviewées à une période où elles étaient en proie à un conflit intérieur et à une indécision plus intense que d'habitude pour deux raisons. Les services sociaux exigeaient qu'il s'écoulât un certain laps de temps entre le moment où une femme se mettait en rapport avec la clinique et celui où l'avortement était effectué. Certains conseillers avaient également pensé que participer à l'enquête aiderait quelques-unes d'entre elles à résoudre leur dilemme. Comme l'enquête avait pour objectif l'étude de la relation entre le jugement et l'action, et non pas le problème moral de l'avortement en soi, aucun effort ne fut fait pour sélectionner un échantillon représentatif de femmes qui envisageaient, désiraient ou subissaient un avortement. C'est pourquoi les résultats, au lieu d'être ceux d'un sondage d'opinion effectué auprès des femmes sur l'avortement, reflètent les différentes manières dont elles perçoivent les dilemmes qui surgissent dans leur vie.

Pendant la première partie de l'interview, on demanda aux femmes d'analyser les divers aspects de la décision qu'elles devaient prendre. De quelles façons l'abordaient-elles? Quelles étaient les alternatives envisagées? Quelles étaient les raisons pour et contre chaque option? Quelles étaient les personnes impliquées dans la situation? Quels conflits cette décision engendrait-elle? Quelles influences le dilemme exerçait-il sur leurs perceptions d'elles-mêmes et sur leurs rapports avec autrui? Lors de la deuxième partie, les femmes durent résoudre trois dilemmes moraux hypothétiques, y compris celui de Heinz extrait des travaux de recherche de Kohlberg.

Kohlberg associe le développement moral de l'adolescence aux facultés grandissantes de réflexion qui marquent cette période de la vie (1976). Il prolonge la description que fait Piaget du jugement moral des enfants et distingue trois conceptions de la morale, les qualifiant de préconventionnelle, de conventionnelle et de postconventionnelle, afin de souligner la progression de la compréhension morale, depuis un point de vue qui est d'abord individuel, puis social et, enfin, universel. Dans ce schéma, la morale conventionnelle, selon laquelle bien agir est se conformer aux normes et aux valeurs reconnues par la société, représente le point de référence. Le jugement préconventionnel indique une incapacité à construire le dilemme du point de vue de la société, tandis que le jugement postconventionnel transcende cette vision. Le jugement préconventionnel est égocentrique et établit des préceptes moraux à partir des besoins de l'individu; le jugement conventionnel partage les normes et les valeurs qui maintiennent la continuité des rapports entre les individus, les groupes, les communautés et les sociétés; et le jugement postconventionnel adopte une perspective de réflexion sur les valeurs de la société et construit des principes moraux dont l'application est universelle.

Ce changement de perspective vers une forme de pensée de plus en plus différenciée, compréhensive et réfléchie apparaît dans les réponses des femmes à qui on avait demandé de résoudre des dilemmes réels et hypothétiques. Mais les conventions qui façonnent le jugement moral des femmes diffèrent de celles qui s'appliquent aux hommes, et cette divergence transparaît dans la définition féminine du domaine moral. Les femmes perçoivent le dilemme moral comme un problème de responsabilités et de préoccupations du bien-être de l'autre, et non comme une question de droits et de règles. Cette conception relie le développement de leur raisonnement moral aux changements qui modifient leur compréhension de la responsabilité et des rapports entre les personnes. De façon analogue, une morale synonyme de justice associe le développement à une logique d'égalité et de réciprocité. Ainsi, une éthique du bien-être de l'autre repose sur une logique psychologique des relations humaines, ce qui contraste avec la logique formelle d'équité sur laquelle est fondée la conception de justice.

Les constructions féminines du dilemme de l'avortement révèlent l'existence d'un langage moral différent dont l'évolution dessine une progression du développement. Le langage de l'égoïsme et de la responsabilité définit le problème moral comme l'obligation de prendre soin de l'autre et d'éviter de lui faire mal. Blesser l'autre est considéré comme égoïste et immoral, car cela reflète une insouciance du sort d'autrui, tandis que les actes qui expriment le souci de l'autre sont perçus comme l'apogée de la responsabilité morale. Lorsque les femmes parlent de conflit et de choix, elles utilisent très fréquemment les mots « égoïste » et « responsable ». L'orientation traduite par ce langage place les femmes dans une position divergente de celle des hommes étudiés par Kohlberg et indique une compréhension différente du développement moral.

L'enquête sur la décision d'avorter a fait apparaître trois perspectives qui démontrent une progression du développement de l'éthique du bien-être d'autrui. L'analyse de l'emploi qu'ont fait les femmes du langage moral (représenté par des mots tels que « devoir », « falloir », « mieux », « bien », « bon » et « mauvais »), des changements que l'on a constatés dans leur mode de pensée et de la façon dont elles ont examiné et jugé leur propre raisonnement a permis de dégager ces trois points de vue et les transitions de l'un à l'autre. L'individu s'occupe initialement de ses propres besoins afin d'assurer sa survie. Cette première perspective est jugée égoïste durant la phase de transition qui lui succède. Cette critique annonce une nouvelle compréhension de la connexion entre soi et autrui, exprimée par le concept de la responsabilité : l'élaboration de ce concept et sa fusion avec une morale maternelle qui cherche à assurer le bien-être des personnes à charge et des plus désavantagés caractérisent la deuxième perspective. A ce stade de la progression, bien agir est synonyme de prendre soin d'autrui. Néanmoins, lorsque les autres sont les seuls bénéficiaires légitimes des soins et des attentions de la femme, l'exclusion d'elle-même crée un déséquilibre dans les rapports qui déclenche la deuxième transition. L'inégalité

117

illogique entre soi et les autres provoque une remise en question des relations et de la définition conventionnelle de la bonté féminine qui confond prendre soin d'autrui avec se sacrifier. La troisième perspective se concentre sur la dynamique des rapports et dissipe la tension entre égoïsme et responsabilité grâce à une nouvelle compréhension entre l'autre et soi. Prendre soin d'autrui devient le principe délibérément choisi d'un jugement qui demeure psychologique par sa préoccupation du maintien des relations interpersonnelles, mais qui est universel dans sa condamnation de l'exploitation et du mal infligé. Le développement d'une éthique du bien-être d'autrui repose sur une compréhension grandissante de la psychologie des rapports humains : l'individu se différencie progressivement des autres et a une perception de plus en plus aiguisée de l'interaction sociale. Cette éthique, qui reflète une connaissance accrue des relations humaines, pivote autour d'une vérité centrale, celle de l'interdépendance entre soi et autrui. Reconnaître cette interdépendance signifie reconnaître qu'un acte de violence finit toujours par se retourner contre soi, tout comme on bénéficie du bien fait à autrui. Les trois perspectives et les phases de transition qui ont été identifiées représentent les différentes manières de percevoir cette connexion.

Dans sa construction la plus simple, le dilemme de l'avortement est une question de survie du moi et les préoccupations sont surtout d'ordre pratique. La femme se soucie d'abord d'elle-même, car elle se sent seule et isolée. Dans cette perspective, aucune différence n'est faite entre le *devoir* et la *volonté.* Les autres n'ont d'influence sur sa décison que dans la mesure où ils peuvent en modifier les conséquences. Susan, une jeune femme de dix-huit ans à qui l'on avait demandé quelles avaient été ses pensées au moment où elle avait su qu'elle était enceinte, répondit : « J'ai pensé que je n'en voulais pas. Je n'ai vraiment pensé à rien d'autre. » « Pourquoi cela ? » « Je n'en voulais pas, je n'étais pas prête, l'année prochaine sera ma dernière année d'études et je veux les terminer. » A la question : « Y a-t-il une bonne décision ou une bonne manière de décider d'avoir un avortement ? », elle réplique : « Il n'y a pas de bonne décision. » « Pourquoi ? » « Je n'en voulais pas. » Tant que ses propres besoins ne sont pas en conflit, la justesse de sa décision ne constitue pas pour elle un problème ; s'ils l'étaient, il lui faudrait alors décider d'un ordre de priorité. C'est le dilemme auquel Joan, une autre femme de dix-huit ans, est confrontée. Pour elle, le bébé représente à la fois un moyen d'accroître sa liberté : « C'est une occasion unique de me marier et de partir de chez moi », et une entrave à cette même liberté car : « Le bébé m'empêcherait de faire beaucoup de choses. »

Dans ce mode de compréhension, le moi, qui est l'unique objet de préoccupation, est amoindri par le sentiment de son impuissance car la rupture des relations lui fait croire à sa complète solitude. Le désir de « faire beaucoup de choses » est constamment démenti par le peu de chose qui a été fait en réalité. Les rapports sont pour la plupart décevants : « Sortir avec un garçon ne vous rapporte jamais rien d'autre que le mal qu'on vous fait. » Ainsi, certaines femmes choisissent-elles délibérément de rester seules afin de mieux se protéger contre toute peine éventuelle. Martha, une jeune femme de dix-neuf ans, se sent responsable de la mort accidentelle d'un frère plus jeune, dont elle se sentait très proche. Voici comment elle se décrit :

> Je ne sais vraiment pas. Je n'y ai jamais réellement pensé. Je connais un peu mon caractère, dans les grandes lignes. Je suis très indépendante. Je n'aime pas du tout avoir à demander quoi que ce soit à qui que ce soit. J'aime vivre seule, en ermite. Je préfère ma propre compagnie à celle des autres. Je me débrouille pour avoir très peu d'amis. Je ne vois pas ce qu'il y a d'autre à dire. J'aime être seule, je vis comme un ours, et c'est très bien ainsi. Ici aujourd'hui et demain ailleurs.

Survivre est la première préoccupation. Betty, une adolescente de seize ans, exprime clairement la prééminence de ce souci lorsqu'elle parle du dilemme de Heinz qui se demande s'il devrait voler un médicament pour sauver la vie de sa femme :

> Je pense que survivre est la première des choses pour laquelle les gens se battent dans la vie. Je pense que c'est ce qu'il y a de plus important, plus important que voler. C'est peut-être mal de voler, mais si l'on doit voler ou même tuer pour assurer sa survie, c'est ce que l'on doit faire [...]. La sauvegarde de soi-même, se préserver des dangers, voilà, je crois, ce qui a la plus grande importance dans la vie. C'est plus important que n'importe quoi d'autre.

Dans la phase de transition qui suit cette position, les concepts d'égoïsme et de responsabilité apparaissent pour la première fois. Ils font initialement surface en référence au moi dans une redéfinition de l'intérêt personnel qui, jusqu'à présent, a servi de base au jugement. Le problème transitionnel est un problème d'attachement ou de relation à autrui. La grossesse met ce problème en évidence non seulement parce qu'elle représente une connexion immédiate et littérale, mais également parce qu'elle affirme de la façon la plus concrète et la plus physique, la capacité d'assumer le rôle de la femme adulte. Avoir un bébé semble d'abord offrir un refuge contre la solitude de l'adolescence et une solution des conflits de dépendance et d'indépendance. Mais en réalité la continuation d'une grossesse pendant cette période de la vie a généralement tendance à multiplier ces problèmes, car elle accroît l'isolement social et exclut d'avance toute progression vers une véritable indépendance.

Être mère, que ce soit dans le sens physique ou social, signifie être responsable des soins et de la protection d'un enfant. Néanmoins, pour être capable de s'occuper de quelqu'un d'autre, il faut d'abord pouvoir se prendre soi-même en charge. Le passage de l'enfance à l'âge adulte, conçu comme un pas en avant de l'égoïsme vers la responsabilité, est exprimé par Josie, une adolescente de dix-sept ans, lorsqu'elle décrit les sentiments qu'elle éprouve envers sa grossesse :

Au début, au lieu de me sentir malheureuse, j'étais très contente d'être enceinte parce que je n'envisageais pas la situation d'une façon réaliste. Je tenais compte uniquement de mes propres besoins égoïstes. Je me sentais seule, les choses allaient très mal pour moi et donc je pensais qu'avoir un bébé dont je pourrais m'occuper et qui serait une partie de moi-même me rendrait heureuse. Mais je n'étais pas réaliste. Je ne voyais pas la responsabilité que tout cela comporterait pour moi. J'ai décidé de me faire avorter, car je me suis rendu compte de l'énorme responsabilité qu'il faut assumer lorsqu'on a un enfant. Par exemple, on doit être là, on ne peut pas toujours être à l'extérieur, hors de chez soi. Et ça, c'est quelque chose que j'aime faire. J'ai décidé que je devais devenir responsable de moi-même et que j'avais beaucoup de choses à mettre au point.

Josie critique son premier jugement, son désir initial d'avoir un bébé, afin de combattre sa solitude et d'établir un lien. Elle qualifie ce jugement d'« égoïste » et d'« irréaliste ». La contradiction entre le désir d'avoir un bébé et celui de liberté, « d'être toujours à l'extérieur, hors de chez soi », c'est-à-dire entre la liaison et l'indépendance, est résolu à travers une nouvelle priorité. A mesure que le critère sur lequel s'appuie son jugement se modifie, le dilemme prend une dimension morale. Elle projette le conflit entre son désir et la nécessité comme une disparité entre la « volonté » et le « devoir ». Dans cette construction, l'« égoïsme » d'une décision fondée sur ce qu'elle veut s'oppose à la « responsabilité » d'un choix moral :

Je veux avoir le bébé. Mais je sens que dans l'immédiat ce que je dois faire, ce que j'ai besoin de faire est de me faire avorter, car, parfois, ce que l'on veut n'est pas toujours ce qu'il faut faire. Il faut quelquefois faire passer ce qui est nécessaire avant ce que l'on veut. Dans certains cas, agir selon son propre désir peut avoir des conséquences fâcheuses.

La grossesse en elle-même confirme la féminité, comme le dit Josie : « Au début, j'étais très contente d'être enceinte car j'avais l'impression d'être enfin une femme. » Mais la décision d'avorter devient pour elle l'occasion de faire un choix adulte et responsable :

> *Quelle description feriez-vous de vous-même à vous-même ?*
>
> Je me vois aujourd'hui sous un autre angle. J'ai été obligée de faire face à une décision très lourde de conséquences et je suis parvenue à la prendre alors que dans ma vie je n'ai jamais vraiment été confrontée à beaucoup de décisions difficiles. Il a fallu que je prenne ma part de responsabilité pour le faire. J'ai changé dans le sens où j'ai réussi à prendre une grave décision, et ça, c'est positif. Auparavant, je n'aurais pas envisagé la situation d'une manière réaliste, à mon avis. Je me serais laissée guider par ce que je voulais faire, et je voulais le bébé même si c'était en fait une erreur de l'avoir. Je me vois en train de mûrir, de devenir adulte : prendre des décisions, me prendre en charge, faire quelque chose pour moi-même. Je pense que cela va m'aider dans d'autres domaines. Si jamais je suis confrontée à d'autres décisions qui exigent une part de responsabilité, je sais maintenant que je pourrai être à la hauteur.

Dans la joie de cette reconstruction positive, elle noue connaissance avec le nouveau moi qui émerge de l'ancien. Le désir de « faire quelque chose pour [elle]-même » est toujours là, mais les conditions de son accomplissement évoluent. Pour Josie, la décision de se faire avorter est une affirmation de sa féminité et de son comportement adulte, car elle se prend en charge et devient responsable. La morale, dit une autre adolescente, « est la manière dont on pense à soi. Tôt ou tard, on doit se décider à commencer à se prendre en charge. Un avortement, lorsque les raisons de cette décision sont les bonnes, aide à faire le point, à repartir à zéro et à se diriger dans une autre direction ».

Comme cette transition annonce un rehaussement de l'estime de soi, il est nécessaire que le moi se conçoive capable de « bien agir », d'être bon et, par conséquent, digne de s'intégrer dans la société. Lorsque l'individu n'est pas animé par une telle confiance en soi, il peut fort bien comprendre les problèmes soulevés par cette phase de transition sans pour autant les résoudre. Dans ce cas, son développement est interrompu dans sa progression. Anne, une jeune femme de moins de trente ans, ne parvient pas à faire cette première transition. Elle se débat avec les idées d'égoïsme et de responsabilité mais ne réussit pas à prendre la décision de se faire ou de ne pas se faire avorter pour la troisième fois :

> Je pense qu'il faut tenir compte des personnes touchées par la situation, y compris soi-même. On a des responsabilités envers soi-même. Bien décider, quelle que soit la décision, dépend de beaucoup de choses. Il faut connaître et être conscient de ses responsabilités. Est-il possible de survivre avec un enfant ? Dans quelle mesure les rapports avec le père seront-ils modifiés ? Comment cela va-t-il l'affecter émotionnellement ?

Anne rejette l'idée de vendre son bébé et de faire « beaucoup d'argent grâce à une sorte de marché noir », car, dit-elle, « j'agis la plupart du temps selon des principes et la seule idée de vendre mon enfant me hérisse ». Elle se bat avec un concept de responsabilité qui la renvoie au problème de sa propre survie. Le processus normal de transition semble bloqué par une image d'elle-même qui persiste à être contradictoire :

> *Quelle description feriez-vous de vous-même à vous-même ?*

Je me vois comme une personne impulsive et pratique (c'est une contradiction) et morale et amorale (une autre contradiction). En fait, la seule chose qui ne soit ni variable ni contradictoire est ma très grande paresse. Tout le monde me dit qu'être paresseuse est en réalité le symptôme de quelque chose d'autre que je n'ai jamais pu exactement définir. J'ai mis longtemps à m'aimer. Il y a encore des moments où je ne m'aime pas, mais je pense que, dans une certaine mesure, c'est une attitude saine à avoir. A d'autres moments, je pense que je m'aime trop. C'est probablement une façon de me dérober à mes responsabilités, celles que j'ai envers moi-même et envers les personnes qui m'aiment bien. Je me suis assez infidèle. J'éprouve beaucoup de difficultés à même penser que je suis un être humain, tout simplement parce que les gens sont moches et insensibles, et ils se jouent tellement de mauvais tours.

Comme elle se perçoit comme quelqu'un qui évite les responsabilités, elle ne peut pas trouver de base sur laquelle s'appuyer pour résoudre le dilemme de sa grossesse. Son indécision contribue seulement à aggraver le sentiment d'échec qui l'envahit. Elle accuse ses parents de l'avoir trahie pendant son adolescence : ils l'avaient obligée à subir un avortement qu'elle refusait. Aujourd'hui, elle se trahit elle-même, et cette trahison n'échappe pas à sa critique. Dans ce contexte, il n'est pas surprenant qu'elle envisage de vendre son enfant puisqu'elle éprouve le sentiment d'avoir été elle-même vendue par ses parents afin de protéger leur propre réputation.

La transition de la première à la deuxième perspective, le passage de l'égoïsme à la responsabilité, est une démarche vers la participation sociale. Vue de la première perspective, la morale représente un ensemble de sanctions, imposées par une société dont on est plus sujet que citoyen, alors que le jugement moral de la deuxième perspective partage les normes et les attentes de cette société. A ce stade de la progression, la femme confirme son appartenance à la société en adoptant ses valeurs. Il devient essentiel d'avoir un jugement sur la bonté approuvé par tous, puisque la survie de l'individu est maintenant perçue comme dépendante de l'acceptation d'autrui.

Ici, la voix féminine conventionnelle se fait entendre très distinctement : elle définit le moi et proclame sa valeur mesurée en fonction de sa capacité à protéger et à prendre soin de l'autre. La femme construit un monde peuplé des postulats de la bonté féminine que reflètent les stéréotypes identifiés par Broverman et ses associés. Dans ce monde, les qualités considérées comme désirables chez une femme sous-entendent une autre personne. Cette personne, qui bénéficie de « tact, de gentillesse et d'une libre expression des sentiments », permet à la femme, par sa présence, de réagir avec sensibilité et de prodiguer des attentions grâce auxquelles elle peut en retour satisfaire son « puissant besoin de sécurité [1] ». La capacité de prendre soin de l'autre est la force de cette position ; les restrictions qu'elle impose sur une expression directe constituent sa faiblesse. Judy, une jeune femme de dix-neuf ans, donne un exemple de la force et de la faiblesse inhérentes à la position conventionnelle quand elle oppose sa propre répugnance à critiquer à la franchise de son fiancé :

> Je ne veux jamais faire de mal à qui que ce soit. Je dis aux autres ce que j'ai à leur dire de la manière la plus douce possible. Je respecte leurs opinions et ils peuvent agir selon leur bon plaisir. Généralement, il dit aux gens carrément ce qu'il pense, sans ménagement. Il fait en public beaucoup de choses que je fais dans l'intimité. C'est mieux, mais il me serait tout simplement impossible d'agir de cette façon.

Il est clair que son jugement existe, mais il n'est pas exprimé, du moins pas en public. Elle s'incline devant la volonté des autres, afin d'épargner leurs sentiments. Elle critique néanmoins ce comportement car elle sait qu'il cache, sous le couvert de la

1. Broverman *et al.*, 1972, p. 63.

considération, une certaine vulnérabilité et de la duplicité.

A ce point du développement, la question de nuire devient en soi un problème. Quand il n'existe pas de solution qui soit dans l'intérêt de tous, quand il y a un conflit de responsabilités et quand décider signifie sacrifier les besoins de quelqu'un, la femme se retrouve devant une tâche apparemment impossible, celle de choisir la victime. Cathy, une jeune femme de dix-neuf ans, a peur des conséquences qu'un second avortement aurait pour elle, mais sa famille et son amant s'opposent à la venue d'un enfant. Voici comment elle décrit son dilemme :

> Je ne sais pas si j'ai vraiment le choix entre plusieurs solutions. Soit je l'ai, soit je me fais avorter. Il n'y a pas d'autre possibilité. Je pense que ce qui me trouble, c'est d'avoir à choisir entre faire de la peine à mon entourage et nuire à ma propre personne. S'il pouvait exister un juste milieu, ce serait bien, mais il n'y en a pas. C'est soit faire du mal à quelqu'un de ce côté-là de la barrière, soit me faire du mal à moi-même.

Le postulat féminin qui assimile la bonté au sacrifice de soi lui dicte sans ambiguïté quelle est la « bonne » résolution du dilemme. Mais l'enjeu peut être très élevé pour elle et, de toute manière, le sacrifice du fœtus compromet l'altruisme d'un avortement motivé par le souci d'épargner autrui. Puisque la féminité est elle-même en conflit avec un avortement qui se veut être une expression d'amour et d'affection, cette résolution explose immédiatement de sa propre contradiction.

« Personne ne devrait être forcé de choisir entre deux amours », dit Denise, une jeune femme de vingt-cinq ans qui subit un avortement qu'elle ne voulait pas, mais qu'elle accepte parce qu'elle se sentait responsable envers son amant, sa femme et ses enfants :

Je voulais l'enfant et je suis vraiment contre l'avortement. Qui peut dire quand la vie commence? Je pense qu'elle commence au moment de la conception. Je sentais qu'il se produisait des changements dans mon corps. J'avais envie de protéger cet enfant à naître. Mais j'estimais avoir une responsabilité envers sa femme. Si jamais il lui était arrivé quelque chose, je me serais sentie responsable. Il m'a fait sentir que je devais faire un choix et qu'il n'y avait qu'un seul choix à faire : celui de me faire avorter. Il m'a dit que je pouvais toujours avoir un enfant plus tard et m'a fait comprendre que si je ne me faisais pas avorter, ce serait une cause de rupture entre nous.

La décision d'avorter se résumait dans son esprit à un choix qui était celui de ne pas opter pour sa grossesse : « C'était mon choix, je devais le faire. » Elle a préféré ne pas rompre avec un partenaire qui, à ses yeux, était toute sa vie, plutôt que de donner la priorité à sa grossesse. « Depuis que je l'ai rencontré, il est tout pour moi. Je fais tout pour lui; il est le centre de mon univers. » Puisqu'elle désirait à la fois avoir le bébé et continuer sa liaison, chacune des deux possibilités de l'alternative pouvait être considérée comme égoïste. De plus, quelle qu'ait été sa décision, elle portait tort à quelqu'un. Il lui était impossible d'effectuer un choix moral. Prise au piège dans une situation qui était pour elle insoutenable, elle a cherché à éviter de prendre la responsabilité du choix qu'elle avait fait en se disant qu'elle sacrifiait ses propres besoins à ceux de son amant et de sa femme. Toutefois, ce sacrifice public suscita une rancœur qui finit par éclater dans une explosion de colère. Son sacrifice, dont le but avait été de protéger les rapports qu'elle entretenait avec son amant, les mettait en fait en péril :

Après l'avortement, nous sommes passés par une très mauvaise période parce que je lui en ai voulu. Je déteste l'admettre, mais j'ai eu tort. Je lui ai cédé. Mais quand on y réfléchit bien, c'est moi qui ai pris la décision.

J'aurais pu lui dire : « Je vais avoir cet enfant que tu le veuilles ou non », et je ne l'ai tout simplement pas fait.

De nouveau enceinte du même homme, elle reconnaît rétrospectivement que le choix qu'elle avait fait une première fois avait été en réalité le sien. Cette nouvelle grossesse est pour elle l'occasion de mûrir en prenant sa propre décision, alors qu'auparavant elle avait laissé passer cette opportunité en abdiquant toute responsabilité. Elle conçoit maintenant le problème comme une question de « force » et elle lutte pour se libérer du sentiment d'impuissance que lui donne sa dépendance :

> En ce moment, je me vois comme une personne qui a la possibilité de devenir beaucoup plus forte. A cause des circonstances, je me laisse porter par les événements. Jusqu'à présent, je n'ai jamais eu quelque chose qui soit véritablement à moi [...]. J'espère pouvoir être forte et ferme dans mes résolutions; et cela, quelle que soit ma décision, bonne ou mauvaise.

Étant donné que la morale du sacrifice de soi a été la justification du premier avortement, elle doit maintenant suspendre ce jugement si elle veut faire entendre sa propre voix et être responsable de son choix. Elle remet par conséquent en question l'hypothèse sur laquelle repose sa première perspective, c'est-à-dire celle où elle s'estime responsable des actions d'autrui et impute la responsabilité de ses propres choix aux autres. Cette conception de la responsabilité, qui attribue le contrôle d'une action à celui qui n'en est pas l'auteur, masque l'affirmation de soi sous forme de réponse aux besoins d'autrui. En intervertissant les responsabilités, on provoque une série d'actions indirectes qui, au bout du compte, laissent à chacun l'impression d'avoir été manipulé et trahi. La logique de cette position n'est pas claire dans la mesure où une morale fondée sur le principe de responsabilité réciproque du bien-être de chacun prend sa source dans une psychologie de dépendance.

L'affirmation de soi devient potentiellement immorale, car elle a le pouvoir de faire mal. Kohlberg met cette incohérence en évidence dans sa définition du troisième stade du développement où il associe le besoin d'approbation au désir de s'occuper et d'aider les autres. Lorsqu'elle est tiraillée entre la dépendance passive et un altruisme actif, la femme est immobilisée et son initiative paralysée : il lui devient impossible d'agir ou de penser. C'est pourquoi Denise dit qu'elle se « laisse porter par les événements ».

La phase de transition qui succède à ce jugement est caractérisée par un changement de préoccupation : la femme n'aspire plus à la bonté mais à la vérité. La transition débute par une réévaluation de la relation entre soi et l'autre, puisque la femme se met à examiner minutieusement la logique du sacrifice de soi au service d'une morale fondée sur le bien-être de l'autre. Dans les interviews de l'enquête sur l'avortement, cette transition s'annonce par la réapparition du mot « égoïste ». La femme reprend l'initiative de son jugement. Elle commence à se demander si une action est égoïste ou responsable, morale ou immorale, et, à nouveau, elle tient compte de ses propres besoins. Cette question la conduit à revoir le concept de responsabilité selon deux critères, l'opinion des autres et son nouveau jugement personnel.

En séparant la voix du moi de celle des autres, la femme se demande s'il est possible d'être à la fois responsable envers soi-même et autrui, ce qui aurait pour conséquence de mettre fin à la disparité entre faire du bien et faire du mal. Exercer une telle responsabilité nécessite l'élaboration d'un nouveau type de jugement qui exige de l'honnêteté. Afin d'être responsable envers soi-même, il est d'abord nécessaire de reconnaître ce que l'on fait. La moralité d'une action n'est pas évaluée en fonction de la manière dont les autres la perçoivent, mais en fonction des réalités de son intention et de sa conséquence. Le critère du jugement n'est plus celui de la bonté mais de la vérité.

Janet, une femme de vingt-quatre ans, catholique et mariée, est à nouveau enceinte deux mois après la naissance de son premier enfant. Elle identifie son dilemme comme un problème puisqu'elle peut choisir : « A l'heure actuelle, il faut choisir. Puisqu'il est maintenant légal de se faire avorter, nous sommes obligées de prendre une décision. S'il n'y avait pas cette option à notre disposition, nous n'aurions pas le choix; nous ferions ce que nous avons à faire. » Quand il est illégal de se faire avorter, une morale du sacrifice de soi est nécessaire afin d'assurer les soins et la protection de l'enfant à charge. Néanmoins, lorsqu'un tel sacrifice devient facultatif, le problème est tout autre.

Janet conçoit d'abord la décision d'avorter en fonction de ses responsabilités envers les autres. Avoir un second enfant dans les circonstances présentes serait contraire à l'avis médical et ferait peser sur la famille de lourdes difficultés financières et émotionnelles. Néanmoins, il y a, dit-elle, une autre raison pour se faire avorter : « Une raison émotionnelle en quelque sorte. Je ne sais pas si c'est égoïste, mais un deuxième enfant m'immobiliserait totalement et, dans l'immédiat, je ne suis pas prête à accepter de mener une telle vie. »

Sa conviction religieuse s'oppose à ces raisons, à la fois égoïstes et responsables, qui la poussent à se décider en faveur d'un avortement :

> C'est supprimer une vie. Même si le fœtus n'est pas encore formé, le potentiel est là, et pour moi, cela ne change rien, c'est toujours tuer. Mais je dois penser à ma vie, à celles de mon fils et de mon mari. Au début, je croyais que je voulais me faire avorter pour des raisons égoïstes, mais elles ne le sont qu'en partie. Je ne veux pas un autre enfant dans l'immédiat; je ne suis pas prête.

Le dilemme concerne la justification de l'acte de tuer. « Je ne peux pas me le cacher, parce que j'en suis convaincue, et si j'essaie de me dissimuler la vérité, je sais que je vais au-devant de multiples problèmes. Ce serait nier la réalité de ce que je fais. » Elle s'interroge sur la justesse et la moralité de sa décision, examine ses convictions par rapport aux conséquences qu'entraînerait l'arrivée d'un bébé et conclut qu'il est « impossible de nuire à trois autres personnes au nom de [ses] convictions morales ». Elle constate que la question de bonté demeure encore un des critères de sa résolution du dilemme :

> Le facteur moral est là. Pour moi, se faire avorter, c'est tuer. Je vais prendre la responsabilité de cette décision, cela me trouble et j'en ai parlé à un prêtre. Il m'a dit que l'élément moral est là, qu'il sera toujours là à partir de maintenant et que c'est à la personne de décider si elle peut vivre avec l'idée d'avoir tué et de se croire malgré tout moralement bonne.

Les critères de bonté deviennent néanmoins plus personnels puisque être capable de se faire avorter en se considérant moralement bon, tourne autour de la question de l'égoïsme. Lorsqu'on lui demande si agir moralement est agir dans son propre intérêt ou si c'est une question de sacrifice de soi, elle répond :

> Je ne sais pas si je comprends bien la question. Dans ma situation, étant donné que je désire me faire avorter, ne pas agir selon mon désir serait me sacrifier. Ma position se situe en fait à mi-chemin de ces deux points de vue. Mais je pense avoir un sens moral très poussé, et s'il n'y avait pas ces raisons (le problème financier, la réalité physique, et aussi le bien-être de toute la famille), autrement dit si je n'étais pas obligée de le faire, alors là ce serait un sacrifice de soi.

Elle s'efforce d'identifier la nature de ses propres sentiments afin de déterminer si elle en tient réellement compte lorsqu'elle décide de mettre fin à sa grossesse. Cet effort montre l'importance d'évaluer le degré de sa propre participation à la décision. Dans la première transition de l'égoïsme à la responsabilité, les femmes doivent énumérer les besoins autres que les leurs afin de pouvoir les prendre en considération. Mais, dans la deuxième transition, de la bonté à la vérité, il leur est nécessaire de démasquer les besoins personnels enfouis au plus profond d'elles-mêmes. Confrontée à la réalité de son désir de se faire avorter, Janet fait face au problème de l'égoïsme et à la restriction qu'il semble imposer sur la « bonté » de sa décision. Mais elle finit par ne plus se soucier de l'aspect égoïste de sa décision ; ce souci est remplacé par une autre préoccupation, celle de l'honnêteté et de la vérité :

> Je pense que, d'une certaine manière, je suis égoïste et très émotive. Je crois que je suis très réaliste et compréhensive, capable de faire face aux difficultés qui surgissent dans la vie. J'ai une grande confiance en ma faculté de déterminer et de faire ce qui est bien et dans le meilleur intérêt de mon entourage et de moi-même. Je pense avoir été juste vis-à-vis de moi-même et je suis persuadée d'avoir été honnête, de n'avoir rien caché, d'avoir pris en considération toutes les émotions et tous les sentiments que suscite une telle décision.

Elle s'efforce ainsi de tenir compte à la fois de ses propres besoins et de ceux des autres, d'être responsable envers autrui et donc d'être « bonne », mais aussi d'être responsable envers elle-même et donc d'être « honnête » et « vraie ».

Bien que, d'un certain point de vue, faire attention à ses propres besoins soit égoïste, cela peut être considéré, d'un autre point de vue, comme non seulement honnête mais juste. C'est l'essence de la transition vers une nouvelle conception de la bonté, qui se met à l'écoute de la personne, reconnaît le moi et ses besoins et accepte de prendre la responsabilité d'un choix. La justification aux yeux d'autrui, le souci d'avoir « de bonnes raisons » demeurent un facteur essentiel de l'équation morale de Janet : « Je crois toujours qu'il est criminel de se faire avorter, et cela le sera à moins que les circonstances puissent justifier ce que l'on fait. » Néanmoins, en cherchant à se justifier, elle modifie sa manière de penser, « non pas d'une façon radicale, mais légèrement ». Elle se rend compte qu'en laissant la grossesse poursuivre son cours normal, elle punirait deux personnes, elle-même et son mari qui commence à « [l'] agacer et à [la] dégoûter ». Elle réalise comment un sacrifice de soi peut affecter non seulement la personne concernée mais aussi les autres. A la fin, dit Janet, « Dieu peut punir, mais Il peut aussi pardonner ». Il lui reste à déterminer si son droit au pardon n'est pas compromis par une décision qui répond aux besoins de l'autre, mais qui est aussi « la plus juste et la meilleure pour moi ».

Sandra, une infirmière catholique de vingt-neuf ans, exprime la même préoccupation à l'égard de l'égoïsme, qu'elle assimile à l'immoralité, en déclarant dès son arrivée à la clinique pour se faire avorter : « J'ai toujours pensé que le mot " avortement " était un euphémisme élégant pour parler de meurtre. » Elle explique d'abord que ce meurtre n'a pas la gravité d'un homicide volontaire, car, dit-elle, « je le fais parce que je dois le faire. Je ne le fais pas parce que je le veux ; je n'ai pas, mais alors vraiment pas, la moindre envie de le faire. » Elle juge ainsi que son acte « n'est pas aussi mal. On peut rationaliser que ce n'est pas tout à fait la même chose. » Puisque « garder l'enfant est impossible et totalement hors de question pour de multiples raisons », elle considère n'avoir le choix qu'entre l'avortement ou l'adoption. Comme elle avait choisi la solution de l'adoption à l'occasion d'une grossesse précédente, elle sait qu'elle serait psychologiquement « incapable de supporter une autre adoption. J'ai mis quatre ans et demi à me remettre de la première. Je refuse de revivre cette agonie ». A ses yeux, la décision se réduit à faire un choix entre tuer le fœtus ou nuire à sa propre personne. Le choix est d'autant plus compliqué qu'une continuation de la grossesse ferait également du tort à ses parents avec lesquels elle vit. L'entretien avec un conseiller l'oblige à être psychologiquement honnête avec elle-même et lui permet enfin de prendre une décision en dépit de toutes ces contradictions morales :

> Toute seule, avant d'en avoir discuté, je ne le faisais pas tellement pour moi-même; je le faisais pour mes parents. Je le faisais parce que le docteur m'avait dit de le faire. Je n'avais jamais réalisé que je le faisais pour moi. En fait, j'ai dû me rendre à l'évidence et admettre : « Non, je ne veux pas devenir mère et tout ce que cela comporte. En toute honnêteté, je ne pense pas vouloir être une mère. » Et après tout, ce n'est pas une chose aussi horrible que ça à dire. Mais avant d'en avoir parlé avec [le conseiller], je ne ressentais pas les choses comme cela. Je me sentais terriblement mal dans ma peau, je refusais d'avoir de tels sentiments et je me les cachais, tout simplement.

Tant que sa considération reste « morale », l'avortement ne peut se justifier que comme un acte de sacrifice : l'absence de choix exclut à l'avance toute responsabilité et se faire avorter c'est se soumettre à la nécessité. De cette manière, elle évite de se condamner à ses propres yeux. « Quand on parle de morale, on parle aussi du respect de soi. Si je fais quelque chose que je juge être moralement mauvais, j'ai tendance à perdre un peu de ma dignité humaine. » Elle fuit la responsabilité afin de protéger une innocence sans laquelle elle estime ne plus pouvoir se respecter. Cette évasion contredit la réalité de sa participation à la décision d'avorter. La malhonnêteté de sa justification (elle se voit victime des circonstances) entraîne la nécessité d'avoir une compréhension plus globale de la situation. Elle doit résoudre le conflit qui commence à apparaître dans son raisonnement entre ses deux usages des termes se rapportant au mal et au bien : « Je dis que c'est moralement mal de se faire avorter, mais, dans ma situation, c'est bien, et je vais le faire. Ces deux notions sont contradictoires et il va falloir que d'une manière ou d'une autre je les réconcilie. » Lorsqu'on lui demande comment cela pourrait être fait, elle répond :

> Je devrais transformer ce qui est moralement mal en quelque chose de moralement bien.
> *Comment ?*
> Je n'en ai aucune idée. Je ne pense pas qu'une action moralement mauvaise devienne, à cause des circonstances, moralement bonne. Cela ne va pas ensemble, il y a contradiction et conflit. Quelque chose est mal, et puis tout à coup, parce qu'on le fait soi-même, c'est bien.

Ce paradoxe lui rappelle un conflit similaire auquel elle a été confrontée au sujet de l'euthanasie. Elle était contre cette doctrine jusqu'au jour où elle eut la responsabilité des soins à donner à « deux malades dont la vie ne dépendait plus que des appareils de survie auxquels ils étaient rattachés. J'ai vu l'impact que la situation avait sur leurs familles ». Cette expérience lui fait comprendre ceci :

> On croit savoir la différence entre le bien et le mal, entre le blanc et le noir, mais il faut être confronté à une situation réelle, vivre soi-même l'expérience avant de vraiment le savoir. Quand on y réfléchit bien, avant que ce genre de problème ne me touche personnellement, je pensais que l'euthanasie et l'avortement étaient deux formes de meurtre. Le bien et le mal, tout blanc ou tout noir, et rien entre les deux. Mais il existe une position intermédiaire, un gris.

La découverte du « gris », c'est-à-dire la remise en question de jugements moraux considérés auparavant comme absolus, constitue la crise morale de la deuxième transition. Les conventions qui, jusqu'à présent, ont guidé son jugement moral sont soumises à un nouvel examen critique, car elle met en doute le droit et la « justesse » de nuire à l'autre et à soi-même au nom de la morale. Sandra doit s'assurer de la légitimité de son point de vue et de sa faculté de jugement indépendant afin de pouvoir faire face et résister au poids des conventions qui ont pour principe l'équation morale : « bonté égale sacrifice de soi ».

Encore une fois, résoudre la crise de transition dépend de l'idée que l'individu se fait de lui-même. Lorsqu'une femme n'est pas certaine de sa propre valeur, elle s'interdit le droit de revendiquer l'égalité; l'affirmation de soi devient alors la proie facile de la vieille accusation d'égoïsme. Dans ce cas, elle répudie cette morale qui justifie l'autodestruction au nom de la responsabilité envers autrui, non pas parce qu'elle la juge insuffisante et inappropriée, mais parce qu'elle menace sa survie. L'obligation morale, au lieu de s'étendre pour inclure le moi, est totalement rejetée, car elle semble être toujours en sens unique : la femme refuse de continuer à protéger autrui à ses dépens. A défaut de morale, survivre, aussi « égoïste » ou « immoral » que ce soit, est à nouveau la préoccupation qui l'emporte sur toutes les autres.

L'histoire d'Ellen, une musicienne de moins de trente ans, illustre cette impasse transitionnelle. Jusqu'à ce qu'elle tombe éperdument amoureuse, une passion intense qui lui fit découvrir une « dimension complètement nouvelle » d'elle-même, Ellen avait mené une vie indépendante consacrée à son travail. Elle se considérait comme « suffisamment maîtresse d'elle-même, objective, rationnelle et dotée d'une assez forte volonté ». Elle admet rétrospectivement avoir fait preuve « d'un idéalisme démesuré et d'une grande naïveté » lorsqu'elle avait conçu « la vague idée de vouloir un jour un enfant afin de concrétiser leur amour. Avoir un enfant avait toujours été associé dans [son] esprit aux autres aspects créatifs de [sa] vie ». Afin que rien ne vienne « entacher la pureté de [leurs] rapports qui constituaient à [leurs] yeux la relation idéale », les deux amants avaient décidé, d'un commun accord, de ne plus utiliser de contraceptifs. « Nous aimions l'idée de ne plus avoir quelque chose d'artificiel ou d'objets étrangers entre nous. » Progressivement, elle s'aperçut qu'elle avait en fait renoncé à contrôler sa vie et qu'elle « se laissait porter par les événements ». Quand elle prit conscience « des réalités de cette situation », de la possibilité d'une grossesse et du fait que son amant était marié, elle découvrit qu'elle était enceinte. Prise au piège entre son désir de mettre fin à une liaison qui lui « semblait de plus en plus décevante » et celui d'avoir un bébé « qui serait un lien avec l'autre de très longue durée », elle est paralysée par son incapacité à résoudre un dilemme créé par ses sentiments ambivalents.

La grossesse soulève un problème entre sa conviction « morale » qui lui « interdit d'interrompre artificiellement une vie une fois qu'elle a été conçue » et la découverte « étonnante » que pour garder le bébé elle aurait besoin d'une aide beaucoup plus considérable qu'elle ne l'avait pensé. Malgré sa propre injonction morale qui lui « dicte » d'avoir le bébé, elle doute qu'elle puisse psychologiquement faire face « à la responsabilité d'avoir et d'élever seule l'enfant ». Un conflit jaillit entre ce qu'elle considère être son obligation morale de protéger la vie et son incapacité de le faire, étant donné les circonstances de la grossesse. Comme elle estime que « la responsabilité de la décision de garder ou de ne pas garder l'enfant [lui] appartient », elle s'efforce de trouver une base sur laquelle fonder la résolution de son dilemme.

Ellen est en mesure d'avancer des arguments pour ou contre l'avortement qui sont, dit-elle, « d'une logique philosophique ». Elle pense d'une part, que dans un monde surpeuplé on ne devrait donner naissance à un enfant que lorsqu'on est capable de l'élever dans des conditions idéales. D'autre part, elle estime que l'on ne devrait mettre fin à une grossesse que s'il est impossible d'assurer la survie du bébé. Quand on lui demande s'il y a une différence entre ce qu'elle veut faire et ce qu'elle pense devoir faire, elle décrit l'impasse dans laquelle elle s'est déjà retrouvée :

Oui, et il y a toujours eu une différence. J'ai toujours été confrontée à cette situation bien précise dans les choix que j'ai dû faire. Cela fait longtemps que j'essaie de comprendre pourquoi je me sens obligée de faire certaines choses et non libre de faire ce dont j'ai envie.

Et dans ce cas?

Dans la situation présente, mes sentiments ne sont pas aussi bien définis. Je désire à la fois avoir l'enfant et je me sens obligée de l'avoir. Par ailleurs, je pense que je devrais me faire avorter et cela correspond aussi à ma volonté. Je dirais que je penche en faveur de l'avortement. Je ne suis pas encore assez sûre de moi dans mon travail et, en fait, tout le dilemme part de là. Un avortement résoudrait le problème et je sais que je ne peux pas me montrer à la hauteur d'une grossesse.

Ellen considère l'avortement comme une solution «émotionnelle et pratique», et explique le choix qu'elle a fait par un manque de confiance dans son travail. Elle compare cette solution à celle de son amant qui pense qu'elle devrait avoir et élever l'enfant sans pour autant pouvoir compter sur sa présence ou son aide financière. Elle estime que la résolution de son amant est «mieux pensée, plus logique et plus juste». Dans le miroir qu'il tient devant ses yeux, elle regarde l'image de celle qu'elle pourrait être, d'une femme généreuse, bonne, indépendante, qui se suffit à elle-même et à sa créativité, et par conséquent capable de répondre aux besoins d'un bébé sans exiger quoi que ce soit d'autrui. Ellen ne doute pas du bien-fondé d'une telle image, mais d'elle-même, et conclut qu'elle est incapable de se montrer à la hauteur de celle que son amant lui a présentée dans le miroir. Elle se sent amoindrie et la décision de se faire avorter devient, à ses propres yeux, une lutte grandement compromise pour sa « survie ». Mais elle dit :

D'une manière ou d'une autre, je vais souffrir. Il se peut que l'avortement me fasse souffrir mentalement et émotionnellement, mais l'autre solution serait, je pense, une agonie encore plus grande. Je suppose donc qu'entre deux maux, il me faut choisir le moindre. Je pense qu'il s'agit pour moi de choisir celui qui me permettra de survivre. C'est vraiment ça. Je suppose que c'est égoïste parce qu'il s'agit en fait de ma propre survie. Je viens juste de m'en rendre compte. Cela revient à savoir si je survivrais en choisissant l'autre solution.

Pourquoi est-ce égoïste?

Eh bien, parce que c'est comme ça! Parce que je me soucie d'abord de ma propre survie. Je ne me préoccupe pas en premier lieu de la survie de notre couple ou de celle de l'enfant, un autre être humain. Je pense que j'établis un ordre de priorités et je fais passer mes besoins en premier. Je suppose que je vois l'aspect négatif des choses. Mais je pense aussi à des choses positives. Peut-être que j'ai encore une vie devant moi. Je ne sais pas.

Incapable de se conformer à l'image d'une femme généreuse et bonne, déçue par cet échec, par cette rupture et par cet abandon, alors qu'au contraire elle cherchait à établir un lien avec autrui, elle se réfugie dans son travail dont, pense-t-elle, dépend sa survie. « Mon travail donne un sens à ma vie, il définit qui je suis. C'est le facteur connu. » Mais cette survie est loin d'être assurée; l'incertitude de son travail la rend précaire, autant qu'est précaire le choix « fortement introverti » d'avorter. Se faire avorter « serait faire un pas en arrière », tandis que « me tourner vers l'extérieur, vers autrui, aimer quelqu'un d'autre et avoir un enfant serait faire un pas en avant ». Elle anticipe ce que cet avortement va lui coûter, le sentiment d'être coupée des autres et repliée sur elle-même :

Je vais probablement m'interdire toute émotion, me durcir afin de devenir insensible et ne plus éprouver un sentiment quelconque. Vraisemblablement, je vais endurer cette épreuve en étant froide et indifférente. Mais plus on se force à avoir le cœur sec, plus il devient difficile par la suite de trouver le courage d'aimer une nouvelle fois ou de redonner sa confiance ou de ressentir à nouveau une émotion. Je vais anesthésier mes sentiments et je ne sais pas quand ils reviendront ou ce qui va leur arriver après ça. A chaque fois que je me retranche derrière un mur de froideur, cela devient de plus en plus facile, et non pas plus difficile, d'éviter d'avoir des rapports durables avec quelqu'un. Je suis terriblement inquiète d'être totalement coupée de tout cet aspect de la vie.

Tiraillée entre l'égoïsme et la responsabilité, incapable de trouver, dans les circonstances de ce choix, le moyen de témoigner sa sollicitude sans détruire ou être détruite, Ellen est confrontée à un dilemme qui se réduit à un conflit entre la morale et la survie. Sa volonté d'être adulte et d'assumer sa féminité ne résistent pas à l'échec de cette tentative d'intégration : en prenant la décision de travailler, non seulement elle renonce à cette relation particulière et à l'enfant, mais encore elle prend le parti de fuir la vulnérabilité qu'engendrent l'amour et la sensibilité.

Mais les problèmes inhérents à l'intégration des notions d'égoïsme et de responsabilité attirent l'attention sur la nécessité de définir la nature exacte de la sollicitude. L'examen minutieux de cette notion permettra alors d'entrevoir le principe directeur de la troisième perspective. Sarah, une jeune femme de vingt-cinq ans qui affronte aussi la déception, trouve le moyen de réconcilier les notions initialement incompatibles d'égoïsme et de responsabilité grâce à une nouvelle compréhension des rapports interpersonnels. Après avoir examiné les hypothèses qui étayent les conventions d'abnégation féminine et de sacrifice de soi au nom de la morale, elle rejette ces conventions car elle les juge immorales en raison de leur pouvoir destructeur. Elle élève la non-violence, l'interdiction de nuire, au niveau d'un principe directeur sur lequel on se doit de fonder tout jugement moral et toute action. Il lui est ainsi possible d'affirmer une égalité morale entre elle-même et autrui. Cela lui donne le droit, au même titre que les autres, d'être le but de sa sollicitude. La sollicitude devient une injonction universelle, une éthique personnellement choisie qui, libérée de son interprétation conventionnelle, entraîne une reconstruction du dilemme qui permet de prendre la responsabilité de son libre arbitre.

Sarah attend pour la seconde fois un enfant du même père, et la nouvelle grossesse fait remonter à la surface le conflit non résolu qui s'était déclenché à l'occasion de la première. Son amant l'avait déjà quittée quand il avait appris qu'elle était enceinte. Elle se fit avorter et cette expérience fut pour elle une manière d'exprimer et de purger sa colère d'avoir été abandonnée. Elle se souvient de l'avortement comme d'un soulagement, même si elle décrit cette époque comme une période noire de sa vie où elle était « au plus bas ». Elle avait espéré « devenir maîtresse de [sa] propre vie », mais lorsque l'homme qui l'avait quittée revint, elle accepta de reprendre leur vie commune. Deux ans plus tard, elle oublia encore une fois son diaphragme « dans le tiroir » et retomba enceinte. Cette nouvelle la rendit tout d'abord « folle de joie », mais son bonheur se dissipa très vite quand son amant lui déclara qu'il la quitterait si elle décidait de garder l'enfant. Dans de telles circonstances, elle fut bien obligée d'envisager un second avortement. Mais elle était incapable de se rendre aux multiples rendez-vous qu'elle prenait, car il lui répugnait d'accepter la responsabilité d'un tel choix. Alors que le premier avortement lui avait semblé être une « erreur honnête », un second lui donnerait l'impression d'être « un abattoir ambulant ». Comme de toute manière elle avait besoin d'une aide financière pour élever son enfant, sa première réaction fut d'aller exposer son cas « aux gens de l'assistance sociale », en espérant que ces derniers refuseraient de lui accorder les fonds nécessaires et résoudraient ainsi son dilemme :

De cette façon, voyez-vous, le poids de la responsabilité n'était plus sur mes épaules. Je pouvais dire : « Ce n'est pas de ma faute. L'État a refusé de me donner l'argent dont j'aurais eu besoin pour le faire. » Mais il s'est trouvé qu'il était possible de m'accorder les fonds. Et voilà, je me retrouvais à mon point de départ. J'avais un rendez-vous à la clinique pour l'avortement, puis je l'ai annulé. J'ai repris un autre rendez-vous que j'ai aussi annulé. J'ai fait ça plusieurs fois de suite. Je n'arrivais absolument pas à me décider.

Obligée d'effectuer un choix entre deux maux, celui de nuire à sa propre personne ou celui de détruire la vie du futur enfant, Sarah reconstruit le dilemme de manière à établir une nouvelle priorité qui permet de prendre une décision. Elle se rend compte, en agissant ainsi, que le conflit provient d'une perception erronée de la réalité. Elle récapitule les diverses étapes de son raisonnement : elle envisage d'abord, pour ensuite les rejeter car elle les juge inadéquates, différentes résolutions fondées sur ses sentiments de solitude ou son désir de paraître bonne aux yeux des autres; pour finir, elle fait passer ces considérations au second plan, afin de donner la priorité à son souci de responsabilité envers elle-même, le père de l'enfant et le bébé :

Eh bien, il y a le pour et le contre! Les raisons pour garder le bébé? Je pense à toute cette admiration dont je ferai l'objet. Imaginez : une femme célibataire, seule, martyre, qui se bat pour élever son enfant et qui est aimée et adorée par ce magnifique bébé Cadum. Une vie de famille que je n'ai pas eu l'occasion de savourer depuis très longtemps. Une vie au pays des merveilles. Il ne faut pas rêver, ce n'est pas très réaliste. Les raisons contre? Cela allait précipiter ce qui semble être la fin inévitable de notre couple. J'allais être au chômage et à la charge de l'État. Mes parents allaient me haïr pour le restant de ma vie. J'allais perdre un excellent travail, avec une bonne partie de mon indépendance. La solitude? Cela me mettrait dans une position où je serais obligée de demander l'aide de beaucoup de gens. Les raisons contre l'avortement? Vivre avec un sentiment horrible de culpabilité. Les raisons pour me faire avorter? Notre couple va droit à l'échec, nos rapports se dégradent et, si je ne suis pas enceinte, je pourrais me montrer à la hauteur de la situation et réagir de façon plus responsable envers lui et envers moi-même. Je n'aurais pas à vivre avec l'idée, pendant les vingt-cinq prochaines années de ma vie, que je suis en train de me punir d'avoir été assez idiote pour oublier une seconde fois de prendre mes précautions et de me forcer à élever un gosse uniquement à cause de cet instant d'inattention. Avoir à surmonter les sentiments de culpabilité d'un second avortement ne me semble pas exactement... eh bien si, c'est précisément le moindre des deux maux entre lesquels je dois choisir. Cette solution est celle qui, en fin de compte, me sera la plus bénéfique, car en analysant pourquoi je suis à nouveau enceinte et pourquoi je décide d'avoir un second avortement, je vais apprendre à mieux me connaître.

Bien que Sarah ne soit pas « heureuse » de se faire avorter une seconde fois, elle conclut :

Ce ne serait en aucune manière rendre un service quelconque à cet enfant, à moi-même ou à qui que ce soit d'autre de le mettre au monde. Je n'ai pas besoin de m'acquitter de mes dettes imaginaires envers autrui à travers cet enfant. Je ne pense pas que ce soit bien de donner naissance à un enfant afin de l'utiliser pour expier ses propres « fautes ».

Lorsqu'on lui demande de se décrire, elle indique à quel point sa nouvelle conception de la morale est étroitement liée à une image d'elle-même en pleine mutation :

J'ai beaucoup réfléchi à cela dernièrement et il ressort une image différente de la perception inconsciente que j'ai habituellement de moi-même. Je me vois comme une personne qui passe généralement son temps à payer une dette quelconque, à rendre service à des gens qui ne sont pas vraiment dignes de son attention. Je pense que j'agis ainsi parce que j'ai dû avoir l'impression, à un moment donné de ma vie, que mes besoins étaient en fait secondaires à ceux des autres. Il me semble que si j'exigeais quoi que ce soit des autres afin de satisfaire

143

mes propres besoins, je me sentirais coupable. Alors, je refoule mes besoins pour donner la priorité à ceux des autres. Mais cette manière de faire n'est pas viable, car j'accumule une énorme rancune à l'encontre des personnes auxquelles je rends service; cela provoque des frictions et éventuellement la détérioration des rapports. Et puis, je recommence : c'est un cercle vicieux. Comment est-ce que je me décrirais à moi-même? Très frustrée, et beaucoup plus en colère et beaucoup plus agressive que je ne veux bien l'admettre.

Des vertus qui constituent la définition conventionnelle du moi féminin, une définition qu'elle entend exprimée dans la voix de sa mère, elle fait le commentaire suivant : « Je commence à penser que toutes ces vertus ne me mènent à rien. Je m'en suis déjà fait la remarque. » Cette constatation est liée à une prise de conscience de son pouvoir et de sa propre valeur. Ces deux éléments avaient été exclus de l'image qu'elle avait projetée d'elle-même auparavant :

> Je commence à réaliser tout à coup que les choses que j'aime faire, les choses qui m'intéressent, les choses auxquelles je crois et la personne que je suis ne sont pas au fond aussi mauvaises que ça. Je ne vois pas pourquoi je devrais constamment me mettre au rancart. Je suis digne de beaucoup plus d'attention que ce que mes actions ont pu faire croire aux autres dans le passé.

La notion que Sarah se faisait jusqu'à présent d'une « bonne personne » était limitée à celle que lui donnait l'exemple de sa mère : une vie de labeur, de patience et de sacrifice. Ce concept change pour inclure la valeur qu'elle donne elle-même à la franchise et à l'honnêteté. Elle est convaincue que cette nouvelle affirmation d'elle-même lui permettra de se « sentir mille fois mieux dans [sa] peau ». Toutefois, elle sait aussi que son comportement va lui attirer de nombreuses critiques :

Il est possible que les gens disent : « Ce qu'elle est agressive, cette femme ! Je n'aime pas ça », mais au moins ils sauront qu'ils n'aiment pas ça. Ils ne vont pas dire : « J'aime la façon dont elle se contorsionne pour s'adapter à moi. » Je veux tout simplement être une personne plus déterminée, plus résolue, à part entière.

Selon son ancien mode de penser, l'avortement semblait être un moyen d'échapper à ses responsabilités afin de ne pas avoir à « payer pour [ses] erreurs, et payer, et encore payer, et à toujours être là quand elle dit qu'elle sera là, et être là même quand elle ne dit pas qu'elle y sera ». Grâce à sa nouvelle conception d'elle-même et de ce qui est « bon pour elle », elle peut considérer le moi qui émerge comme « une bonne personne », car sa notion de ce qui constitue la bonté s'est élargie pour englober le sentiment de sa propre valeur : « Cette impression que l'on peut être bonne sans pour autant négliger ses propres intérêts ou avoir à se forcer à faire des choses que l'on sait être ineptes et que l'on ne veut pas faire. » Cette réorientation est due à une nouvelle conception de la responsabilité :

J'ai cette responsabilité envers moi-même. Je commence enfin à me rendre compte de ce qui m'importe réellement. Au lieu de faire ce que je veux pour ensuite me sentir coupable, parce que je crois être un monstre d'égoïsme, je réalise que c'est une manière parfaitement normale de vivre : faire ce que je veux faire parce que je pense que mes désirs et mes besoins sont importants; si personne d'autre ne les juge importants, ils le sont pour moi, et cela constitue une raison suffisante pour faire ce que je veux.

Dès que le sentiment d'obligation s'élargit pour inclure le moi au même titre qu'autrui, la disparité entre l'égoïsme et la responsabilité disparaît. Bien que le conflit entre soi et l'autre demeure, le problème moral est reconstruit en tenant compte, cette fois, du fait que l'existence même d'un dilemme empêche toute résolution non violente. La décision de se faire avorter est alors perçue comme un choix « grave » qui touche à la fois la personne concernée et les autres : « J'ai délibérément tué, c'est une décision prise en toute connaissance de cause. C'est un acte d'une extrême gravité. » Alors que Sarah accepte la nécessité de l'avortement, même si c'est essentiellement une solution de compromis, elle estime que la grossesse est en soi une preuve d'irresponsabilité et d'insouciance à l'égard d'elle-même et d'autrui.

Comme dans la première transition, bien que maintenant les termes soient différents, le conflit précipité par la grossesse met en relief des questions essentielles au développement psychologique. Il s'agit de la valeur de soi par rapport à l'autre, de l'affirmation du pouvoir de choisir et de l'acceptation de la responsabilité du choix que l'on fait. La nature de la décision de se faire ou de ne pas se faire avorter est telle qu'elle place l'individu dans l'obligation d'effectuer un choix irrémédiable. La crise que cela provoque peut devenir une « période très propice. On peut se servir de la grossesse pour faire le point, apprendre, repartir dans une nouvelle direction, ce qui la rend d'une certaine manière très utile ». D'autres femmes voient également dans cette crise et dans cette confrontation avec l'obligation de choisir une occasion de grandir, de mûrir, de mieux se connaître, de mieux comprendre les rapports avec autrui; elles disent avoir l'impression de prendre « un nouveau départ », « de pouvoir enfin tenir les rênes de [leur] vie ».

Dans le cas de Sarah, qui se fait avorter pour la seconde fois, regagner la maîtrise de sa vie signifie d'abord mettre fin, mais d'une façon responsable, à une liaison dans laquelle elle s'est sentie « réduite à une nullité ». Elle sait qu'il lui sera impossible de rompre sans faire de la peine et elle s'efforce de minimiser le mal qu'elle va faire : « [Je tiendrais] compte autant que possible des besoins de mon amant sans pour cela compromettre les miens. Cela représente pour moi une victoire car, jusqu'à présent, j'ai toujours composé et transigé, et je ne consens plus à le faire. » Elle désire que ce soit « une rupture décente et humaine ». « Chacun de nous sortira peut-être un peu ébranlé de la confrontation, mais pas totalement détruit. » Ainsi, la « nullité » affronte son pouvoir de destruction qui, auparavant, l'avait empêchée de s'affirmer et envisage la possibilité d'une nouvelle façon d'agir qui leur permettra à tous deux de s'échapper indemnes de l'épreuve.

La préoccupation morale continue à être celle du tort infligé à soi-même ou à autrui. Sarah construit le dilemme de Heinz en se demandant : « Qui va souffrir le plus, le pharmacien qui perd de l'argent ou la personne qui perd sa vie ? » Les droits à la propriété et à la vie ne sont pas considérés dans l'abstrait, du point de vue de leur priorité logique, mais dans leur contexte, en fonction des conséquences réelles que la violation de ces droits aura sur les vies des personnes impliquées dans la situation. Le raisonnement de Sarah demeure contextuel et fait toujours preuve d'un souci du bien-être d'autrui, mais l'injonction morale d'éviter de nuire commence à être étayée par une compréhension plus complexe de la dynamique psychologique des rapports humains.

Par conséquent, lorsque les femmes ne sont plus intimidées par un sentiment d'inégalité, elles se sentent enfin libres de prononcer à haute voix un jugement qui, jusqu'à présent, avait été tu. Ce que les femmes proclament n'est pas une nouvelle morale, mais une morale dégagée des contraintes qui, auparavant, la rendaient difficile à discerner et à faire entendre. Les femmes consentent à exprimer et à prendre la responsabilité de leur jugement, car il y a eu une prise de conscience de la rançon psychologique que l'action indirecte fait payer à celui ou à celle qui agit ainsi, aux autres, et donc aux relations interpersonnelles. On se doit alors de faire preuve de sollicitude envers à la fois soi-même et autrui et l'impératif moral de ne pas nuire, libéré de son corset conventionnel, confirme la validité de cet idéal de sollicitude tout en mettant l'accent sur les réalités d'un choix.

La réalité du mal que l'on fait demeure au centre du jugement de Ruth, femme mariée de vingt-neuf ans et mère d'un enfant en bas âge. A nouveau enceinte, elle se débat avec le problème que lui pose cette grossesse : l'arrivée d'un second enfant l'empêcherait de terminer ses études universitaires. Bien qu'elle dise « être incapable de délibérément faire quelque chose de mal ou qui nuirait à une autre personne, parce qu'elle ne peut pas vivre avec l'idée d'avoir commis une telle action », elle est confrontée à une situation où nuire est devenu inévitable. Elle s'efforce de résoudre le dilemme de façon à agir dans le meilleur intérêt de chacun, c'est-à-dire d'elle-même et des autres. Sa définition de la morale reconnaît les liens intimes qui existent entre soi et autrui, et identifie le moi comme l'arbitre du jugement moral et du choix à faire :

> Être moral, c'est faire ce qui est approprié et juste dans les limites de ses possibilités, et ce qui idéalement ne va pas affecter... j'allais dire, ce qui idéalement n'affecterait pas négativement une autre personne, mais c'est ridicule, parce que les décisions affectent toujours une autre personne. Ce que j'essaie de dire, c'est que la personne qui doit prendre la décision est celle qui décide de ce qui est bien et de ce qui est mal.

La personne qui se trouve au centre de cette décision (se faire ou ne pas se faire avorter) commence par nier, puis par reconnaître le conflit entre ses propres besoins et ses différentes responsabilités. Comme elle perçoit la grossesse comme une manifestation de la lutte intérieure entre son désir « d'être recteur d'une faculté » et celui de « faire de la poterie, du jardinage, avoir des gosses et rester à la maison », elle se débat pour résoudre la contradiction entre sa féminité et sa vie professionnelle d'adulte. Elle estime que se faire avorter est la « meilleure » solution, car

« le fait [qu'elle ne soit] pas enceinte maintenant créera finalement, dans un an ou dans deux semaines, une tension personnelle en moins pour chacun d'entre [eux] et pour la famille tout entière », et elle conclut :

> En tout premier lieu, la femme doit pouvoir vivre avec la décision qu'elle prend. Il faut que ce soit une décision avec laquelle elle puisse vivre, d'une manière ou d'une autre, ou au moins avec laquelle elle essaie de vivre. Cette décision doit être fondée sur ce qu'elle pense et ressent, et sur ce que pensent et ressentent les autres personnes qui ont de l'importance dans sa vie.

Au début de l'interview, Ruth construit le dilemme de l'avortement selon les conventions féminines. Elle le perçoit comme un conflit entre son propre désir d'avoir un bébé et celui des autres qui aimeraient la voir terminer ses études. Appuyant son jugement sur cette construction, elle estime qu'il est « égoïste » de vouloir continuer la grossesse, car « c'est ce qu'[elle] veut faire ». Toutefois, à mesure qu'elle analyse son raisonnement, elle juge incorrecte cette façon de concevoir le problème et reconnaît que le véritable conflit se situe au niveau de la tension intérieure qu'elle éprouve entre sa féminité et sa vie professionnelle d'adulte. Elle se décrit comme une personne « allant dans deux directions ». Elle tient beaucoup à cette partie d'elle-même qui est « incroyablement passionnée et sensible », à sa faculté de discerner et de répondre aux besoins d'autrui. Elle considère que l'esprit d'arrivisme qu'une carrière professionnelle peut engendrer met en péril sa « compassion » qui est « quelque chose [qu'elle ne veut] pas perdre ». Cela explique pourquoi elle a tenté de maintenir, à ses propres yeux, la fiction de son innocence lors de sa première construction du dilemme; elle refusait de dire qu'elle ne voulait pas un autre enfant à ce moment précis de sa vie ou même de se l'avouer, car elle avait peur de ce que cela pouvait signifier :

Ce serait reconnaître que je suis une personne ambitieuse, avide de pouvoir et de responsabilités, que je veux diriger le travail des autres et avoir une vie professionnelle très prenante qui ne se limite pas aux horaires normaux d'un emploi ordinaire, mais qui dévore mes soirées et mes week-ends, car un tel travail implique pouvoir et responsabilités. Cela veut dire que ma famille passerait au second plan. Cette situation provoquerait un conflit de priorités si terrible que je ne veux pas avoir à faire un tel choix.

Lorsqu'on lui demande quelle est sa définition d'une personne ambitieuse, elle répond :

Être ambitieux signifie désirer le pouvoir à tout prix et être insensible.
Pourquoi insensible ?
Parce que, pour réussir, il faut écraser les autres. Une personne qui grimpe l'échelle du succès le fait au détriment de sa famille, de ses collègues ou de ses clients.
Inévitablement ?
Pas toujours, mais j'ai pu constater ce phénomène tellement souvent au cours de mes quelques années de travail que cela me fait peur. Ce processus m'effraie, car je ne veux pas devenir quelqu'un de tel.

Comme pour Ruth, acquérir un pouvoir d'adulte se traduit nécessairement par une perte de sa féminité et de sa compassion, elle construit le conflit entre être féminine et être adulte, comme un problème moral. Le dilemme de l'avortement attire alors son attention sur ce que signifient, dans notre société, le fait d'être une femme et celui d'être une adulte. Elle reconnaît la disparité qui existe entre le pouvoir et la sollicitude, et cette prise de conscience est à l'origine de ses efforts pour trouver une solution et un équilibre qui lui permettent d'être à la fois une femme adulte et féminine, que ce soit dans ses rapports personnels ou dans sa vie professionnelle.
Admettre la véracité de la conception féminine du développement moral, c'est reconnaître l'importance,

pour les deux sexes et à tous les stades de la vie, des liens entre soi et l'autre, et l'universelle nécessité d'un comportement plein de compassion et de sollicitude. L'idée d'un moi séparé d'autrui et de principes moraux qui ne transigent pas avec les contraintes de la réalité est un idéal d'adolescent; c'est la philosophie laborieusement forgée par un Stephen Dedalus dont l'essor, comme l'indique Moyce, est fortement compromis. Lorsque Erikson compare la morale idéologique de l'adolescent à l'éthique adulte de sollicitude [1], il tente de s'attaquer à ce problème d'intégration. Il trace une courbe de développement, où la seule expérience préliminaire capable de préparer l'individu à l'intimité de l'amour adulte et à un épanouissement dans ses rapports personnels et professionnels est la confiance établie durant la petite enfance. Toutes les autres expériences sont présentées comme des étapes vers l'autonomie et l'indépendance, la séparation devient le modèle et l'unité de mesure de la maturité. Certes, Erikson note que l'identité féminine est aussi bien une question d'intimité que de séparation; mais malgré cela, cette observation n'est pas incorporée dans son tracé de développement.

La morale de responsabilité que les femmes décrivent se tient, ainsi que leur idée du moi, en dehors du chemin menant à la maturité morale. L'individu, au long de ce parcours, remet en question la morale conventionnelle pendant l'adolescence pour progresser jusqu'à la découverte des droits individuels. La généralisation de cette découverte en une conception de la justice fondée sur des principes est illustrée par la définition que donne Ned de la morale. Ned, en dernière année d'études, a participé à l'enquête faite chez les étudiants :

La morale est une prescription, une ordonnance à suivre. Avoir une idée de la morale sert à essayer de déterminer ce que les gens peuvent faire afin de rendre

1. Erikson, 1964.

la vie en commun supportable et d'établir en quelque sorte un équilibre et une harmonie qui permettent à chacun de sentir que tout le monde a une place et une chance égales dans la vie. Obéir à cette prescription, c'est apporter sa contribution à un état de choses qui dépasse l'individu, mais sans lequel il est impossible à l'individu de s'épanouir de quelque manière que ce soit. L'équité, la morale sont les conditions indispensables, me semble-t-il, à la création d'un environnement, d'une interaction entre les gens, propices à l'accomplissement de la plupart des objectifs individuels. Si vous ne voulez pas que les autres interfèrent dans vos projets, vous êtes obligé de jouer le jeu.

En revanche, Diane, une femme de moins de trente ans, définit une morale non de droits mais de responsabilités, lorsqu'elle explique ce que constitue pour elle un problème moral :

J'ai toujours à l'esprit que le monde est plein de problèmes réels et reconnaissables, qu'il va droit vers un désastre encore mal défini, et je tiens compte de tout cela quand j'essaie de déterminer quelle est la meilleure manière de mener ma vie. Est-il raisonnable de mettre des enfants au monde alors qu'il y a actuellement un problème de surpopulation? Est-il bien de dépenser de l'argent et d'acheter une paire de chaussures quand j'en ai déjà une paire et que d'autres personnes vont nu-pieds? Cela fait partie d'une autocritique permanente où j'analyse quel emploi je fais de mon temps et vers quoi tendent mes efforts. Je pense avoir un instinct, une pulsion très puissante et maternelle de m'occuper de quelqu'un : de prendre soin de ma mère, de prendre soin d'enfants, de prendre soin des enfants des autres, de prendre soin de mes propres enfants, de prendre soin du monde. Lorsque je suis confrontée à des problèmes moraux, je me demande constamment : « Est-ce que tu prends soin de tout ce que tu estimes important? As-tu oublié ou négligé de t'occuper de tel ou tel problème? »

Bien que la nature postconventionnelle de la perspective de Diane soit évidente, son jugement des dilemmes moraux ne remplit pas les critères d'un raisonnement fondé sur des principes de justice. Ce jugement reflète, néanmoins, une conception morale différente axée sur la responsabilité et la sollicitude. On demande à Sharon, une femme d'une trentaine d'années, quelle est la manière la plus juste de prendre des décisions morales. Sa réponse indique comment une décision morale organisée autour du souci de responsabilité se prend au niveau postconventionnel :

> La seule façon que je connaisse est d'essayer d'être aussi éveillée que possible et à l'écoute de tout ce que l'on ressent, de s'efforcer de prendre en considération tous les aspects de la situation, de se rendre compte dans la mesure du possible de ce qui se passe, d'être consciente de la direction vers laquelle on marche.
> *Y a-t-il des principes qui vous guident ?*
> Ce serait un principe de responsabilité, de responsabilité et de sollicitude envers soi-même et l'autre. Mais cela ne veut pas dire que l'on choisit d'être responsable d'un côté et irresponsable de l'autre. On peut être responsable envers les deux. C'est pourquoi ce n'est pas un principe qui, une fois établi, sert à trancher dans tous les cas. Le principe dont je parle ne va pas faire disparaître le conflit.

L'impératif moral qui ressort continuellement de ces interviews avec des femmes est une injonction à prendre soin du bien-être de soi et d'autrui, une responsabilité envers le monde afin d'en discerner les maux « réels et reconnaissables » et de les soulager. L'impératif moral des hommes apparaît plutôt comme une injonction à respecter les droits d'autrui afin de protéger les droits à la vie et à l'épanouissement de l'individu de toute interférence. Initialement, les femmes insistent sur la sollicitude afin d'éviter de se juger elles-mêmes égoïstes et les hommes conçoivent l'obligation envers l'autre en termes négatifs de non-interférence. Le développement moral des deux sexes semble nécessiter une intégration des droits et des responsabilités qui s'effectue grâce à la découverte de la nature complémentaire de ces deux points de vue disparates. Pour les femmes, cette intégration se produit lorsqu'elles parviennent à une plus grande compréhension de la logique psychologique des rapports. Cette compréhension modère le potentiel auto-destructeur d'une morale d'autocritique en affirmant que chacun, aussi bien soi qu'autrui, a besoin de sollicitude. Quant aux hommes, l'expérience leur enseigne qu'il est nécessaire de prendre une part plus active de responsabilité à l'égard du bien-être d'autrui. Cette plus grande sollicitude corrige le potentiel d'indifférence d'une morale de non-interférence et dirige l'attention masculine, jusqu'alors axée sur la logique, sur les conséquences d'un choix [1]. Dans le développement d'une compréhension éthique post-conventionnelle, les femmes perçoivent progressivement la violence inhérente à l'inégalité, tandis que les hommes sont amenés à voir les limites d'une conception de la justice aveugle aux différences de la vie humaine.

Les dilemmes hypothétiques, que leur présentation rend abstraits, dépouillent les personnages de l'histoire et de la psychologie de leur vie individuelle et détachent le problème moral des contingences sociales de son apparition. Ces dilemmes sont très utiles car, en plaçant le problème moral hors de la réalité quotidienne, ils permettent de distiller et de raffiner des principes objectifs de justice, et d'évaluer la logique formelle d'égalité et de réciprocité. Néanmoins, lorsque le dilemme est reconstruit dans sa particularité contextuelle, il est possible de comprendre les causes et les conséquences qui sollicitent la compassion et la tolérance des femmes. Ces deux réactions, on a pu le noter à maintes reprises, différencient les jugements moraux féminins. Il est nécessaire de donner une substance aux personnages à peine esquissés d'un dilemme hypothétique et de

1. Gilligan et Murphy, 1979; Gilligan, 1981.

leur insuffler une vie, avant de pouvoir considérer l'injustice sociale que leurs problèmes moraux reflètent et imaginer la souffrance que le problème ou sa résolution occasionne à chacun d'entre eux.

La tendance féminine à reconstruire les dilemmes hypothétiques en des termes réels, à demander ou à fournir elles-mêmes les renseignements qui leur manquent sur la nature des personnages ou leurs conditions de vie, détourne leur jugement d'un classement hiérarchique des principes et du processus formel de la prise d'une décision. Le fait d'insister sur les détails indique une approche du dilemme et des problèmes moraux en général qui diffère de toutes les descriptions de stades de développement admises à l'heure actuelle. Par conséquent, bien que plusieurs participantes à l'enquête sur l'avortement aient clairement exprimé une position éthique qui dépasse la morale conventionnelle et qui est sans nul doute postconventionnelle, aucun de leurs jugements moraux normatifs des dilemmes hypothétiques de Kohlberg ne peut être considéré comme fondé sur des principes. Au contraire, les jugements féminins tendent à identifier la violence inhérente au dilemme, et cette violence est perçue comme un facteur compromettant la justice de n'importe quelle résolution envisagée. Cette construction du dilemme conduit les femmes à porter un jugement moral qui ne prend pas en considération ce qui est bien mais ce qui est un choix entre deux maux.

Ruth, la femme tiraillée entre son désir de devenir recteur de faculté et celui d'avoir un autre enfant considère le dilemme de Heinz comme un choix entre l'égoïsme et le sacrifice. Étant donné que Heinz n'a pas les moyens de payer deux mille dollars pour ce médicament et qu'il envisage de le voler, elle en déduit qu'il est un homme dont les ressources sont très limitées. Voler « ne serait pas agir dans son meilleur intérêt, car il devrait ensuite aller en prison. Cela représente un énorme sacrifice; un sacrifice, je pense, qu'une personne profondément amoureuse consentirait à faire ». Cependant, ne pas voler le médicament « serait égoïste de sa part. Il se sentirait forcément coupable de ne pas avoir donné à sa femme une chance de vivre plus longtemps ». La décision de voler n'est donc pas considérée en fonction de la priorité logique de la vie sur la propriété, ce qui justifie son bien-fondé, mais par rapport aux conséquences réelles qu'un tel acte aurait pour un homme de condition modeste et de peu d'influence sociale.

Lorsque le dilemme est examiné en tenant compte de son dénouement possible (soit la mort de la femme, soit la condamnation de Heinz à une peine de prison, qui sera traumatisé par la violence de cette expérience et dont l'avenir sera compromis par un casier judiciaire chargé), il ne s'agit plus d'établir une comparaison abstraite entre les valeurs morales de la vie et de la propriété, mais de faire un choix entre deux vies auparavant unies, deux personnes dont les intérêts se heurtent, car la survie de l'une ne peut être assurée qu'au détriment de l'autre. Cette construction explique pourquoi le jugement tourne autour du problème du sacrifice et pourquoi la culpabilité entache toute résolution du dilemme, quelle qu'elle soit.

Ruth donne un exemple de la réticence observée chez les femmes, quand on leur demande de porter un jugement moral; voici les raisons pour lesquelles elle répugne à juger :

> Je pense que l'existence de chacun est si différente que je me dis : « Ce serait peut-être quelque chose que je ne ferais pas », mais je ne peux pas me permettre de dire que c'est bien ou mal d'agir ainsi. Je me préoccupe de ce qu'il faut faire uniquement lorsque j'ai moi-même des problèmes spécifiques à résoudre.

Quand on lui demande si sa propre injonction de ne pas nuire s'applique également aux autres, elle répond :

> Je ne peux pas dire que ceci est mal. Je ne peux pas dire si c'est bien ou mal, parce que je ne sais pas ce que l'une des personnes a fait pour provoquer l'autre.

Ce n'est pas juste que l'une des personnes ait subi un tort quelconque, mais se mettre en colère et exploser quand on vient de perdre son travail est une bonne chose. Cela ne va pas aider cette personne à nourrir sa famille, mais au moins elle se sent soulagée. Ce que je dis n'est pas un faux-fuyant, j'essaie sincèrement de répondre à vos questions.

La difficulté qu'elle éprouve à trouver des réponses définitives aux questions morales et le fait qu'elle se sente mal à l'aise avec la construction du dilemme de Heinz proviennent de la divergence entre ces questions et son propre mode de pensée :

> Je ne pense pas que les mots « bien » et « mal » fassent encore partie de mon vocabulaire et je sais que je n'utilise pas le mot « moral » parce que je ne suis pas certaine de savoir ce qu'il signifie. Nous parlons d'une société injuste, nous parlons d'une multitude de choses qui ne sont pas bien, qui sont véritablement moralement mauvaises (pour employer un mot que je n'utilise pas très souvent), et je n'ai pas le pouvoir de changer tout ça. Si je pouvais changer ce qui est mal, je le ferais certainement. Mais tout ce que je peux faire, c'est apporter ma modeste contribution, jour après jour. Ne pas nuire intentionnellement à quelqu'un est ma façon de changer ce qui ne va pas dans notre société afin de la rendre meilleure. Ne pas juger les autres fait aussi partie de cette contribution, surtout lorsque je ne connais pas les circonstances et les raisons pour lesquelles ils font certaines choses.

Ne pas vouloir juger, c'est toujours ne pas vouloir nuire. Cette répugnance n'est pas provoquée par un sentiment de vulnérabilité personnelle, mais par une reconnaissance des limites du jugement lui-même. La déférence de la perspective féminine conventionnelle continue donc au niveau postconventionnel. Cette déférence n'est pas fondée sur un relativisme moral, mais elle fait partie de la nouvelle compréhension de la morale qui vient d'être élaborée. On renonce à porter un jugement moral, car on est conscient de la détermination psychologique et sociale du comportement humain. Parallèlement, la préoccupation morale est réaffirmée, car il y a une reconnaissance de la réalité de la douleur et de la souffrance humaines :

> Ne pas nuire aux autres me tient vraiment à cœur et j'ai toujours été ainsi. Cela devient parfois un peu compliqué. Par exemple, je ne veux pas porter tort à mon enfant; mais quelquefois, si je ne la corrige pas, si je ne lui fais pas de mal, cela va lui nuire encore plus. Ce genre de situations me crée d'affreux dilemmes.

Les dilemmes moraux sont terribles, car leur résolution implique qu'il faut faire du mal à quelqu'un. Ruth perçoit la décision de Heinz comme « le résultat de l'angoisse qu'il ressent : à qui est-ce que je porte tort? Pourquoi est-ce que je suis obligé de leur faire mal? » La moralité de son vol n'est pas remise en question, étant donné les circonstances qui l'ont rendu nécessaire. Ce qui est contesté, c'est le fait qu'il consente à se substituer à sa femme et à devenir, à sa place, la victime exploitée par une société qui engendre et légalise l'irresponsabilité du pharmacien, et dont l'injustice est manifeste, puisqu'elle permet qu'un tel dilemme se pose.

Cette même impression d'avoir à répondre à des questions mal posées transparaît dans le commentaire d'une autre femme qui justifie l'acte de Heinz en se fondant sur un raisonnement similaire : « Je ne pense pas que l'exploitation devrait être réellement un droit. » Lorsque les femmes se décident à exprimer directement leur position, elles le font invariablement à propos des problèmes créés par l'exploitation et le mal intentionnel. Leurs affirmations soulèvent la question de la non-violence dans un contexte psychologique en tous points similaire à celui qui a conduit Erikson à réfléchir sur la vérité de la vie de Gāndhī. Dans la lettre clé qu'il lui adresse et autour de laquelle s'organise le jugement de son livre, Erikson aborde le problème de la contradiction qui existe entre la philosophie de non-violence de Gāndhī, principe directeur de tous ses rapports avec les Britanniques, et la violence psychologique qui a gâché ses relations avec sa propre famille et les enfants de l'ashram. C'était cette contradiction, confesse Erikson, « qui *m*'avait contrarié au point que je m'étais senti presque incapable de continuer à écrire *ce* livre, car il m'avait semblé entrevoir une sorte de contrevérité dans cette trop grande protestation de vérité; quelque chose de malsain dans cet étalage de pureté irréelle; et surtout, une violence mal placée de la part de quelqu'un qui prônait la non-violence [1] ».

Dans un effort pour démêler les rapports entre la vérité spirituelle du *satyāgraha* [2] et celle de sa propre compréhension psychanalytique, Erikson rappelle à Gāndhī : « Vous avez dit un jour que la vérité exclut l'usage de la violence, parce que l'homme n'est pas capable de connaître la vérité absolue et, par conséquent, n'est pas qualifié pour punir. » Il existe de nombreux points d'affinité entre le *satyāgraha* et la psychanalyse : elles s'engagent toutes deux à concevoir la vie comme « une expérience de vérité; elles sont unies d'une manière ou d'une autre dans une " thérapeutique " universelle; elles reposent sur le principe d'Hippocrate qui affirme que l'on peut tester la vérité ou le pouvoir de guérison inhérent à une " situation malsaine " uniquement en agissant de façon à éviter de faire mal ou, mieux encore, en créant les conditions les plus propices à l'épanouissement de la réciprocité et en limitant au maximum la violence provoquée par une coercition ou une menace unilatérale [3] ». Erikson reproche donc à Gāndhī de ne pas reconnaître la relativité de la vérité. Il est clair que ce dernier refuse de l'accepter, quand il revendique être le seul à détenir la vérité, quand il fait « preuve de mauvaise

1. Erikson, 1969, p. 230-231.
2. Manifestation non violente de résistance passive aux autorités (*N. d. T.*).
3. Erikson, 1969, p. 247.

volonté à apprendre quoi que ce soit de qui que ce soit qui n'ait pas été préalablement approuvé par la " voix intérieure " [1] ». Cette revendication a entraîné Gāndhī, sous le manteau de l'amour, à imposer sa vérité aux autres, sans qu'il réalise ou sans qu'il tienne compte de la mesure dans laquelle il violentait leur intégrité.

Le dilemme moral – produit d'un conflit de vérités – est, par définition, une « situation malsaine », car elle oblige l'individu à faire un choix entre les deux branches d'une alternative, sans pouvoir en formuler une autre qui serait non violente. Rationaliser cette violence n'est qu'une échappatoire et ne résout pas de tels dilemmes : « J'étais, a dit Gāndhī, un mari cruellement gentil. Je me considérais comme son professeur et donc je la harcelais, poussé par l'amour aveugle que j'éprouvais pour elle [2]. » Il faut plutôt chercher la résolution du dilemme dans une sollicitude et un respect mutuels qui prendront la place de l'antagonisme sous-jacent.

Gāndhī, que Kohlberg cite comme exemple du sixième stade de développement moral et en qui Erikson avait initialement vu un modèle de sensibilité adulte et éthique, est critiqué par un jugement qui s'interdit de fermer les yeux devant la violence ou de justifier le tort infligé à l'autre. La femme de Gāndhī, par exemple, répugnait à accueillir chez elle des étrangers; celui-ci refusait d'admettre la validité de la position de son épouse, tout comme il se rendait volontairement aveugle à la réalité de la sexualité adolescente et de la tentation. Le comportement de Gāndhī dans sa vie de tous les jours compromettait l'éthique de non-violence qu'il professa en public et appliqua par principe de façon inébranlable.

Consentir à sacrifier les êtres humains à la vérité est le danger d'une éthique coupée des réalités de la vie. Par ce consentement, Gāndhī rejoint l'Abraham biblique prêt à sacrifier la vie de son fils afin de

---

1. *Ibid.,* p. 236.
2. *Ibid.,* p. 233.

prouver l'intégrité et la toute-puissance de sa foi. Ces deux hommes, qui donnent un exemple des limites de leur amour paternel, forment un contraste frappant avec la femme qui se présente devant Salomon et qui affirme son amour maternel en renonçant à la vérité, afin de sauver la vie de son enfant. Dans son examen de la vie de Gāndhī, Erikson critique en fait une morale adulte dont les principes ont été élaborés aux dépens du bien-être de l'autre.

Dans *Le Marchand de Venise*, Shakespeare entreprend de faire une interversion extraordinairement compliquée des rôles masculin et féminin pour exprimer de façon dramatique et explicite cette même critique. Il travestit un acteur en un personnage de sexe féminin qui, à son tour, joue le rôle d'un homme, celui d'un juge, afin de faire parvenir dans la citadelle masculine de la justice l'appel féminin à la miséricorde. La limite de la conception contractuelle de la justice est illustrée à travers l'absurdité de son exécution littérale, alors que la nécessité de faire « à chaque instant des exceptions » est démontrée en filigrane dans le cas des bagues. Portia, en faisant appel à la clémence, plaide pour une solution qui ne lèse personne : les hommes sont pardonnés de ne pas avoir tenu parole et de s'être séparés de leurs bagues, et Antonio renonce à son « droit » de ruiner Shylock.

L'enquête sur la décision d'avorter suggère que les femmes construisent les problèmes moraux différemment, en termes de responsabilités conflictuelles. Cette construction distincte a été établie à partir de trois perspectives consécutives. Chaque perspective représente une compréhension plus complexe des rapports entre soi et autrui; chaque transition pivote autour d'une réinterprétation du conflit entre l'égoïsme et la responsabilité. Le jugement moral féminin progresse en trois stades successifs. Le souci primordial est d'abord la survie, ensuite la bonté et enfin une compréhension réfléchie de la sollicitude devient le principe directeur le plus apte à résoudre les conflits qui surgissent dans les relations humaines. L'enquête démontre que les concepts de responsabilité et de sollicitude sont au centre des constructions féminines du domaine moral et que, dans le mode de pensée des femmes, les notions de moi et de morale sont étroitement liées. Enfin, cette enquête met en évidence la nécessité d'élargir la théorie du développement afin d'inclure, au lieu de ne pas en tenir compte, les différences exprimées par la voix féminine. Il semble essentiel d'effectuer une telle intégration, car cela permettra non seulement d'expliquer le développement féminin, mais également de comprendre, chez les femmes aussi bien que chez les hommes, les caractéristiques et les signes avant-coureurs d'une conception morale adulte.

4

CRISE ET TRANSITION

Dans les premières scènes du film *Les Fraises sauvages,* on voit Marianne, qui est enceinte, se rendre en voiture à Lund avec son beau-père, le vieux Isak Borg; lui, pour y recevoir la plus haute distinction honorifique qui puisse couronner sa carrière médicale; elle, pour mettre fin à son mariage. En effet, son mari Evald l'a mise en demeure de choisir entre lui et l'enfant. Dans l'espoir de ne pas avoir à prendre cette décision, elle était allée voir son beau-père pour lui demander son aide, poussée par l'« idée saugrenue » que le vieux médecin saurait guérir son mariage malade. En fait, elle découvrit, « bien caché derrière son affabilité et son charme amical d'une autre génération », un mur d'« inflexibilité » semblable à celui dans lequel s'enfermait l'opposition de son fils, un manque de considération pour autrui et un entêtement à ne « vouloir écouter personne d'autre que lui-même ». Evald affirmait lui avoir signifié très clairement son désir de ne pas avoir d'enfant : « Je n'ai aucune raison, avait-il dit, de m'encombrer d'une responsabilité qui m'obligerait à vivre, ne serait-ce un seul jour, plus longtemps que je ne le désire moi-même. » Le père eut la même attitude que le fils. Il déclara qu'il ne voulait, sous aucun prétexte, se mêler des problèmes conjugaux de Marianne, que « leur sort était le dernier de ses soucis et qu'il se moquait pas mal des souffrances de l'âme ». Au cours de leur

conversation dans la voiture, Borg dit à Marianne :
« Evald et moi, nous nous ressemblons beaucoup.
Nous avons nos principes... et je sais qu'Evald me
comprend et me respecte. » Il fut donc très surpris
d'entendre Marianne lui répondre : « Cela est peut-
être vrai, mais il vous hait aussi. »

L'action du film commence sur cette note discor-
dante entre la fuite du vieil homme qui se réfugie
derrière ses principes et les efforts de la jeune femme
qui tente de garder le contact. La juxtaposition des
« rêves sinistres et épouvantables » de Borg et de la
prise de conscience de Marianne qui comprend « qu'il
serait atroce d'être obligée de dépendre de [lui] pour
quoi que ce soit » fait apparaître un lien entre le
désespoir de sa vieillesse et l'échec continuel de ses
relations familiales stériles et décevantes. Erikson
commente le film de Bergman pour expliquer le
cycle de la vie [1]. Il désigne Marianne comme le
catalyseur qui précipite la crise conduisant au changement et la compare à Cordelia [2] : elle force un
vieil homme à s'avouer son désespoir et à prendre
conscience de sa cause en lui révélant les vérités
troublantes mais libératrices des rapports humains.
Erikson démontre comment cette confrontation
déclenche une série de souvenirs et de rêves à l'aide
desquels Borg retrace sa propre traversée des âges de
la vie et arrive à l'intimité, le point où il a échoué.
Dans un rêve où il subit un examen, il oublie que
« le premier devoir d'un médecin est de demander
pardon » et il est impossible de déterminer si une
femme est morte ou vivante. L'examinateur le juge
« coupable de culpabilité ». « La solitude, bien sûr »
est la sentence. Borg établit ainsi un rapport entre le
présent et le passé, ce qui le conduit à reconnaître
l'échec de sa vie (« bien que je sois vivant, je suis
mort »). Mais grâce à cette constatation, il libère le

1. Erikson, 1976.
2. Personnage du *Roi Lear* de Shakespeare *(N. d. T.)*.

futur, et il est capable d'offrir son aide à sa belle-fille.

Marianne a brisé le cycle de froideur et de solitude, « plus effroyable que la mort elle-même », qui s'était répété à travers les générations. Lorsque Erikson définit le rôle qu'elle a joué, il identifie la « volonté résolue de sollicitude » de « cette jeune femme indépendante et douce dont les yeux nus et pénétrants observent tout ». Néanmoins, afin de tracer le cheminement du développement de la vertu de sollicitude qu'il considère comme la force de la vie adulte, Erikson se sert constamment de la vie des hommes. Comme dans la théorie du cycle de vie et dans le film, on ne raconte pas l'histoire de Marianne; la façon dont elle est parvenue à voir ce qu'elle voit ou à savoir ce qu'elle sait n'est pas clarifiée.

Dans l'enquête sur la décision d'avorter, les femmes décrivent des dilemmes semblables à celui auquel Marianne est confrontée. L'analyse de leurs descriptions révèle que la décision d'avorter peut être envisagée selon des perspectives différentes et qu'il existe une séquence dans la compréhension de la responsabilité et des relations humaines. La suite logique de cette séquence a été construite en comparant les différentes perspectives et les conflits qui apparaissent dans la pensée des femmes. Toutefois, bien qu'une analyse comparative permette de distinguer des différences et de déterminer une progression en suivant la logique du mode de pensée, il n'est possible d'identifier le cheminement du développement d'un individu qu'à travers le temps. C'est donc grâce à une observation directe de la vie des femmes pendant un laps de temps assez long que l'on peut vérifier, de façon préliminaire, si les changements prédits par la théorie concordent avec la réalité. En comparant les interviews effectuées au moment de la décision d'avorter avec celles qui ont eu lieu au terme de l'année suivante, j'utilise l'effet amplificateur que provoque une période de crise, afin de faire ressortir le processus de transition du développement et de dessiner le schéma du changement qui se produit. Lorsque j'assimile un conflit à un signe avant-coureur de développement moral, je m'inspire du travail de Piaget et également de l'approche d'Erikson. Celui-ci définit les stades de maturation morale en fonction des crises que traverse l'individu et démontre ainsi comment une vulnérabilité accrue annonce l'apparition d'une force potentielle, la création d'une opportunité dangereuse de progrès, « un moment critique où l'individu prend une direction nouvelle, pour le meilleur ou pour le pire [1] ».

Afin d'effectuer les interviews de contrôle à long terme, nous avons pris contact avec vingt-trois femmes; vingt et une d'entre elles acceptèrent d'y participer. L'entretien se déroula selon une procédure semblable à celle employée lors de la première interview et les questions posées furent essentiellement les mêmes. On demanda à chaque participante de discuter rétrospectivement du choix qu'elle avait fait et de décrire la manière dont elle percevait sa vie et sa propre personne un an après la décision. A partir des descriptions que les femmes firent de leurs relations avec autrui, de leur travail et des sentiments que leur vie leur inspirait, on établit une échelle de mesure afin d'évaluer si un changement s'était produit pendant l'année écoulée et dans quelle direction. Les résultats indiquèrent que la vie de huit de ces femmes s'était améliorée; la vie de neuf d'entre elles était demeurée inchangée; et celle de quatre participantes avait empiré [2].

Les femmes considérées dans cette analyse sont celles pour qui la grossesse avait précipité une crise à l'issue de laquelle elles avaient subi un échec. La douleur de cette expérience et la sensation de perte éprouvée au cours d'un changement soulignent la portée de la crise en elle-même et révèlent la précarité des relations humaines. Comme une grossesse signifie

1. Erikson, 1964. Voir Piaget, 1968.
2. Belenky, 1978; Gilligan et Belenky, 1980.

166

une relation intime de la plus grande importance en termes de responsabilité, l'avortement crée un dilemme impossible à résoudre sans qu'il y ait de conséquences pour soi et pour autrui. Ce dilemme met en évidence la réalité de l'interdépendance et l'irrévocabilité d'un choix. Il amplifie également les questions de responsabilité et de sollicitude soulevées par l'existence même d'un rapport humain. Lorsque Freud décrit le cheminement du développement d'un individu à travers les crises qu'il subit, il compare la psyché sous tension à un cristal jeté par terre qui se brise « non pas en mille morceaux de façon fortuite, mais qui se fend suivant la direction de ses couches en des fragments dont les plans de clivage, bien qu'invisibles, étaient prédéterminés par la structure du cristal [1] ». Quand je me sers de cette même métaphore pour analyser des rapports sous tension, j'attire l'attention sur la manière dont la rupture d'une relation avec autrui fait apparaître les lignes de son articulation et expose la structure psychique des liens dans les notions de morale et de moi.

Une étude à long terme de la vie des femmes permet de définir le rôle joué par une crise pendant une période de transition et d'explorer les nouvelles directions qui s'ouvrent devant elles à ce moment décisif de leur vie : les possibilités de progression et de développement mais aussi la voie du désespoir où il arrive qu'un sentiment d'échec les entraîne. Les cas de Betty et de Sarah illustrent les transitions de la survie à la bonté et de la bonté à la vérité qui marquent le développement d'une éthique de sollicitude. Un examen approfondi de la vie de ces deux femmes montre qu'une crise offre l'opportunité de briser un cercle vicieux et une deuxième chance de mûrir et de progresser. Ces portraits de transition sont suivis par des récits de désespoir racontés par des femmes qui n'ont pas pu trouver de réponse à la question : « Pourquoi me soucier de quoi que ce

1. Freud, 1933, p. 59.

soit ? » ; ils constituent des exemples de nihilisme moral féminin.

Betty avait seize ans quand elle se présenta à la clinique afin de se faire avorter pour la seconde fois en six mois. Le conseiller, soucieux du caractère répétitif de cette requête, refusa d'accéder à la demande de Betty qui voulait que l'avortement eût lieu le jour même. Il l'incita à participer à l'enquête afin qu'elle ait l'occasion de réfléchir sur ce qu'elle faisait et de bien peser sa décision. L'histoire de Betty est celle d'une adolescente adoptée dont le passé tumultueux se résume en une succession d'expériences malheureuses : avortements répétés, inconduite, centre d'éducation surveillée. Ce cas extrême montre qu'un individu, dont la vie est apparemment médiocre, est capable d'évoluer. Il montre aussi comment la volonté de survie se transforme en bonté – modèle de la transition de l'« égoïsme » à la responsabilité.

Dès le début de la première interview, Betty commence par dire que la seconde grossesse, comme la première, n'est pas de sa faute. Persuadée qu'il lui fallait l'autorisation de ses parents et sans un sou, elle croyait qu'il lui était impossible de se procurer un contraceptif par ses propres moyens. Elle s'était sentie sans défense, sans ressources, impuissante et incapable de repousser les avances continuelles de son ami qui la harcelait. Elle avait fini par lui céder, car il lui avait assuré qu'il savait ce qu'il faisait, qu'il ne la rendrait pas enceinte, et surtout parce qu'elle pensait qu'il la quitterait si elle refusait. Comme elle avait demandé, en vain, à son ami et à sa mère de lui fournir un moyen de contraception, Betty explique sa grossesse par le fait que personne n'a voulu l'aider. Elle regrette maintenant de ne pas avoir utilisé de méthodes contraceptives, mais, à ses yeux, ce sont les autres qui l'ont empêchée de le faire et elle les rend responsables de son état. Elle dit qu'elle ne savait pas quoi faire lorsqu'elle a appris qu'elle était enceinte :

Je voulais me suicider parce que j'étais incapable de faire face à la réalité. Je savais que je voulais me faire avorter. Je savais que je ne pouvais pas avoir le gosse, mais je n'avais pas la force de passer encore une fois par là.

C'est de la douleur physique qu'elle a éprouvée lors de son premier avortement qu'elle parle.

Sa réticence à rompre avec son ami vient de ce qu'il était la première personne à la traiter avec autant d'égards : « Il faisait tout pour moi. » « Quelles sortes de choses ? » « Il m'appelait, venait me chercher, m'emmenait partout où je voulais aller, m'achetait des cigarettes, de la bière si j'en voulais. » Comme elle s'attendait à ce qu'il continue à répondre à ses besoins, si elle acceptait d'avoir des rapports sexuels, elle fut extrêmement déçue de découvrir qu'il changea d'attitude après avoir accédé à ses désirs sexuels : « Il voulait que je fasse tout ce que lui voulait faire. Il me traitait plus comme si j'étais sa femme que sa maîtresse et cela ne me plaisait pas. » Elle conclut que ses rapports avec lui, qu'elle avait initialement conçus comme une relation d'échange, étaient en fait « à sens unique ». Il ne cherchait qu'à satisfaire ses propres besoins et ne se souciait guère « du fait [qu'elle] désirait plus de liberté ». Elle est également en colère contre le conseiller qui n'avait pas consenti à la laisser se faire avorter immédiatement comme elle le désirait. « Il voulait simplement s'assurer que je ne sorte pas de cette clinique émotionnellement marquée par l'avortement, pense-t-elle néanmoins. C'est bien. Cela montre au moins qu'ils s'inquiètent à mon sujet. »

Peut-être partiellement à cause de cette démonstration de sollicitude, Betty commence à réfléchir sur la manière dont elle a pris soin d'elle-même jusqu'à présent. Elle a écouté les autres parce qu'elle croyait « qu'en suivant leurs conseils, cela [lui] apporterait personnellement quelque chose ou arrangerait sa situation et que, comme ça, ils [la] laisseraient enfin tranquille ». Mais puisque ces raisons ont été démenties par son expérience, elle s'interroge sur le bien-fondé des hypothèses qui ont guidé son comportement et son mode de pensée. Le fait que l'avortement ne soit pour elle qu'un problème de douleur physique, qu'elle veuille garder sa grossesse secrète afin de ne pas acquérir une « mauvaise réputation », qu'elle se soucie principalement de la sauvegarde de sa liberté plutôt que de ses obligations envers autrui indique que survivre et satisfaire ses propres besoins constituent son unique préoccupation. Elle a l'impression que le monde dans lequel elle se bat pour assurer sa survie est peuplé de gens prêts à l'exploiter et elle se sent seule et abandonnée dans ce monde dangereux et menaçant. Cette construction de la réalité sociale apparaît très clairement dans l'explication qu'elle donne afin de justifier le vol du médicament (dilemme de Heinz) :

Le pharmacien est en train de le rouler et sa femme va mourir. Alors, dans ce cas-là, le pharmacien mérite de se faire voler à son tour.
Est-ce ce qu'il faut faire ?
Probablement. Je pense que survivre est une des premières raisons pour lesquelles les gens se battent dans la vie. Je pense que c'est ce qu'il y a de plus important. C'est plus important que de voler. C'est peut-être mal de voler, mais si on est obligé de voler pour assurer sa propre survie, ou même tuer, eh bien, c'est ce que l'on doit faire !
Pourquoi cela ?
Se protéger, survivre, il n'y a rien de plus fondamental. Cette considération l'emporte sur n'importe quelle autre dans la vie. Beaucoup de gens disent que faire l'amour est ce qui importe le plus à beaucoup de gens, mais je pense qu'assurer sa propre survie est ce qu'il y a de plus important pour tout le monde.

Betty décrit les relations humaines comme une lutte où chacun se bat pour survivre. Cette conception reflète son expérience d'enfant adoptée dont la survie a été, dès la naissance, particulièrement compromise. Les sentiments que lui inspire la précarité de sa propre survie se dévoilent au cours de la discussion sur la décision de se faire avorter. Son attention, qui jusque-là était axée sur ses besoins personnels, se tourne vers ceux du bébé. Ce changement est annoncé par l'apparition d'un langage moral : «Dans une situation comme la mienne, dit-elle, opter pour l'avortement est la décision qu'il faut prendre. Je n'ai pas terminé mes études et je dois retourner à l'école. » Ses propres besoins ne sont plus son unique préoccupation, car la nécessité de continuer ses études représente maintenant aussi une obligation envers ses parents. Cette perspective un peu différente la conduit alors à tenir moralement compte de l'enfant : «Ce serait injuste de ma part d'avoir un enfant, plus injuste pour le bébé que pour moi. »

Sa grossesse précédente s'était produite dans des circonstances tragiques : elle avait été victime d'un viol alors qu'elle faisait de l'auto-stop. « A l'époque, je ne pouvais pas supporter l'idée même du bébé, mais cette fois-ci, c'est différent, je pense beaucoup à lui. » Son souci d'équité indique clairement la nature morale de sa préoccupation qui émerge grâce à une prise de conscience de l'existence d'un lien intime entre elle et le bébé :

J'éprouve des sentiments bizarres quand je pense au bébé parce que j'ai été moi-même adoptée. Je pense que ma mère naturelle n'a pas voulu de moi; sinon elle ne m'aurait pas donnée en adoption. Quand je réfléchis à tout cela, je me dis qu'elle avait peut-être eu l'intention de m'avorter. Au lieu de naître, j'aurais pu être un avortement. Alors, quand je pense au bébé avec toutes ces idées en tête, je me sens toute drôle.

Lorsqu'elle établit un lien entre les sentiments que lui inspire le bébé et ceux qu'elle ressent d'avoir été dans un sens une enfant non désirée, elle associe le présent au passé. Elle commence à réfléchir sur ce qu'ont pu être les sentiments de sa mère naturelle à son sujet. Elle espère que sa mère l'avait peut-être en fait désirée, qu'elle avait « réellement aimé cet homme, mais qu'elle avait été dans l'impossibilité de s'occuper d'[elle] ».

La réflexion de Betty ne se limite pas au passé et au présent. Elle pense également à l'avenir. Elle se voit capable de devenir une mère pouvant s'occuper de son enfant. A travers la notion d'équité, elle exprime le désir de donner à son propre enfant ce qu'elle-même aurait voulu avoir : « Je ne pense pas qu'il soit juste de donner la vie à un enfant s'il ne peut avoir sa propre mère. » Penser au bébé la conduit à formuler une nouvelle conception d'elle-même. Grâce au lien de la grossesse, elle se rend compte que se soucier du bien-être du bébé signifie aussi prendre soin de soi :

> Cette grossesse m'a beaucoup aidée de différentes manières. J'ai arrêté de me droguer et de boire. C'est la première fois en trois ans. Maintenant que j'ai réussi à le faire, je sais que j'en suis capable et je vais m'arrêter définitivement.
> *Comment la grossesse vous a-t-elle aidée à faire cela ?*
> Parce que lorsque j'ai appris que j'étais enceinte, je n'étais pas sûre de ce que j'allais faire. Ma première réaction a été de me dire : « Cette fois, c'est de ma faute et je dois garder le bébé. » J'ai alors cessé de boire et de me droguer parce que je ne voulais pas faire de mal au bébé. Mais au bout de deux ou trois semaines, j'ai de nouveau réfléchi et je me suis dit : « Non, je ne peux pas l'avoir, car je dois retourner à l'école. »

Poussée par son désir de ne pas nuire à l'enfant, Betty commence à prendre soin d'elle. Elle se rend compte de la nécessité de continuer ses études en partie parce qu'elle s'est « imaginée avec un enfant à charge et aucune instruction ou qualification ». Comme elle reconnaît être incapable de prendre soin d'un enfant sans avoir les moyens de l'entretenir et comme elle pense que les drogues qu'elle a absorbées avant que la grossesse ne soit confirmée ont peut-être déjà eu un effet nuisible sur l'enfant, Betty réalise qu'il lui faut d'abord prendre soin de sa propre personne avant de pouvoir envisager un enfant : « Je suppose que je vais commencer à mieux m'occuper de moi-même. Tôt ou tard, on doit se décider à se prendre en charge, s'affirmer, être soi-même, ne pas laisser les autres décider ce que l'on a à faire. »

Un an plus tard, lors de la seconde interview, le langage égocentrique a disparu au profit de celui qu'elle avait initialement employé quand elle avait pris conscience du lien qui existait entre son enfant et elle. Ce n'est plus la survie qui est la préoccupation principale, mais la bonté; ce changement caractérise la transition dans son esprit de l'égoïsme à la responsabilité et correspond à la manière dont la vie de Betty a évolué pendant l'année écoulée.

Elle évoque les moments de tristesse et de dépression qu'elle a vécus après l'avortement. Elle raconte à quel point elle s'est sentie malheureuse, l'impression de néant qu'elle a éprouvée, la perte d'un petit chiot, les journées passées à la maison à regarder la télévision, les disputes continuelles avec sa mère, les kilos supplémentaires qu'elle accumulait : « Je n'avais jamais été aussi grosse et j'étais si déprimée. Je suis restée à la maison tout l'hiver. Je ne sortais jamais. J'avais tellement honte. » Puis, un changement se produisit au mois de juin :

> Je me suis dit qu'il me fallait perdre du poids. C'était vraiment quelque chose de nouveau pour moi. Cela faisait tant d'années que j'étais grosse. Avant d'être mince, je n'avais jamais su ce que c'était de pouvoir porter des vêtements qui m'allaient bien. Cela a été une sensation formidable. Jamais je ne me suis sentie aussi bien dans ma peau. On recherchait ma compagnie et beaucoup de garçons voulaient sortir avec moi. Cet été-là, j'ai pu pour la première fois me mettre en maillot de bain.

Cette transformation spectaculaire s'est produite au moment où le bébé aurait dû naître si la grossesse avait été menée à terme. Cette date s'est révélée d'une grande importance dans la vie d'autres femmes. Elle marque le dénouement de la crise et annonce un changement pour le meilleur ou pour le pire. Parmi les femmes pour qui la décision de se faire avorter a déclenché un processus de maturation (une nouvelle compréhension de la responsabilité, une confrontation avec la vérité), la date à laquelle l'enfant aurait dû naître a généralement correspondu à la fin de leur dépression. C'est comme si la durée de la grossesse avait été pour elles une période naturelle de deuil. Leur deuil terminé, ces femmes se sont senties libres de se consacrer à des activités qui ont eu pour effet d'améliorer considérablement leur vie. La décision d'avorter avait constitué un échec et une régression aux yeux de certaines femmes. Pour elles, cette date a marqué le début d'une période très douloureuse où leur vie s'est désintégrée.

Quant à Betty, l'amélioration est nette. Après des années de difficultés et de problèmes dans tous les domaines, avec sa famille, les autorités et à l'école, au moment de la seconde interview, elle suit régulièrement et sérieusement des cours, s'intéresse à son travail, prend une part active à la vie de son école et a l'intention, encouragée par ses professeurs, de s'inscrire à l'université à la rentrée. Elle fréquente maintenant un garçon avec qui elle a établi des rapports d'affection mutuelle où chacun a les intérêts de l'autre à cœur. Cette relation est loin d'être celle où il n'était question que d'exploiter l'autre afin d'assouvir ses besoins personnels.

La réponse de Betty au dilemme de Heinz révèle un changement dans sa compréhension morale. Elle dit maintenant que Heinz devrait voler le médicament « parce que sa femme est sur le point de mourir et parce qu'il l'aime ». Elle explique qu'elle choisit de résoudre le dilemme « de la même manière que la première fois », mais pour des raisons différentes. Alors qu'auparavant la nécessité de survivre à tout prix justifiait à ses yeux le vol du médicament, elle insiste maintenant sur l'importance de la relation entre Heinz et sa femme. Il y a un an, elle disait que Heinz était en droit de voler; aujourd'hui, elle parle de culpabilité. Heinz devrait voler ce médicament « parce qu'il aime sa femme. Si elle meurt, il va se dire qu'il aurait pu faire quelque chose et s'accuser de ne pas l'avoir fait ». Lors de l'interview précédente, elle percevait le monde comme un endroit dangereux, menaçant, où chacun se faisait exploiter et où il fallait constamment se défendre afin de se sentir en sécurité. Ce sentiment de sécurité et de protection provient maintenant des rapports avec autrui, de l'amour et de l'affection que l'on peut se témoigner.

La transformation des jugements moraux de Betty correspond à l'image différente qu'elle se fait d'elle-même. Elle avait, la première fois, tracé le portrait d'une personne « avec laquelle il est difficile de s'entendre », têtue, impulsive et « influençable ». La seconde description d'elle-même est tout autre : « Je pense que je suis une personne qui aime relever un défi. J'aime apprendre. J'aime les choses intéressantes. J'aime parler aux gens. Je suis très sensible. » Lorsqu'on lui demande s'il s'est produit un changement dans la manière dont elle se perçoit, elle répond : « Sans l'ombre d'un doute. Maintenant, mes propres intérêts me tiennent réellement à cœur, alors qu'avant je me moquais éperdument de mon sort. Tout me dégoûtait et rien ne m'intéressait. J'ai aujourd'hui une attitude plus positive et je me sens capable de changer beaucoup de choses qu'il me semblait absolument impossible de changer auparavant. » Betty ne se sent plus aussi impuissante, exploitée, menacée et seule. Elle ne se laisse plus guider par les événements. Les choses ont changé d'une façon si radicale pendant l'année écoulée qu'elle est maintenant convaincue d'être capable de maîtriser sa vie et de la « réussir ».

Le monde où chacun cherchait à duper l'autre, où les relations étaient, d'une manière si décevante, « à sens unique », a été remplacé par un monde de morale et de réciprocité. Bien que Betty se souvienne du temps de sa grossesse comme d'une période difficile et douloureuse, elle pense « qu'il est peut-être préférable d'être formée à rude école, car ces leçons-là ne s'oublient pas. Une leçon durement apprise ne se laisse jamais oublier ».

Ainsi, dans la vie de Betty, la seconde grossesse a fait remonter à la surface les conflits non résolus de son passé et a mis en évidence les contradictions du présent. L'intervention du conseiller de la clinique, qui lui a témoigné assez d'intérêt pour déceler à temps le cercle vicieux d'avortements répétés qui menaçait de s'établir et lui fournir l'opportunité de réfléchir, a déclenché une crise clinique et précipité une transition dans le développement de Betty. Le processus de maturation, dont la durée correspond pratiquement à l'année entière qui a séparé les deux interviews, a été vécu comme une période de deuil, de désespoir et de désarroi.

Au terme de l'année, lors de la seconde interview, Betty fait preuve d'une nouvelle compréhension des événements qui ont marqué son passé et d'une nouvelle manière d'envisager l'avenir. Libérée de son passé grâce au nouvel examen des anciens conflits qui vient d'être effectué, elle peut maintenant faire face aux problèmes présents de son adolescence, concevoir et formuler sa propre identité, c'est-à-dire celle d'une personne responsable dans ses rapports avec sa famille, son ami, ses professeurs et ses camarades de classe. Bien que la seconde grossesse soit une récapitulation du passé et un exemple du phénomène de reconstitution d'un vécu, elle représente une ouverture et un pas en avant vers le futur, car elle a obligé Betty à se débattre avec les questions de responsabilité et de sollicitude qui étaient critiques dans son développement.

Robert Coles a remarqué qu'une crise pouvait déclencher un processus de maturation quand elle présentait l'opportunité de surmonter les obstacles qui empêchaient l'individu de continuer à se développer. Afin d'illustrer cette observation, il décrivit le cas de John Washington, un adolescent de race noire qui vivait dans la pauvreté et dont les parents avaient manifesté des symptômes « de graves troubles mentaux ». Néanmoins, en participant volontairement au programme de déségrégation des écoles d'Atlanta, John a commencé, dans des conditions de tension extraordinaire, à se développer moralement et à mûrir. Lorsque Coles lui demanda ce qui l'avait rendu capable de suivre une telle progression, John répondit : « C'est cette école qui m'a permis de me trouver, de savoir qui je suis; elle m'a rendu plus fort que jamais je n'aurais cru pouvoir l'être. Je ne pense pas être capable d'oublier ce qui s'est passé. Je vais probablement être différent pour le restant de ma vie [1]. »

L'analyse de Coles s'articule autour de l'idée que l'individu progresse grâce à un conflit qui lui fournit l'occasion de mûrir. Bien que les circonstances soient différentes, Betty parvient à une conclusion similaire lorsqu'elle compare son passé à son présent :

> Je suis très heureuse de la tournure des événements. Comparée à l'année dernière, ma vie a tellement changé et s'est tellement améliorée! Je me sens mieux dans ma peau et je suis contente de ce que je fais. Je me lève le matin et je vais à l'école. Je suis restée pendant un an et demi assise à ne rien faire. J'étais dans une impasse. Je ne savais pas ce que je faisais et ma vie ne me menait à rien. Je pense maintenant avoir trouvé une direction, je sais dans un certain sens où je vais, je sais ce qui m'intéresse.

Suite au dénouement de la crise, Betty est fermement ancrée dans une vie à laquelle elle a donné un sens. Elle se voit comme une personne responsable, prenant soin des autres et d'elle-même.

Josie, l'adolescente de dix-sept ans dont le mode de pensée a illustré la transition de l'égoïsme à la responsabilité, indique que des changements simi-

---

1. Coles, 1964, p. 122.

laires se sont produits dans sa vie après qu'elle eut choisi de se faire avorter. Lors de la seconde interview, elle dit « avoir énormément changé ». « Je me droguais, je n'avais que des problèmes avec mes parents, la police, les tribunaux, ce genre de choses. Quand j'y pense maintenant, je ne sais pas comment j'ai pu faire tout ça. C'est comme si cette crise avait passé avec l'âge. J'ai encore parfois des problèmes, mais ils ne sont pas aussi graves qu'avant et, de toute façon, les drogues et moi, c'est fini. » Elle va de nouveau à l'école et collabore avec un professeur à la rédaction d'un livre sur l'adolescence. Mais la description rétrospective qu'elle fait de sa décision de se faire avorter annonce les problèmes de la deuxième perspective. Au cours de la première interview, elle revendiquait la prise de cette décision, disant que c'était un choix « responsable » et non pas « égoïste », « un pas en avant vers un comportement plus adulte et plus réaliste, une façon de se prendre en charge ». Lors de la seconde interview, elle dit « avoir été forcée » et « n'avoir eu aucun choix » quant à l'avortement. Comme Betty, elle raconte avoir vécu une période de dépression à la suite de l'avortement, qui a elle-même débouché sur l'amélioration spectaculaire de sa vie actuelle. Josie est tiraillée entre sa propre perception et l'interprétation conventionnelle : l'une lui souffle que son choix était responsable et l'autre lui dicte qu'il était égoïste.

Elle se dit contre l'avortement, mais elle critique ensuite cette affirmation et la qualifie d'« hypocrite » ainsi que les gens qui disent que « l'avortement est un meurtre alors qu'ils ne se sont jamais retrouvés eux-mêmes dans cette position : être enceinte, sans espoir d'une aide extérieure et sans argent ». Elle explique que si elle avait eu l'enfant, elle aurait été « à la charge de l'État pendant au moins six ans et que [son] enfant n'aurait pas eu de père ». Elle ne sait pas si une telle situation a une « quelconque justification ». Elle ne sait pas également qui a pris la décision. « Je pense qu'il y a un an je disais peut-être que c'était ma propre décision et, dans un certain sens, c'est moi qui ai pris cette décision, mais je n'en suis pas sûre. » Josie se perçoit aujourd'hui comme une personne bonne et responsable, et elle ne veut pas être quelqu'un de mauvais et d'égoïste. De même que Betty qui, lors de la seconde interview, dit : « Lorsque je réfléchis à l'avortement, je ne sais pas quoi penser, ce que cela signifie », Josie ne parvient pas à déterminer si l'avortement a été un choix égoïste ou responsable. La contradiction de la deuxième perspective se substitue à la compréhension acquise pendant la phase de transition et Josie est incapable de décider si avorter est un « acte moralement mauvais » ou « si cela rime à quelque chose ».

Sarah, une jeune femme de vingt-cinq ans, vive et séduisante lors de la première interview, est intelligente et pleine d'humour. Elle raconte son expérience avec tristesse, car elle voit que sa relation avec son amant, dont elle est enceinte pour la seconde fois, est sans espoir. A l'époque de sa première grossesse, elle avait appris la nouvelle à un moment où il l'avait déjà quittée. Étant donné les circonstances, elle avait trouvé que l'avortement avait été « une expérience agréable (ou presque) car, en quelque sorte, [elle] expulsait cet homme de [sa] vie ». Cette fois-ci, dit-elle, « j'ai tout à fait conscience qu'il s'agit d'un bébé, et cette réalité s'est abattue comme une masse sur ma tête ». La crise a été précipitée par la déclaration de son amant qui l'a menacée de la quitter si elle ne se faisait pas avorter.

Comme elle ne voit pas comment élever seule son enfant, sans soutien affectif ou aide financière, Sarah fait face à la réalité de sa situation et commence à réfléchir sur sa vie. Elle est déchirée entre l'image qu'elle a d'elle-même, celle d'une personne responsable et bonne, et sa conviction qu'il serait « irresponsable » et « égoïste » d'avorter une seconde fois. Son raisonnement est compliqué par le fait que ce qui lui semble « la chose responsable à faire », c'est-à-dire expier ses fautes en ayant l'enfant, lui apparaît subitement aussi comme un acte « égoïste » : mettre un enfant au monde dans le seul but « d'apaiser [ses] sentiments de culpabilité ». Toutes ces contradictions apparentes l'empêchent de trouver une solution qui soit bonne ou qui lui permette de se sacrifier, puisqu'elle perçoit chaque possibilité de l'alternative comme une action servant son propre intérêt aussi bien que celui des autres.

Mais comme son amant, qui exclut l'enfant de leurs rapports, la met en demeure de choisir, Sarah constate alors qu'elle s'exclut elle-même quand elle met en équation les facteurs de la décision. Cette constatation entraîne une autre observation. Son sacrifice a entretenu une relation dans laquelle un enfant n'était pas viable. Sa perception de la situation change et elle conçoit sa grossesse non seulement comme un échec mais aussi comme une confrontation avec la vérité :

> Cette situation tendue fait remonter à la surface tout ce qui ne va pas dans nos rapports, tous les problèmes que je ressasse depuis déjà tellement longtemps et que j'aurais pu continuer à ruminer indéfiniment. Et puis, boum, les voilà, tous bien en vue, exposés au grand jour, impossible de se les cacher. On peut dire, dans un certain sens, que cette situation est devenue un moment propice. J'ai le cœur brisé.

Comme la grossesse fait apparaître que cette relation ne peut plus durer, Sarah voit en elle un signe avant-coureur de bon augure, une promesse de changement; mais puisqu'elle annonce aussi l'existence d'un enfant qui, lui, est viable, elle est triste. Pour Sarah, prendre la responsabilité de mettre fin à cette vie signifie se prendre elle-même en charge, s'inclure dans sa préoccupation morale et regarder en face la vérité de ses rapports avec autrui. Cela veut dire remettre en question son ancienne conception d'elle-même, celle d'une bonne victime des circonstances qui agit de façon responsable tout en souffrant des conséquences du comportement irresponsable des autres. Cette vision s'évanouit quand elle se rend compte qu'elle a plus de pouvoir qu'elle ne le pensait et qu'en fait « elle savait exactement ce qui se passait ».

Démonter le mécanisme de ses relations personnelles toujours décevantes qui n'aboutissent à rien oblige Sarah à liquider les problèmes de son passé, principalement le divorce de ses parents et l'image de sa mère qui, toute sa vie, s'est sacrifiée aux autres et leur a inspiré des sentiments de culpabilité; il lui faut donc établir les critères qui, dorénavant, l'aideront à diriger et à évaluer sa vie. Elle dit « être fatiguée de sans cesse déférer à l'avis et aux jugements des autres ». Elle adopte le mode de pensée traditionnel des quakers qui affirment que « personne ne peut vous obliger à faire ou à penser quoi que ce soit, car votre premier devoir est envers votre voix intérieure qui vous dicte ce qui est bien ». Quand la voix intérieure devient l'arbitre de la morale et de la vérité, on se libère des voix extérieures et des contraintes exercées par autrui, mais, en échange, on prend sur soi tout le poids de la responsabilité de son jugement moral et de son choix.

Le choix le plus fondamental et définitif est l'avortement : « Comment peut-on prendre la responsabilité de tuer ? » Mais, d'un autre côté, comment peut-on mettre un enfant au monde « afin d'apaiser ses propres sentiments de culpabilité » ? Lorsque Sarah prend conscience que cette situation est une impasse, qu'il n'existe aucune solution qui permette à la fois d'éviter de nuire à autrui et de se faire du tort, qu'aucun choix ne peut assurer le bien-être de tous et, par conséquent, être « bon », elle atteint un stade décisif de son développement moral. Les contraintes de ce dilemme, absence de résolution sans conflit et impossibilité d'agir sans exclure, l'obligent à mettre en doute la justesse de son mode de pensée précédent qui était basé sur l'opposition entre l'égoïsme et la responsabilité. Elle comprend que cette opposition ne traduit pas la vérité de la connexion entre elle et son enfant. Elle conclut qu'il n'y a aucune formule pour désigner qui exclure et, comme elle voit la nécessité de s'inclure, décide que, dans sa situation actuelle, l'avortement est préférable. Cela ne l'empêche pas de se rendre compte que, dans des circonstances différentes, le meilleur choix aurait pu être de garder l'enfant.

Bien que cette crise ait aidé Sarah à élaborer une nouvelle image d'elle-même et à concevoir sa vie différemment, la réalisation de cette vision apparaît comme une expérience difficile. Comme elle souhaite se marier et avoir un enfant, elle est très attachée à cette grossesse et l'avortement signifie une énorme perte. Les mois qui suivent l'avortement (décrits par d'autres femmes comme un temps de désarroi et de désespoir) ont été pour elle une période de deuil qui l'a durement éprouvée. Six mois après la première interview, c'est-à-dire à une époque qui correspondait à la fin de la grossesse si l'enfant avait été porté à terme, Sarah a téléphoné pour annoncer qu'elle quittait la ville et proposer que la deuxième interview ait lieu avant son départ.

Quand Sarah s'est présentée, elle était presque méconnaissable. Décharnée, apeurée, réservée et déprimée, on avait du mal à reconnaître la personne enjouée et pleine d'entrain que l'on avait vue six mois auparavant. Elle raconta avoir succombé à toute une série de maladies après l'avortement. Elle attribuait ses ennuis de santé à « tout ce grand bouleversement dans [sa] vie » : elle avait rompu avec son amant, quitté son travail et déménagé plusieurs fois. Et pourtant, l'état de détresse dans lequel elle était plongée ne détournait pas son attention, toujours axée sur la question de la vérité, quand elle analysait les événements qui avaient abouti à la crise et à une confrontation avec elle-même :

> Je pense que la grossesse a été une décision quasiment consciente de ma part. L'idée d'enfants était très présente dans mon esprit et, de temps à autre, je rêvais d'enfants. C'était quelque chose que je désirais réellement : avoir

des enfants. Pendant les rapports, l'idée que peut-être on était en train de concevoir un enfant me ravissait. Donc, cette grossesse a définitivement été voulue... par accident. Même pas. J'ai pratiquement fait exprès d'être enceinte.

Elle se rend compte aujourd'hui que son but avait été de tester la solidité de leurs rapports, alors qu'en réalité elle savait déjà que les choses allaient se solder par un échec. Elle est tout à fait consciente qu'elle se cachait la vérité et « se berçait d'illusions » :

La grossesse a littéralement tout fait éclater au grand jour. Peut-être que, si je n'avais pas été enceinte, j'aurais quand même fait quelque chose. Tout allait de plus en plus mal entre nous et il était devenu impossible de me bercer plus longtemps de vaines espérances. Et c'est ce que j'avais réussi à faire pendant deux ans. La grossesse a donc bien rempli son office. Mais d'un autre côté, je désirais réellement être enceinte. Ce n'était pas uniquement dans le but de régler nos problèmes une fois pour toutes. Je voulais sincèrement avoir un enfant. Je souhaite toujours en avoir un et c'est pourquoi maintenant je ressens un grand vide.

Lors de la première interview, Sarah s'était décrite comme une personne « fatiguée » et « frustrée » d'essayer indirectement que les autres répondent à ses besoins en se montrant toujours « patiente, assidue et diligente ». Elle avait conclu que cette manière vertueuse et indirecte d'essayer d'obtenir d'autrui ce dont elle avait besoin était inefficace et ne pouvait conduire qu'à l'échec : « Il faut que cela cesse. Cela ne peut plus continuer indéfiniment. J'ai à présent répété plusieurs fois les mêmes erreurs et je pense que cela suffit. » Le processus de désintégration annoncé par le premier portrait que Sarah avait brossé d'elle-même se révèle achevé au moment de la seconde interview :

Comment vous décririez-vous à vous-même?
Je ne sais pas. Je dirais que je ramasse les derniers

morceaux. J'ai l'impression d'avoir été détruite et anéantie. Après la dernière explosion, je vais faire un effort désespéré pour sortir du trou où je suis. Je me sens malgré tout beaucoup mieux maintenant, mieux que je ne l'aie été depuis très longtemps, physiquement en tout cas, puisque j'ai décidé de [quitter la ville]. Ce qui importe, dans un déménagement, c'est la personne qui s'apprête à quitter un lieu pour aller dans un autre; il est tout naturel que ses bagages la suivent là où elle va. Ce que je viens de dire est tellement évident que l'on n'éprouve généralement pas le besoin de le préciser. C'est pourquoi il m'a semblé ironique de penser, lorsque je faisais mes valises, que je préparais le déménagement de mes effets personnels et non pas le mien. Mes affaires, ces choses matérielles que je mettais dans la malle, m'ont paru être plus réelles, avoir plus d'importance que ma propre personne, car elles représentent tout ce qui reste de moi. J'ai pensé : « Tu remplis ta vie avec de la camelote qui a plus de valeur que toi. » Je me sens si abattue, perdue et fatiguée.

Sarah exprime son impression d'avoir en quelque sorte disparu, d'avoir laissé derrière elle des morceaux disparates, un corps et une malle remplie d'effets personnels, les restes de la personne qu'elle a été. Quand elle réfléchit à l'avortement, elle constate que cette décision dépasse aussi son entendement, car elle ne peut plus s'expliquer d'une façon cohérente les pensées et les sentiments que cet acte lui avait inspirés à l'époque :

Être une femme et être enceinte est une réalité que l'on ne peut pas nier, faire disparaître avec de simples mots. Même quand on a toutes les meilleures raisons du monde de se faire avorter, cette réalité ne s'efface pas. Je suis certaine d'avoir fait ce qu'il fallait. La vie aurait été un enfer pour ce pauvre gosse. Pour moi aussi. Mais je ne sais pas si vous comprenez ce que j'essaie de dire, car j'ai moi-même du mal à rassembler mes idées. Les raisons qui justifient cet avortement n'expliquent pas tout. Quand je décortique les motifs de mon acte et qu'ensuite je m'efforce de remettre tous les fragments du puzzle en place, il manque quelque chose et je ne sais pas ce que c'est.

Elle tente de reconstituer l'intégralité d'un événement qui s'est morcelé dans son esprit et cet effort illustre le moment de transition entre l'ancienne et la nouvelle perspective. Sarah ne peut plus comprendre son expérience, elle ne sait plus ce qui l'a plongée dans un tel désespoir : elle a atteint le point de la crise où elle ne ressent plus que perte, vide et néant. Ses commentaires font régner sur la seconde interview une atmosphère de deuil : « Je vais quitter cette ville, et je suis obsédée par l'idée d'y laisser un bébé [...]. J'ai l'impression d'avoir perdu quelque chose et puis, tout d'un coup, je réalise : " Ton bébé est à l'autre bout de la ville : c'est là où tu l'as laissé " [...]. Si un jour j'ai trois enfants, j'aurai aussi l'impression d'en avoir cinq; les trois qui sont là et deux autres qui ne sont pas avec nous pour le moment. »

Sarah estime qu'il est important de se souvenir afin de ne pas répéter les erreurs du passé, car elle pense devoir son second avortement au fait qu'elle n'avait jamais résolu les problèmes soulevés par le premier. Après avoir « donné l'impulsion initiale, je me laisse maintenant porter par les événements; j'ai perdu tout contrôle de la situation et je me sens profondément triste. Je viens de vivre un été absolument fou. Ma vie entière a été totalement bouleversée ». Cette période a été un temps de crise, de désorganisation, de douleur, de deuil et aussi, à ses yeux, de changement.

Un an après l'avortement, Sarah est de retour en ville. Au cours de sa troisième interview, elle parle d'un changement, de son sentiment d'avoir fait un grand périple et d'être revenue à son point de départ. Ce voyage avait commencé lorsqu'elle avait environ douze ans, quand, pour la première fois, elle s'était perçue comme une personne distincte du reste de sa famille :

Mon enfance a été une enfance comme une autre, sans plus. Et puis, je me souviens avoir pris conscience, vers l'âge de douze ans, d'être une personne différente, se tenant à part de l'unité familiale. Brusquement, je me suis mise à être très consciente de mes préférences, des choses que j'aimais, alors que personne d'autre dans la famille ne les trouvait bien. Je me souviens avoir consciemment décidé que je n'allais pas devenir celle que ma mère pensait et voulait que je devienne, que je n'allais pas consacrer ma vie entière à faire ce qu'elle attendait de moi. Tout ce que j'avais à faire était de patienter jusqu'à ce que je puisse partir. Il fallait que je me tienne tranquille, que j'obéisse, et c'est ce que j'ai fait; avec beaucoup de difficultés, mais je l'ai fait.

Le divorce de ses parents jeta un énorme trouble dans la famille et compliqua, à l'époque, le développement de Sarah. Elle hérita de problèmes qui, ajoutés à ceux de l'adolescence, soulevaient des questions d'identité et de morale. Elle décida de les résoudre, seule. Après « avoir essayé de nombreux styles de vie différents », elle chercha à découvrir ce qui avait de la valeur dans la vie :

J'ai voulu littéralement jeter par la fenêtre toutes les valeurs morales que l'on m'avait enseignées et décider moi-même celles qui, à mes yeux, avaient de l'importance. Je m'étais dit qu'il serait facile de reconnaître les valeurs importantes, si au bout de quelques mois je commençais à sentir que celle que « j'avais balancée par la fenêtre » me faisait défaut. Je saurais alors avec certitude que *cette valeur-là* était importante. J'ai donc tout rejeté et j'ai sélectionné celles que je voulais. Et je me suis en quelque sorte surprise moi-même parce que je suis revenue à mon point de départ; non pas au genre de vie que ma mère aurait voulu que je mène, mais à un qui lui ressemble beaucoup plus que je ne le pensais. C'est donc plutôt intéressant de constater quand je pense à ma vie passée : « Eh bien, je n'aurais jamais cru que j'allais devenir celle que je suis aujourd'hui ! »

Sarah parle à nouveau de sa découverte d'une voix intérieure, mais elle s'exprime cette fois avec plus d'assurance et de clarté. Elle dit que ses décisions précédentes « ne lui avaient pas été suggérées par [sa] voix intérieure ». « Les critères sur lesquels elles avaient été fondées venaient d'ailleurs. Je ne sais pas exactement d'où, mais d'ailleurs. » Maintenant, en revanche, « je suis en communication constante et directe avec ma voix intérieure. Je me sens forte comme jamais je ne l'ai été, je suis sûre de moi, je sais où je vais, je ne flotte plus à la dérive au gré des événements ». A mesure que Sarah explique qu'elle détient réellement la direction de sa propre vie, le « je » de son discours devient de plus en plus affirmatif. Cela indique que la période de laisser-aller et de passivité est réellement terminée. Lors de la première interview, elle avait critiqué l'opposition entre l'égoïsme et la responsabilité. Elle s'était rendu compte qu'elle avait elle-même participé aux événements qui ont abouti à sa défaite et que sa façon de solliciter une réaction d'autrui était indirecte. Elle avait perçu la décision d'avorter comme un choix qui tenait compte aussi bien de ses propres intérêts que de ceux des autres. En décidant quelle était la meilleure décision, elle avait volontairement choisi de s'y inclure.

Mais l'intégration de cette conception de la morale, qui correspond à la période de transition déclenchée par la crise, fut un processus douloureux qui dura près d'un an. Grâce à cette expérience, elle est devenue plus réfléchie : « J'observe mon comportement, ma façon de décider, mes faits et gestes. » Sarah est maintenant résolue à bâtir sa vie, ses rapports professionnels et personnels, sur des « fondations solides », « des préceptes de sagesse étonnamment vieux ». Elle dit que « l'on crée soi-même la crise afin d'avoir à la résoudre ». Elle estime que l'image qu'elle avait précédemment utilisée afin de décrire son développement, celle d'un retour au point de départ ou, autrement dit, un cercle, ne convient pas. « Un cercle implique qu'il y a eu piétinement, tandis qu'une spirale indique un retour à une position semblable mais qui est située à un niveau plus élevé, et donc qu'il y a eu progression. Et c'est ce qui est arrivé : j'ai progressé. »

Les changements qui se sont produits dans la vie de Sarah et dans sa conception d'elle-même se reflètent dans son jugement moral qui, d'abord négatif, est devenu un mode de pensée positif. Elle n'essaie plus de « déterminer qui va perdre ou souffrir le moins ». Sa « compassion » est maintenant devenue une sollicitude qui respecte à la fois les besoins d'autrui et les siens propres. Auparavant, être morale signifiait pour elle « être respectueuse des lois », même si elle rejetait ces mêmes lois en les qualifiant de « stupides ». A présent, elle se sert de critères bien définis pour évaluer une loi : est-elle nuisible à la société ? Élève-t-elle une « barrière » à la sollicitude et au respect ? Son jugement moral n'est plus calqué sur le mode de pensée conventionnel selon lequel ce sont les autres qui décident ce qui est « bien » et en prennent la responsabilité. Elle juge elle-même de ce qui est bien en fonction de ses propres valeurs et se sent responsable de ses décisions et de ses actions. Alors qu'avant elle subissait et ensuite se révoltait contre ce que les autres lui dictaient, elle est aujourd'hui totalement engagée dans ses rapports personnels et professionnels.

L'expérience de Betty et de Sarah montre comment une crise peut déclencher une phase de transition et comment, au point crucial de la crise, la reconnaissance de l'échec peut annoncer la découverte d'une nouvelle perspective. Sarah compare le cheminement de son développement à une spirale et cette image illustre le potentiel de maturation inhérent à une crise. Mais l'individu, au lieu de progresser le long de la rampe ascendante d'une spirale, peut également se retrouver enfermé dans un cercle vicieux. C'est le cas d'Anne qui, au cours de sa seconde interview, dit avoir l'impression « de tourner en rond », « de toujours revenir à son point de départ sans avoir découvert quoi que ce soit de nouveau ». Son histoire est un exemple de cet autre potentiel intrinsèque à une crise, celui de nihilisme moral et de désespoir. Anne, dont la première interview avait permis de mettre en évidence l'impasse de la transition entre l'égoïsme et la responsabilité, a vu sa vie se détériorer tout au long de l'année qui vient de s'écouler. Ses rapports avec les autres se sont rompus l'un après l'autre, elle a abandonné ses études et perdu « la confiance [qu'elle] avait en [elle]-même ». Elle pense ne plus être capable de « s'en sortir ».

On retrouve ce même sentiment de désespoir dans la voix de Lisa, une adolescente de quinze ans. Convaincue de l'amour de son ami, elle s'était inclinée devant son désir de « ne pas tuer son enfant ». Mais peu de temps après qu'elle eut décidé de ne pas se faire avorter, il l'avait quittée et avait ainsi « détruit [sa] vie ». Seule, clouée chez elle par les soins qu'exige son enfant, dépendante de l'aide sociale, désavouée par son père et abandonnée par son ami, elle ne se reconnaît plus :

> Je ne suis pas la personne que j'étais il y a un an et demi. J'étais quelqu'un de très heureux à l'époque. Je ne suis plus moi-même. Je pense que tous mes amis m'abandonnent parce que je suis devenue quelqu'un d'autre. Je ne suis pas moi. Je ne m'aime pas et je ne vois pas pourquoi les autres m'aimeraient. Je n'aime pas celle que je suis maintenant. Voilà pourquoi je me sens si malheureuse. Avant d'avoir le bébé, j'étais libre. J'avais beaucoup d'amis. J'étais une personne gaie dont on recherchait la compagnie. J'étais heureuse. Je m'intéressais à beaucoup de choses et je prenais plaisir à les faire. Je suis très différente aujourd'hui. Je me sens seule. Je suis devenue réservée. Je ne suis plus comme avant. J'ai complètement changé.

Lors de la première interview, elle s'était décrite comme une personne « sympathique et amicale ». Maintenant, elle dit ne plus savoir où elle en est. « Je ne sais plus quoi faire depuis qu'il est parti. Malgré tout ce qu'il a fait, je l'aime encore. Je ne sais pas pourquoi et cela me déroute totalement. » Prise dans un engrenage de désespoir, elle cherche en vain une solution qui lui permettrait de reprendre ses études car, sans instruction, il lui sera difficile de trouver le moyen de subvenir à ses besoins et à ceux de son enfant. Lisa se sent dépassée par les événements : « Ma vie n'a ni queue ni tête, parce que je n'arrive pas à l'oublier. » Elle ne comprend pas comment un acte d'amour a pu la conduire à tant de chagrin et de souffrance.

Sophie Tolstoï (1867-1980) a fait un rapprochement entre l'amour et la souffrance; elle est ainsi parvenue à ce qui semble être une conclusion logique :

> On m'a inculqué qu'il fallait être honnête, aimante, bonne épouse et bonne mère. Ça, c'est l'a b c, ce sont des sornettes. Il faut *ne pas* aimer, il faut se montrer rusée, astucieuse, et savoir dissimuler ses mauvais côtés; car jamais il n'y a eu, jamais il n'y aura un être humain n'ayant aucun défaut. Toutefois, le principal, c'est de *ne pas* aimer. A quoi suis-je arrivée en aimant si fort? Que vais-je en faire, désormais, de mon amour? Je vais souffrir et me sentir affreusement humiliée. Lui, il trouve cela bien sot [...]. Je fais la faraude, je raisonne, mais il n'y a plus rien en moi, sinon un amour bête et humiliant, et un mauvais caractère : ensemble qui a fait mon malheur, le dernier nuisant au premier.

Le nihilisme moral est aussi la conclusion des femmes qui cherchent, par le truchement d'un avortement, à tuer leurs sentiments et leurs émotions. Ces femmes expriment leur idéologie morale dans le langage des relations humaines et se demandent : « A quoi bon se soucier de l'autre? » dans un monde où ce sont les forts qui mettent un terme aux rapports humains. Enceintes et souhaitant vivre dans un cercle familial toujours plus grand, elles se heurtent à un refus implacable de la part de leur mari ou amant. Ces femmes perçoivent leur affection comme une faiblesse et assimilent la position masculine à la force et au pouvoir. Elles concluent que la morale ne présente aucune utilité aux forts de ce monde et que seuls les faibles se soucient des relations personnelles et du bien-être d'autrui. Dans le cadre d'une telle conception de la réalité, l'avortement devient, pour la femme, une mise à l'épreuve de sa force.

L'histoire des femmes qui sont parvenues à ce stade de raisonnement prend plusieurs formes mais a toutefois un thème commun : elles ont toutes été abandonnées par d'autres et leur réaction a été de s'abandonner elles-mêmes. L'image de Raskolnikov est évoquée par une femme, une étudiante également, qui, à l'époque où le bébé aurait dû naître, tomba malade alors qu'elle vivait seule dans une petite chambre. Au cours de la seconde interview, elle qualifia l'avortement de meurtre pour lequel elle n'éprouvait aucun regret. « Il existe de nombreuses manières de tuer, a-t-elle précisé, et j'ai vu des choses qui sont loin d'être aussi miséricordieuses que la mort. » Son amant lui avait déclaré, quand elle avait appris qu'elle était enceinte, qu'elle ne pouvait pas « compter sur lui ». Elle avait elle-même considéré l'avortement comme un choix « égoïste ». Il n'a jamais été possible de tirer au clair qui avait pris la décision, car quand elle avait dit, lors de la première interview, qu'elle allait se faire avorter, elle avait indiqué que « la seule chose qui pourrait [lui] faire changer d'avis serait le fait de vivre à nouveau avec lui ».

Elle estime, par conséquent, que ce qui est arrivé « n'est pas de [sa] faute. L'avortement [l']a privée de quelque chose dont [elle] avait profondément besoin ». Elle se sent responsable des conséquences du choix qui a été fait mais non pas de la décision en elle-même. Autrement dit, elle s'impute la responsabilité « d'avoir eu à sacrifier quelqu'un en [s']étant laissé acculé à cette décision ». Bien qu'elle se rende compte qu'elle est celle qui « paie », elle n'est pas certaine que « vivre avec l'idée d'avoir tué dans un monde devenu sans avenir » soit un prix suffisant. Elle préfère dire : « J'ai fait ce que j'ai fait, mais il y a bien d'autres façons de tuer. Si je ne dis pas cela, alors plus rien n'a de sens, tout devient insipide, irréel et on perd toute notion de responsabilité. » Puisqu'elle se décrit comme une personne qui a exécuté les désirs de quelqu'un d'autre, il est difficile de déterminer quels étaient ses propres motifs. « Je m'étais fourvoyée, dit-elle, et garder l'enfant aurait été une pure folie. Comment peut-on mettre un enfant au monde alors que ce monde est si horrible ? » Elle concentre toute son attention sur sa « responsabilité envers autrui » et oublie de prendre en considération ses propres besoins.

Dans une autre version de nihilisme moral, une femme mariée, enceinte d'un deuxième enfant, s'était fait avorter, car son mari lui avait déclaré qu'il partirait si elle ne le faisait pas. Elle s'était inclinée devant la volonté de celui-ci tout en estimant que lui seul portait la responsabilité de la décision. Elle était parvenue à subir cette épreuve en devenant « totalement insensible ». Puis, après l'avortement, elle avait à nouveau vécu toute la situation.

Enceinte une troisième fois, elle avait initialement décidé d'avoir l'enfant. Mais après que son mari lui eut dit qu'il resterait malgré l'enfant, elle avait alors compris à quel point son premier avortement et son sacrifice avaient été inutiles. Prenant conscience de s'être trahie elle-même quand elle avait une première fois accédé aux désirs de son mari, elle décida de se faire avorter afin de mettre un terme à son mariage et de pouvoir, seule, subvenir à ses besoins et à ceux de son enfant de quatre ans.

La morale, pour ces femmes, est une question de sollicitude, mais devant l'absence de sollicitude de la part des autres, elles sont incapables de se soucier d'un enfant ou d'elles-mêmes. Le problème posé est celui de la responsabilité, et la vie est vue comme dépendante des relations. Une femme, critiquant ceux qui donnent la priorité aux « droits de l'individu » sur les « questions de responsabilité », définit le dilemme de l'avortement comme un conflit de sentiments qui ne peut se soumettre à « une échelle préétablie de valeurs » :

> Il arrive parfois que ces échelles de valeurs soient bonnes; mais dès que l'on essaie de les utiliser afin de prendre une décision, elles perdent toute leur validité. Il semble qu'elles ne soient pas faites pour être appliquées aux décisions de la vie réelle, et elles ne laissent guère de place à la responsabilité.

La position nihiliste est celle de femmes qui ont eu une expérience douloureuse de la sollicitude et ne désirent se préoccuper que de leur propre survie, dernier refuge de l'instinct de conservation. Mais en tentant de survivre sans se soucier des autres, ces femmes finissent par retourner à la réalité et à la vérité des rapports avec autrui. Lorsque l'étudiante parle de ses efforts « de plus grande honnêteté avec [soi]-même quant à [ses] désirs, capacités et émotions », elle indique en même temps qu'elle a découvert en elle le besoin de se « sentir attachée à d'autres individus ». Consciente d'être une personne « beaucoup plus sensible qu'[elle] ne l'aurait admis auparavant », elle essaie de mieux faire attention aux autres et à elle-même. Ainsi, au lieu de vouloir tuer ses émotions et ses élans envers autrui, elle devient plus honnête dans ses rapports avec eux et plus attentive à ses propres besoins.

Les résultats de l'enquête sur le dilemme que l'avortement pose aux femmes suggèrent qu'il existe une séquence dans le développement d'une éthique de sollicitude; les différentes manières de concevoir la responsabilité reflètent les diverses façons dont les relations avec autrui sont vécues et comprises. Les données ont été recueillies à un moment spécifique de l'histoire de ces femmes, leur nombre était restreint et elles n'avaient pas été sélectionnées afin de représenter un échantillon plus large de la population. Ces limites excluent toute possibilité de généralisation et laissent à de futures recherches le soin de démêler l'influence de différents paramètres tels que le milieu culturel, l'époque, les circonstances et le sexe. Il est nécessaire d'effectuer des études supplémentaires sur les jugements moraux féminins afin de préciser et de valider la séquence qui a été décrite. Le sujet de ces enquêtes devra porter sur d'autres dilemmes de la vie réelle, afin de différencier les particularités que présente le problème de l'avortement.

« Une période de crise révèle le caractère », dit une des femmes alors qu'elle cherche à résoudre son problème. Que les crises le forment également constitue l'essence de l'approche d'une théorie du développement. Les changements observés dans la conception féminine de la responsabilité et des relations humaines semblent indiquer que la faculté de réagir avec responsabilité et sollicitude évolue en fonction d'une succession cohérente de pensées et de sentiments. A mesure que les événements de l'histoire et que les expériences des femmes s'entrecroisent avec leurs sentiments et leurs raisonnements, la volonté de survivre à tout prix en tant qu'individu devient stigmatisée par le mot « égoïste » et elle est opposée à la « responsabilité » d'une vie axée sur les rapports avec autrui. Lorsque cette notion de responsabilité est par la suite interprétée selon un mode de pensée conventionnel, elle se transforme en un souci de répondre aux besoins des autres qui empêche le moi de se faire reconnaître. Néanmoins, quand l'individu redécouvre la réalité et la vérité des liens intimes et des relations, il prend conscience que lui et l'autre sont interdépendants et que la vie, si précieuse soit-elle dans l'absolu, ne peut subsister que si l'on établit des relations de sollicitude.

5

LES DROITS
ET LE JUGEMENT DES FEMMES

Au cours de l'été 1848, Elizabeth Cady Stanton et
Lucretia Mott organisèrent une conférence à Seneca
Falls dans l'État de New York, afin de délibérer sur
« la condition sociale, civile et religieuse des femmes
et leurs droits ». Elles soumirent à l'approbation des
membres de la conférence une Déclaration des sentiments rédigée d'après le modèle de la Déclaration
d'indépendance américaine. La question soulevée
était simple et l'analogie établie entre les deux
déclarations exprimait leur point de vue d'une façon
qui ne pouvait être plus claire : les femmes devaient
pouvoir bénéficier, au même titre que les hommes,
des droits que ceux-ci jugeaient naturels et inaliénables. On avait empêché E. Stanton et L. Mott, ainsi
que d'autres déléguées, de participer au Congrès
mondial antiesclavagiste qui s'était tenu à Londres
en 1840. Outrées d'avoir été exclues et reléguées au
rang de spectatrices de ces débats, alors qu'elles étaient
venues y prendre part, elles revendiquèrent pour
elles-mêmes, en 1848, les mêmes droits qu'elles
avaient essayé de faire reconnaître pour le compte
d'autrui huit ans auparavant. L'objet de la Conférence
de Seneca Falls était de faire valoir leurs droits de
citoyenneté dans un État qui se prétendait démocra-
tique. Leur revendication s'appuyait sur le principe
de l'égalité et sur les notions de contrat social et de

droits naturels. La Déclaration de Seneca Falls n'exigeait aucune considération spéciale pour les femmes mais tenait tout simplement « ces vérités pour évidentes en elles-mêmes : tous les hommes et toutes les femmes ont été créés égaux; leur Créateur les a dotés de certains droits inaliénables; la vie, la liberté et la recherche du bonheur font partie de ces droits ».

Mais en revendiquant des droits, les femmes s'étaient placées, dès le début du mouvement féministe, dans une position en apparence contraire à la vertu. Mary Wollstonecraft avait contesté le bien-fondé de cette opposition en 1792. Dans *Une défense des droits des femmes,* elle plaide en faveur de la liberté qui, argumente-t-elle, est « mère de vertu » et non chemin de débauche et de vice. Elle étaye son raisonnement sur le fait que l'asservissement non seulement conduit à l'objection et au désespoir, mais aussi à la perfidie et à la fourberie. Quelques dizaines d'années plus tard, E. Stanton, par son audace, se montra à la hauteur de l'« arrogance » de M. Wollstonecraft qui avait osé « exercer sa propre raison », et s'élever contre « les idées erronées qui réduisent [son] sexe à l'esclavage ». E. Stanton avait dit à un journaliste de noter ce qu'elle allait déclarer « en lettres majuscules : S'ÉPANOUIR EST UN DEVOIR PLUS SACRÉ QUE LE SACRIFICE DE SOI. Le sacrifice de soi est ce qui empêche le plus les femmes de se développer et de s'épanouir ». Dans un monde où Dieu et les hommes jugent la vertu d'une femme par rapport à un idéal d'abnégation et de dévouement absolus, l'égoïsme devient un péché mortel. Ces pionnières de la cause féminine avaient répondu à cette accusation en affirmant que le sacrifice de soi était synonyme d'esclavage et que le développement des femmes, au même titre que celui des hommes, ne pouvait que bénéficier à la société entière.

Revendiquer ses droits signifie également revendiquer la responsabilité de ses actions et l'exercice de son intelligence. C'est pourquoi les femmes élargirent le champ de leurs activités au domaine social où leur sens des responsabilités leur dictait d'exercer leur intelligence, afin de tenter d'améliorer leurs conditions de vie : divers mouvements de réforme sociale se formèrent pendant toute la seconde moitié du XIXᵉ siècle. Tous ces mouvements, dont les causes allaient de l'idéal de pureté sociale des ligues anti-alcooliques jusqu'à l'amour libre et la contraception revendiqués par certains groupes plus radicaux, réunirent leurs efforts afin de militer ensemble en vue de l'obtention du droit de vote. De par leur intelligence et, à des degrés différents, de par leur sexualité, en tant que femmes, elles affirmaient leur appartenance au genre humain et cherchaient, grâce au suffrage universel, à participer à la création de son histoire et à changer certaines pratiques à l'époque en vigueur qui faisaient et feraient beaucoup de tort aux générations présentes et futures. Bien que les suffragettes fussent extrêmement déçues, après l'obtention du droit de vote, par le comportement de la grande majorité des femmes qui s'abstenait de voter ou dont le vote était souvent l'écho de l'opinion du mari, le XXᵉ siècle vit en fait la légitimation d'un grand nombre de droits que les premières militantes s'étaient efforcées de faire reconnaître.

La question est maintenant de savoir quel a été l'effet, dans leur application, de l'acquisition de ces droits. Cette question est d'autant plus d'actualité à l'époque d'un renouveau de la lutte pour les droits de la femme, alors que les collèges féminins d'enseignement supérieur, qui avaient été créés à l'instigation des pionnières du droit des femmes à l'éducation, célèbrent leur centième anniversaire. Celles qui, les premières, avaient élevé leurs voix contre l'asservissement des femmes avaient pensé que l'instruction serait un instrument essentiel de leur libération et qu'en exerçant leur intelligence, elles pourraient enfin s'épanouir. Le débat actuel autour de l'amendement à la constitution américaine sur l'égalité des droits (Equal Rights Amendment) répète des propos qui ont été déjà maintes fois tenus par le passé. L'épanouissement des femmes continue à faire peur : le spectre de l'égoïsme plane toujours sur leur liberté, car on craint que le sens de la responsabilité ne disparaisse des relations humaines. Le dialogue entre les droits et les responsabilités, que ce soit lors du débat ou lors de sa représentation psychique, met en exergue les conflits provoqués par la prise en compte des conceptions des femmes dans la réflexion sur la responsabilité et les rapports avec autrui. Ce dialogue apporte des éclaircissements sur certains des aspects les plus étonnants de l'opposition féminine aux droits des femmes et démontre dans quelle mesure la notion de droits affecte leur mode de pensée quand elles sont confrontées à un conflit moral ou à un choix.

La publication de deux romans, à un siècle d'intervalle, embrasse approximativement la centaine d'années du mouvement des droits de la femme. Ces romans, tous deux écrits par une femme, sont construits autour du même dilemme moral : l'héroïne est amoureuse du fiancé de sa cousine. Les intrigues parallèles de ces romans offrent un cadre historique dans lequel il est possible d'analyser les effets des droits des femmes sur leur jugement moral. Elles permettent donc de déterminer ce qui, en un siècle, a changé et ce qui n'a pas évolué.

Maggie Tulliver, l'héroïne du roman de George Eliot, *Le Moulin sur la Floss* (1860), « s'accroche désespérément à sa notion du devoir et du bien ». Déchirée entre son affection pour sa cousine Lucy et « le sentiment beaucoup plus fort » qu'elle éprouve envers Stephen, le fiancé de Lucy, Maggie demeure inébranlable dans son jugement. « Je ne dois pas, je ne peux pas rechercher mon propre bonheur en sacrifiant autrui », dit-elle. Lorsque Stephen lui affirme « qu'ils sont parfaitement en droit de se marier » puisque leur amour est né naturellement et spontanément, Maggie réplique que « si l'amour est naturel, sans doute que la pitié, la fidélité et le souvenir le sont aussi ». Alors qu'il est « déjà trop tard pour ne pas avoir causé de la peine et du chagrin », Maggie refuse « de savourer un bonheur qui est le fruit du malheur des autres ». Elle choisit de renoncer à Stephen et retourne seule à St. Oggs.

Le pasteur, M. Kenn, estime que « le principe qui a guidé sa décision est plus sûr que n'importe quelle évaluation des conséquences », mais le jugement de l'auteur est moins clair. George Eliot, après avoir enfermé son héroïne dans un dilemme sans issue, termine le roman en noyant Maggie. Toutefois, avant de provoquer la mort de son personnage, elle prend la précaution d'avertir le lecteur « qu'aucun homme capable de saisir momentanément la relation toujours changeante entre la passion et le devoir ne peut en fait percer son mystère ». Comme il est impossible de « sangler la complexité impénétrable de notre vie dans des formules », le jugement moral ne peut pas être régi par « des règles générales ». Il doit au contraire s'appuyer sur « une vie vécue avec assez d'intensité pour être capable de susciter des sentiments et des élans de sympathie et de compassion envers tout ce qui est humain ».

Dans ce roman, « les yeux d'une vie intense » sont ceux de Maggie qui, à la fin de l'histoire, porte sur la vie un regard terne et lui présente « un visage défait et fatigué ». Il n'est pas surprenant, lorsqu'on tient compte de la défaite de Maggie, que Margaret Drabble, une féministe du XXᵉ siècle pétrie de la littérature du XIXᵉ, choisisse de reprendre le dilemme posé par Eliot afin d'explorer la possibilité d'une autre résolution. Dans *The Waterfall* (La Cascade) (1969), elle recrée la situation triangulaire du *Moulin sur la Floss,* mais comme le titre l'implique, l'entrave du contexte social a été supprimée. Jane Grey, l'héroïne de Margaret Drabble, choisit de ne pas suivre la voie du devoir comme Maggie, mais celle de l'amour, le mari de Lucy. Elle renonce à renoncer et « se noie dans le premier chapitre ». Surprise de réaliser que « ce qui [lui] importe par-dessus tout, c'est d'atteindre [elle]-même la rive; la noyade des autres ne [la] concerne pas », submergée par toutes les découvertes qu'elle fait sur sa propre personne, elle cherche à comprendre le miracle de sa survie et se trouve confrontée au problème du jugement moral. Son amour pour James, le mari de Lucy, est raconté par deux voix différentes, une première et troisième personnes qui se livrent une bataille constante au sujet des questions morales de responsabilité et de choix.

Bien que dans le roman du XXe siècle la passion l'emporte sur le devoir, le problème moral n'a pas changé entre 1860 et 1969. Les deux héroïnes sont au banc des accusées, inculpées d'égoïsme. L'accusation qui oblige Maggie à renoncer à son propre bonheur est aussi celle qui pousse Jane à échafauder de multiples excuses, afin de justifier son comportement, et à invoquer sa faiblesse et son impuissance : « J'essayais seulement de me défendre contre une accusation d'égoïsme. Jugez-moi avec indulgence. Je ne suis pas comme les autres, je suis triste, je suis folle et il me faut donc avoir ce que je veux. » La volonté d'agir et de satisfaire ses propres désirs qu'implique l'accusation d'égoïsme incite Jane à avoir recours aux subterfuges et aux faux-fuyants habituels mais la force aussi à analyser le principe sur lequel s'étaye cette accusation. Elle dissèque le jugement moral du passé qui lui avait fait croire « qu'il était préférable, dans un sens, de renoncer à [elle]-même plutôt qu'aux autres » et elle cherche à le reconstituer de façon à ce qu'il l'« admette » et l'« englobe ». Jane s'efforce par conséquent de créer « une nouvelle échelle de valeurs, une nouvelle vertu », qui pourrait inclure l'action, la sexualité et la survie sans pour autant délaisser les anciennes valeurs morales de responsabilité et de sollicitude : « Si j'ai besoin de comprendre ce que je fais, si je ne peux pas agir sans le sceau de mon approbation (et je dois agir, j'ai changé, je ne suis plus capable de rester inactive), alors j'inventerai une morale qui me pardonne, même si je prends le risque, en faisant cela, de condamner celle que j'ai été. »

Ces romans montrent à quel point le jugement d'égoïsme continue à avoir de l'emprise sur les femmes et la morale d'abnégation que cela sous-entend. C'est le jugement autour duquel s'articulent régulièrement les romans destinés aux adolescentes, c'est la charnière du *Bildungsroman,* le roman d'apprentissage, le point de jonction entre l'innocence invulnérable de l'enfance et la responsabilité de l'adulte face aux décisions qu'il doit prendre. L'équation « vertu féminine égale sacrifice de soi » a compliqué le développement des femmes, car cette notion a opposé la conception morale de la bonté aux questions adultes de responsabilité et de choix. En outre, l'éthique du sacrifice de soi est directement en conflit avec la notion de droits, tremplin de la revendication des femmes qui, depuis plus d'un siècle, réclament leur part de justice sociale.

Mais la tension entre une conception de la morale fondée sur les droits de l'individu qui a pour effet de « dissoudre les liens naturels » et celle d'une morale de responsabilité qui tend à faire disparaître la distinction entre soi et autrui, en mettant en évidence leur interdépendance et en resserrant ces mêmes liens naturels, soulève un autre problème. C'est le problème qui a préoccupé Wollstonecraft et Stanton, Eliot et Drabble. C'est la préoccupation des étudiantes interviewées au cours des années soixante-dix. Toutes ces femmes ont parlé du même conflit, elles ont toutes révélé l'ascendant immense qu'a le jugement d'égoïsme sur la pensée féminine. Mais l'apparition de ce jugement dans les dilemmes moraux décrits par des femmes contemporaines attire l'attention sur le rôle que joue le concept de droits dans le développement moral féminin. Ces descriptions soulignent la permanence, à travers les époques, d'une éthique de responsabilité au cœur de la préoccupation morale des femmes, ancrant la conscience de soi dans un monde de relations, mais elles indiquent également comment cette éthique s'est transformée à mesure qu'une approche de la justice fondée sur les droits a été reconnue.

Nan, une des femmes qui avaient participé à l'enquête sur les étudiants, avait été interviewée lors de sa quatrième année d'études, en 1973, l'année où une décision de la Cour suprême des États-Unis avait légalisé l'avortement dans ce pays. L'interview de Nan illustre quelques-unes des préoccupations morales féminines, à une époque où les femmes venaient juste d'obtenir le droit de décider d'interrompre ou de ne pas interrompre leur grossesse. Deux ans auparavant, à une période de sa vie où elle souffrait « d'une piètre image d'elle-même », elle avait suivi un cours traitant de choix moral et politique, poussée par le « désir d'examiner différentes manières de voir les choses et de penser, et de trouver des arguments qui défendent la liberté individuelle ». Lors de l'interview, elle dit avoir beaucoup progressé et mûri moralement au cours de ces deux dernières années. Elle attribue son impression d'être devenue plus adulte « à l'examen intérieur approfondi auquel [elle a] dû [se] livrer afin de pouvoir prendre la décision de [se] faire avorter ». Elle avait estimé sa grossesse comme « le résultat d'une défaillance, d'un manque de jugement et d'une grande stupidité ». Nan avait considéré l'avortement comme une solution désespérée et une planche de salut : « J'avais le sentiment très fort que, pour sauver ma vie, il fallait que je le fasse. » Néanmoins, elle avait aussi jugé cette solution comme « un péché moral, sinon à [ses] propres yeux, tout au moins à ceux de la société ».

« Comme j'avais personnellement la conviction d'être extrêmement abjecte, découvrir que les gens voulaient quand même bien m'aider a grandement amélioré mes sentiments envers les autres et moi-même. » Pendant le mois passé à réfléchir avant l'avortement, « j'ai beaucoup pensé à ce que prendre une décision signifiait réellement. Pour la première fois, j'ai voulu diriger ma vie, prendre mes propres décisions et en être responsable. » L'image qu'elle se faisait d'elle-même s'est transformée en conséquence :

> Lorsqu'on prend en main la direction de sa propre vie, on n'a plus l'impression d'être un simple pion, poussé ici et là selon la volonté des autres. Il faut accepter le fait d'avoir fait quelque chose de mal. Cela procure un sentiment un peu plus solide de sa propre intégrité, car la lutte intérieure, qui jusque-là vous minait constamment, cesse. De nombreux conflits sont résolus et on a la sensation de prendre un nouvel essor, de repartir sur une base plus ferme, sûre d'être capable d'agir dans une situation difficile.

L'épreuve que Nan a traversée l'a rendue plus tolérante envers elle-même. Elle se voit comme un être humain capable de se suffire à lui-même, « ni bon, ni mauvais », mais qui a « encore beaucoup à apprendre ». Elle sait maintenant qu'elle peut choisir et son sens de la responsabilité a acquis une nouvelle dimension. Toutefois, en dépit du sentiment plus profond d'intégrité personnelle que lui a donné l'expérience d'avoir fait face à un choix difficile, son jugement de ce choix reste remarquablement le même. Bien qu'elle soit parvenue à une compréhension d'elle-même et à une conception des relations avec autrui qui lui permettront, elle en est convaincue, d'inclure ses propres besoins, « d'être plus tolérante, plus honnête et plus indépendante », le problème moral demeure celui de la responsabilité.

C'est en ce sens qu'elle considère que la grossesse « l'a aidée » à se rendre compte du comportement irresponsable dont elle a fait preuve :

> C'était comme si la gravité de la situation avait allumé un projecteur et l'avait braqué sur certaines choses en moi, sur ce que je ressentais à mon propre égard, sur mes sentiments envers le monde qui m'entoure. L'acte que j'avais commis était tellement ignoble, si moralement mauvais, qu'il m'a fait réaliser que je ne prenais pas mes responsabilités quand je pouvais les prendre. J'aurais

pu continuer ainsi indéfiniment sans jamais me montrer responsable. La gravité de la situation vous jette les problèmes au visage, on ne peut pas ne pas les voir, et les réponses sont là, juste devant votre nez.

Comme, à ses yeux, sa conduite irresponsable l'a entraînée dans une situation où il lui était impossible d'agir sans faire de mal (soit à autrui, soit à elle-même), elle décide de se débarrasser des « vieilles notions » de morale qui lui semblent constituer un obstacle au but qu'elle s'est fixé : elle veut vivre de façon à ne porter de tort à personne, « à ne pas provoquer de souffrance humaine ». Cette démarche lui fait remettre en question l'opposition entre l'égoïsme et la morale, car elle perçoit « le mot " égoïste " comme un piège ». Elle prend conscience du fait que la « liberté individuelle » n'est pas « aussi incompatible avec la morale qu'[elle] le croyait », et sa définition de la morale s'élargit pour inclure « le souci du bien-être d'autrui et le [sien] ». Bien que les questions morales : « Combien vas-tu faire souffrir ? », « Pourquoi as-tu le droit de causer de la peine à un être humain ? » soient toujours là, elle ne se les pose plus uniquement au sujet des autres mais aussi à son propre égard. Le concept de responsabilité a été détaché de la notion du sacrifice de soi; être responsable signifie maintenant comprendre les causes de souffrance et être capable d'anticiper les actes qui pourraient éventuellement susciter de la peine, afin de les éviter.

Le droit de s'inclure dans le rayonnement d'une morale de responsabilité a été un des points essentiels sur lequel les étudiantes des années soixante-dix se sont interrogées. Cette question, qui a fait surface dans toute une série de contextes, posait un problème d'inclusion qui ne pouvait être résolu qu'à l'aide d'une logique de justice reconnaissant la justesse de se considérer comme l'égal de l'autre. Elle soulevait également un problème dans les relations avec autrui, dont la solution nécessitait une nouvelle compréhension des notions de responsabilité et de sollicitude. Hilary, une jeune femme de vingt-sept ans, explique comment sa conception de la morale a évolué depuis l'époque où elle était en première année d'études :

Je voyais les choses d'une manière beaucoup plus simple alors. J'ai traversé une période où je pensais qu'il existait des réponses faciles aux questions posées par les problèmes moraux du bien et du mal. J'ai même été à un moment assez candide et naïve pour croire que tout irait bien tant que je ne faisais de mal à personne. Mais je me suis vite rendu compte, ou plutôt j'ai dû finalement admettre, que ce raisonnement était par trop simpliste ; qu'un jour ou l'autre, il était fatal que je nuise à quelqu'un ou qu'une personne me fasse du tort, que la vie était pleine de tensions et de conflits. Il est inévitable que les gens se fassent mutuellement du mal, volontairement ou involontairement : la vie est ainsi faite. J'ai donc fini par abandonner cette idée.

Ce changement d'optique s'est produit alors qu'elle était encore une jeune étudiante :

Je fréquentais un jeune homme qui voulait se marier et fonder une famille. Mais en dépit de toute l'affection que j'avais pour lui, l'idée de me marier m'épouvantait et je ne pouvais imaginer un pire avenir. Nos divergences de vues se soldèrent par une rupture qui le bouleversa au point de lui faire abandonner ses études pendant un an. Je m'étais rendu compte, à l'époque, de la peine atroce que je lui avais infligée, que cela n'avait pas été intentionnel de ma part, que j'avais enfreint la première règle de mon code moral, mais que, malgré tout, j'avais pris la décision qu'il fallait prendre.

Hilary estime que ce dilemme avait été « facile » à résoudre « puisque, de toute façon, il était hors de question qu'[elle se] marie avec lui ». Mais, d'un autre côté, son injonction morale de ne pas nuire transformait la situation en un problème insoluble, car il était impossible de trouver une résolution ne comportant pas de conséquences fâcheuses pour quelqu'un.

Elle prit conscience de cet aspect du dilemme, et cela la conduisit à mettre en doute la validité de l'impératif moral absolu qui, jusqu'alors, avait guidé son comportement : « Ce principe n'avait pas réponse à tout; il ne permettait même pas d'être " fidèle à soi-même ". » Les limites qu'elle venait d'identifier concernaient directement la question de l'intégrité de sa personne. Elle dit avoir conclu, à la suite de cette expérience, que « l'on ne peut pas se soucier de ne pas nuire à autrui; il faut seulement s'occuper de faire ce qui est bien pour soi ».

Mais comme la morale demeure toujours pour elle synonyme de sollicitude envers autrui et qu'elle reste convaincue que « la personne qui agit pour le bien des autres ou celui de l'humanité en sacrifiant ses propres intérêts est une personne moralement bonne », le fait d'abandonner son principe de ne pas nuire à autrui revenait à abandonner toute préoccupation morale. Elle ne voit pas comment elle peut maintenir son intégrité tout en continuant à être fidèle à une éthique de sollicitude envers autrui, puisqu'elle reconnaît à la fois le bien-fondé de sa décision et ses conséquences douloureuses. Lorsqu'elle prend la résolution de choisir uniquement en fonction « de ce qui est bien pour elle », elle cherche à éviter tout conflit et tout compromis. Néanmoins, ce nouveau principe est loin d'atteindre son objectif, car il la laisse avec le sentiment d'avoir transigé.

Ce sentiment d'avoir pactisé avec sa propre conscience apparaît clairement dans sa description d'un dilemme auquel elle dut faire face dans le cadre de sa vie professionnelle. Hilary, qui est avocate, s'était aperçue, au cours d'un procès, que le représentant de la partie adverse avait omis de se servir d'un document qui constituait une pièce à conviction essentielle en faveur de son client. Alors qu'elle se demandait si elle devait ou non signaler l'existence de ce document à son adversaire, ce qui aurait pour conséquence d'aider le cas de son client au détriment du sien, elle se rendit compte que le système de la justice, de par sa structure, faisait obstacle non seulement « à la recherche de la vérité qui est censée être son but » mais aussi à l'expression d'une préoccupation quelconque des intérêts de la personne qui se trouve être de l'autre côté. Elle choisit en fin de compte de se conformer au système, en partie à cause de la vulnérabilité de sa position professionnelle. Cette décision fut à ses yeux une capitulation de conscience, car elle estima avoir violé son intégrité personnelle et trahi son idéal moral de sacrifice de soi. La façon dont elle se décrit forme un contraste frappant avec le portrait qu'elle trace de son mari, celui « d'une personne dont l'intégrité absolue lui interdirait de faire quoi que ce soit qui lui semblerait ne pas être bien » et celui de sa mère qu'elle perçoit comme une personne « pleine de compassion et de sollicitude » qui se donne aux autres « sans compter ».

Prenant en quelque sorte sa propre défense, Hilary dit qu'elle a changé depuis l'époque où elle était étudiante. Elle est devenue, pense-t-elle, plus tolérante et plus compréhensive, moins disposée à accuser des gens qu'elle aurait autrefois condamnés sans appel, plus apte à voir la probité de perspectives différentes. Bien que sa profession lui facilite l'accès et le maniement du langage juridique et qu'elle reconnaisse clairement l'importance de l'autodétermination et du respect, il y a toujours chez elle un conflit entre le concept de droits et une éthique de sollicitude. L'opposition continuelle entre l'égoïsme et la responsabilité ne lui permettait en aucune manière de réconcilier l'injonction d'être fidèle à elle-même avec son idéal de responsabilité dans les rapports humains.

Le conflit entre une morale de droits et une éthique de responsabilité a fait irruption dans la vie de Jenny, une autre jeune femme qui avait participé à l'enquête sur les étudiants, à l'occasion d'une crise. Elle aussi parle de désintéressement et de comportement altruiste, morale illustrée par sa mère qui représente son idéal :

Plus qu'à quiconque au monde, la personne à qui je voudrais ressembler est ma mère. Je n'ai jamais rencontré quelqu'un d'aussi désintéressé. Elle ferait n'importe quoi pour n'importe qui. Son sens de l'abnégation est tel qu'elle a déjà beaucoup souffert sur le plan personnel. Elle donne et se donne continuellement aux autres sans jamais rien demander en retour. Voilà mon idéal : je voudrais être une personne désintéressée et généreuse.

Jenny, en revanche, se décrit comme quelqu'un « de beaucoup plus égoïste sous bien des rapports ». Mais étant donné qu'elle perçoit le potentiel destructeur d'une morale d'abnégation envers les proches de la personne qui se sacrifie, elle cherche à résoudre le conflit entre l'égoïsme et la sollicitude. Elle modifie par conséquent sa définition de la personne idéale qui devient « celle qui agit dans le meilleur intérêt d'autrui, tout en s'épanouissant elle-même au maximum de ses possibilités ».

Deux ans auparavant, Jenny avait suivi le cours traitant des choix politiques et moraux. Ce cours lui avait permis d'explorer le domaine moral en fonction des questions : « Dans quelle mesure a-t-on une obligation envers soi-même ? » et : « Dans quelle mesure a-t-on une obligation envers les autres ? » Elle avait défini la morale comme un problème d'obligation et s'était efforcée, à l'aide de l'équation établie entre soi et autrui, de contester la validité des principes qui animent une éthique d'abnégation et de concilier sa conception de la responsabilité avec une nouvelle compréhension des droits. Mais une crise qui bouleversa sa famille à cette époque remit en question la logique de sa tentative, car elle démontrait que la terminologie d'une morale de droits n'était pas apte à résoudre les questions de responsabilité dans les rapports interpersonnels. Cette crise fut causée par le suicide d'un parent, à un moment où les ressources de la famille étaient déjà mises à l'épreuve par la maladie de son grand-père qui exigeait des soins continuels. Bien que la moralité du suicide ait été un des sujets abordés pendant le cours et que la perspective des droits de l'individu ait été discutée, ce suicide parut être à Jenny un acte d'irresponsabilité totale qui ne faisait qu'accroître le fardeau de douleur et de travail porté par les autres membres de la famille.

Alors qu'elle essayait de se raisonner et de contrôler par la logique les sentiments de colère et de fureur qu'elle éprouvait, Jenny aboutit à une impasse quand elle constata que son ancienne manière de concevoir les choses n'était plus valable :

> Pendant tout le semestre nous avions discuté du bien, du mal, des devoirs que l'on a envers soi-même, des obligations envers les autres. Et puis, c'est à cette époque-là que mon parent s'est suicidé. Cela constitue bien une crise morale, non ? J'étais complètement déroutée. Je ne savais que faire, que penser. J'ai fini par le haïr pour avoir fait ce qu'il avait fait, mais je savais aussi que je ne pouvais pas avoir un tel sentiment. Je veux dire que c'était mal de ma part de le haïr, mais comment a-t-il pu faire ça à sa famille ? J'ai dû sérieusement réévaluer tout ce que j'avais appris au cours, parce que cela ne cadrait plus avec la réalité. Tous ces bons petits problèmes moraux dont nous avions discuté en classe comme celui, je me rappelle, d'imaginer être le chef d'une patrouille en mission qui doit décider qui va aller lancer la grenade, eh bien... tout ça, c'est très bien, tant qu'on ne fait qu'en parler ! Mais quand il s'agit de quelque chose de réel qui vous touche de près, alors on voit les choses sous un angle totalement différent. J'ai dû remettre en question tout ce que j'avais dit en classe et me demander pourquoi j'éprouvais un sentiment de haine aussi violent si je croyais à tout cela.

Sous le poids écrasant d'un problème d'une telle ampleur, la logique sous-jacente à l'équation des devoirs respectifs envers soi-même et autrui a commencé à s'effriter, puis à se désintégrer.

> Subitement, toutes les définitions et toute la terminologie n'avaient plus aucun sens. C'était devenu quelque chose d'impossible à évaluer. Je ne pouvais pas dire :

« Oui, cet acte était moral » ou : « Non, cela ne l'était pas. » C'est une de ces choses irrationnelles et indéfinissables.

Jenny avait conscience que, quel que soit son jugement de l'acte commis par son parent, cela ne changeait rien au fait que cet acte était irréversible et qu'il avait des conséquences qui affectaient la vie d'autres personnes. Elle était profondément déconcertée par cette situation où les concepts de droits, de responsabilités, d'égoïsme et de sacrifice de soi étaient inextricablement emmêlés. D'un côté, elle s'efforçait de trouver un sens logique à ce qui lui paraissait être une crise morale et, de l'autre, la situation lui semblait « irrationnelle et indéfinissable ».

Cinq ans plus tard, lors d'une seconde interview, Jenny dit que ces événements avaient changé sa vie, car ils lui avaient permis de mieux cerner « tout le problème que soulève la question de la responsabilité ». A l'époque où l'opposition entre l'égoïsme et la morale dominait son mode de pensée, elle ne répondait ni aux besoins d'autrui ni aux siens. Comme elle ne voulait pas « se sentir responsable de son grand-père », elle ne voulait pas non plus se prendre en charge. Son comportement, examiné sous cet angle, avait été à la fois égoïste et altruiste. Lorsqu'elle s'est rendu compte de l'effet négatif de cette opposition, « que c'était trop facile de vivre comme [elle] l'avait fait, en laissant à quelqu'un d'autre le soin de prendre la responsabilité de la direction de [sa] vie », elle s'est lancé le défi de la diriger elle-même. A partir de ce moment-là, sa « vie a changé, car c'est [elle] qui lui a donné un sens ».

La présence fondamentale, dans la construction de la morale, du problème de la responsabilité et de la lutte que mènent les femmes pour être responsables de leur propre vie apparaît clairement dans les descriptions de dilemmes faites par d'autres étudiantes qui avaient participé à l'enquête sur les droits et les responsabilités. Une étude comparée des dilemmes présentés par trois de ces femmes montre, à travers un large éventail de formulations du problème, à quel point l'opposition entre l'égoïsme et la responsabilité multiplie pour elles les difficultés inhérentes à l'acte de choisir. Cette opposition les laisse suspendues entre un idéal de désintéressement et la réalité de leurs besoins et de leur libre arbitre. Chacune de ces trois femmes tente de trouver un moyen de la surmonter, d'être plus honnête envers elle-même, tout en demeurant attentive aux besoins d'autrui. Leurs tentatives pour résoudre le conflit font apparaître le problème de développement psychologique que pose l'opposition entre morale et vérité. Cherchant une résolution de la tension qu'elles éprouvent entre leurs responsabilités envers les autres et l'épanouissement de leur personne, toutes trois décrivent des dilemmes centrés sur le conflit entre leur intégrité personnelle et leur sentiment de loyauté envers les autres membres de la famille. Elles attribuent à leur désir de ne pas nuire à autrui les difficultés qu'elles éprouvent à choisir. Les différentes manières dont elles ont résolu ce problème révèlent, successivement, comment l'opposition entre l'égoïsme et la responsabilité aveugle le jugement, le défi lancé par le concept de droits à la vertu de désintéressement, et comment un discernement des droits transforme la compréhension de la sollicitude et des relations humaines.

Être moral signifie pour Alison, une étudiante de deuxième année, être conscient de son pouvoir :

> C'est en quelque sorte avoir conscience que l'on peut porter atteinte à la vie de quelqu'un d'autre, influencer sa propre vie, que l'on a la responsabilité de ne pas mettre en péril la vie des autres ou de leur nuire. C'est être sensible à l'humanité. La morale est quelque chose de complexe et je la réduis à sa plus simple expression. Se rendre compte qu'il y a une interaction entre soi et autrui, que l'on a la responsabilité du bien-être des deux fait partie de la morale. Je répète constamment ce mot; « responsabilité », mais c'est dans le sens de prendre

conscience de l'influence que l'on a sur ce qui se passe autour de soi.

Alison associe la morale à une conscience du pouvoir que l'on détient; néanmoins, elle établit parallèlement l'équation « responsabilité signifie ne pas nuire à autrui ». Sa définition de la responsabilité est celle « du souci des intérêts et des besoins de cette autre personne ». Elle précise qu'il faut « considérer les besoins des autres comme les siens, parce que l'on dépend soi-même d'autrui ». Penser que la morale est synonyme de sollicitude envers les autres l'entraîne à opposer l'« égoïsme » à la responsabilité. Cette opposition est manifeste quand elle juge que la moralité d'une action, qui par ailleurs serait considérée comme responsable et bonne, est compromise par le sentiment de satisfaction personnelle qu'elle lui procure : « Donner des cours était presque une action égoïste, parce que je prenais plaisir à faire quelque chose pour les autres. »

Bien qu'Alison perçoive que l'interaction entre soi et autrui soit à l'origine de la morale, elle réduit le concept moral à une opposition entre soi et l'autre, où l'individu est à la fois dépendant des autres et responsable de leur bien-être. L'idéal moral n'est ni la coopération ni l'interdépendance mais plutôt l'accomplissement d'une obligation, le remboursement d'une dette qui s'effectue en donnant tout aux autres sans rien prendre pour soi. Le caractère illusoire de cette construction devient évident toutefois lorsque Alison commence à faire son autoportrait en disant : « Je ne suis pas très honnête avec moi-même. » Cette malhonnêteté est rendue nécessaire par le besoin d'auto-illusion créée par une contradiction apparente dans sa perception d'elle-même.

J'ai beaucoup d'idées sur la façon dont je voudrais que soient les choses. J'aimerais que tout aille mieux par le seul fait d'aimer. Mais je suis aussi une personne égoïste et, la plupart du temps, je ne me comporte pas avec amour et bienveillance.

Afin de tenter de résoudre le problème de l'égoïsme, Alison se livre à un combat perpétuel « pour justifier [ses] actions » et « éprouve d'énormes difficultés à faire un choix ». Elle est consciente du pouvoir de nuire qu'elle détient, mais elle se refuse à l'exercer. Par conséquent, elle a du mal à dire à ses parents qu'elle aimerait interrompre ses études pendant un an, puisqu'elle sait que la poursuite de ses études est quelque chose qui leur tient particulièrement à cœur. Déchirée entre son désir de ne pas faire de peine aux autres et celui d'être fidèle à elle-même, elle s'efforce de clarifier sa propre motivation afin d'agir d'une manière irréprochable. « J'essaie d'être sincère avec moi-même et de déterminer pourquoi je suis malheureuse ici, ce qui se passe, ce que je veux faire. » Elle constate qu'elle ne parvient pas à identifier ce qui [la] pousse à partir, pourquoi il [lui] est important d'interrompre [ses] études pendant un an », et cela rend toute explication avec ses parents encore plus ardue. Elle voit l'université comme une institution « égoïste » où l'esprit de compétition l'emporte sur la coopération; « chacun travaille pour soi ici, et personne n'aide les autres ». Elle aspire à se retrouver au milieu de gens animés par l'esprit d'entraide et non de compétition, et à faire quelque chose qui lui permette de « donner et de répondre aux besoins d'autrui ». Néanmoins, elle ne voit pas comment, dans cette situation, il lui est possible d'intégrer un idéal de probité personnelle et morale dans une éthique de responsabilité et de sollicitude, puisque, si elle abandonne ses études, elle fait de la peine à ses parents et que, si elle les poursuit, elle se nuit à elle-même. La tension qui la travaille transparaît lorsqu'elle décrit son désir d'être à la fois sincère et soucieuse de l'autre : « Je désire être une personne qui puisse en même temps respecter ses propres idées et celles des autres sans pour autant avoir à composer avec eux, ni être seulement soumise et conciliante. »

Emily, la deuxième des trois femmes prises en exemple, illustre comment cette opposition fait intervenir la notion de droits. A la question : « Avez-vous jamais eu à prendre une décision dans une situation où le principe moral n'était pas évident ? », elle répond en décrivant le conflit qui l'oppose à ses parents. Leur désaccord concerne le choix de la faculté de médecine où elle poursuivra ses études l'année prochaine. Ses parents estiment qu'il est préférable qu'elle se décide en faveur d'une université proche de leur domicile. Elle explique leur position en la présentant comme un contraste de justifications morales et égoïstes :

> Ils ont de bonnes et de mauvaises raisons de vouloir que je reste ici. Certaines de leurs justifications sont bonnes et je les classe dans la catégorie de la morale, mais je mets les autres, qui ne sont pas si bonnes que ça, sur le compte de l'égoïsme.

Elle se sert d'un langage juridique pour décrire le dilemme :

> Mes parents sont en droit de vouloir me voir, à certains moments. Je pense qu'ils abusent de leur droit et cela est mal de leur part. Cet abus de droit fait ressortir tout le problème de l'égoïsme et de la morale, car je ne vois pas en quoi le fait que j'aille au loin poursuivre mes études disperse la famille.

Comme à ses yeux les droits et les désirs sont équivalents, et que la morale est synonyme de responsabilité dans ses rapports avec autrui, elle précise que son « but n'était pas de disperser la famille ». Voilà ce qu'elle dit plutôt : « Je pensais et je pense encore que vivre dans un endroit différent avec de nouvelles personnes pourrait d'une certaine façon m'aider à mieux m'épanouir. » Lorsqu'elle met en équation l'« aspect positif de la séparation », l'effort pour prendre en charge son propre développement et « les points moralement négatifs » qu'elle accumulerait en faisant de la peine à ses parents, elle se heurte à un problème d'interprétation. Le vieux langage moral revient pour être immédiatement nuancé par une approche relativiste quand elle décrit sa propre position :

> Ma motivation était partiellement égoïste en quelque sorte ou elle n'était pas assez forte. Notre famille était une donnée, une sorte d'entité incontestable, pour la vie. D'une certaine manière, j'avais l'obligation morale d'accepter, également, toutes choses étant relatives, de ne pas partir et de rester ici. En me sentant obligée d'acquiescer aux désirs de ma famille, je laissais mon sens du dévouement contrôler la situation.

Progressivement, l'égoïsme et l'altruisme perdent pour elle leur caractère absolu, deviennent une question d'interprétation ou de perspective plutôt que des vérités sans concession ni compromis. Cette nouvelle notion de relativité s'étend aux deux conceptions de la morale, celle fondée sur les droits et l'autre sur la responsabilité. Sa définition du conflit moral auquel elle a fait face met en évidence l'alternance entre ces deux conceptions.

> Le conflit était de savoir si j'avais le droit d'agir indépendamment quand je ne voyais pas quel mal mon départ pouvait causer aux autres. Ils percevaient, pour leur part, l'aspect négatif de cette action, alors que moi je ne voyais pas les choses de cette manière. Le conflit ne concernait pas mon interprétation de la situation, mais provenait du fait que nos évaluations de ce qui était moral étaient effectuées à partir de perspectives différentes. Comme je pensais que ces deux interprétations étaient aussi valables l'une que l'autre, je suppose que j'ai choisi la leur en restant ici. Je crois que le conflit était là.

Auparavant, Emily avait pensé qu'« il y a toujours une seule position morale, une interprétation plus valable ne serait-ce que d'un iota. Je crois vraiment qu'il est possible de comparer exactement les mérites respectifs des choses ». Dans cette situation, toutefois, elle s'est trouvée « incapable de prendre une décision morale ». Elle avait jugé que son départ ne nuirait pas aux autres et avait ainsi justifié son droit d'agir indépendamment d'eux. Néanmoins, elle a fini par se ranger à l'interprétation de ses parents qui estimaient que son désir était égoïste, puisqu'ils auraient de la peine si elle s'en allait vivre au loin. Elle dit avoir construit le dilemme comme un conflit entre deux égoïsmes et que, tout bien considéré, elle avait conclu que c'était elle qui faisait preuve du « plus grand égoïsme ». C'est de cette manière qu'elle explique la « raison essentielle » qui l'a poussée à prendre la décision de rester :

> Toute cette situation les faisait souffrir énormément et l'idée de ne pas partir ne constituait pas pour moi une grande perte. Alors, je suppose que j'ai commencé à penser que mon désir était plus égoïste que le leur. Au départ, les deux positions avaient été aussi égoïstes l'une que l'autre dans mon esprit, mais pourtant ils paraissaient être les plus tourmentés.

Par conséquent, la conception de la morale fondée sur les droits, elle-même traduite dans le langage de la responsabilité en un rapport d'équilibre entre deux égoïsmes, a en fin de compte cédé à des considérations de responsabilité, c'est-à-dire à la question de savoir qui subirait le plus grand tort. La tentative de construire le dilemme comme un conflit de droits s'est transformée en une rivalité d'intérêts, ce qui a eu pour résultat d'exclure toute possibilité de décision morale, puisque l'une ou l'autre des résolutions pouvait être qualifiée d'égoïste, quelle que soit la perspective à partir de laquelle elle était évaluée. Les préoccupations de responsabilité l'ont emporté sur celles de droits et elle a résolu le dilemme en « laissant son sens du dévouement contrôler la situation », car elle jugeait ses parents plus vulnérables qu'elle.

Emily compare le fait d'être privée d'une nouvelle expérience à un préjudice d'omission (« comme ce n'est pas une véritable atteinte à [sa] personne dans le sens absolu du terme », elle n'en tient pas compte) et le tort qu'elle causerait à ses parents à un préjudice de commission dont elle se sentirait responsable. Elle pense que « la morale est associée à la responsabilité » et que les responsabilités « provoquent chez les autres des attentes qui réagissent en chaîne et, si vous ne répondez pas à leur attente, vous interrompez un processus qui ne vous concerne pas uniquement, mais qui implique tous ceux qui vous entourent ». C'est pourquoi les considérations de droits, qui présupposent l'indépendance et menacent de briser la chaîne des rapports interpersonnels, sont supplantées par les considérations de responsabilité. Le choix est finalement effectué en fonction « de la responsabilité jugée la plus lourde de conséquences », d'une évaluation du mal relatif qui serait fait à chacun.

Toutefois, en renonçant à son « droit d'agir indépendamment » et en laissant son « sens du dévouement contrôler la situation », Emily a suspendu sa propre interprétation d'une morale de responsabilité, ce qui a eu pour effet de se mettre elle-même en suspens. Cette impression de rester sur l'expectative transparaît dans la description qu'elle fait d'elle-même, celle « d'une petite boule de gomme qui roule ici et là au gré du hasard et qui amasse si peu de mousse qu'elle ne parvient pas à s'accrocher où que ce soit ». Vers la fin de l'interview, elle exprime le désir de « jeter l'ancre », de ne plus rester en suspens, de ne plus se laisser porter par les événements et de vouloir mieux connaître le rôle qu'elle joue dans ses rapports avec autrui. Alors qu'auparavant l'idée même de prendre le temps d'analyser sa part de responsabilité dans les relations interpersonnelles lui faisait « peur » et la « mettait sur la défensive », elle perçoit maintenant que le fait d'y penser a dissipé cette peur parce que, « lorsqu'on réfléchit à ce que l'on fait, on sait ce qui se passe. Si on est dans l'ignorance, on se laisse simplement entraîner; on ne peut pas anticiper ce qui va se produire par la suite ».

Le sentiment de flotter à la dérive réapparaît dans

toutes les interviews et traduit l'expérience de ces femmes déchirées par l'opposition entre l'égoïsme et la responsabilité. Elles décrivent une vie passée à réagir aux besoins d'autrui, guidées par la perception qu'elles en ont. Elles ne voient pas comment il leur est possible de s'affirmer sans prendre le risque moral de paraître égoïste. Semblables à l'héroïne de *The Waterfall*, qui dit au début du roman : « Si je me noyais, je ne pourrais même pas tendre une main afin de me sauver moi-même; j'éprouve une telle réticence à me dresser contre le destin que l'idée que c'est peut-être là que se trouve la vérité ne m'affleure absolument pas », ces femmes sont attirées sans réfléchir par l'image de la passivité. Éviter de se prendre en charge exerce sur elles une attraction si puissante qu'elles s'enfoncent, comme Jane, « dans l'ère glaciaire de l'inactivité », afin que « la providence s'occupe d'elle sans son concours ».

Se laisser aller à la dérive semble être un abri sûr et un moyen commode d'éviter de porter le fardeau de la responsabilité. Mais cette passivité comporte en fait un danger encore plus grand, celui d'une confrontation douloureuse avec le problème du choix. C'est l'expérience pénible que constitue la décision d'avorter ou bien encore celle de Maggie Tulliver qui se rend compte que, sans le vouloir, elle a commis ce qu'elle craignait le plus de faire. Le problème de la responsabilité fait de nouveau surface lorsqu'il y a prise de conscience des conséquences, entraînant dans son sillage les questions de choix et de vérité qui s'y rattachent.

Quand Maggie a donné libre cours à ses sentiments à l'égard de Stephen et a cessé, momentanément, de lui résister,

 elle a eu l'impression de se laisser emmener parmi les roses du jardin et guider jusqu'à la rive, qu'une main douce mais ferme l'avait aidée à monter dans la barque, avait glissé le coussin sous ses pieds et les avait enveloppés dans la couverture, lui avait ouvert son ombrelle

218

(qu'elle avait oubliée) : tous ces gestes avaient été accomplis par une présence plus forte qu'elle qui semblait l'entraîner sans qu'elle fasse acte de sa propre volonté.

Néanmoins, lorsqu'elle s'est rendu compte de la distance qu'ils avaient parcourue, « une frayeur terrible et soudaine l'a envahie ». Sa première réaction fut de « vouloir croire à tout prix que la marée était la grande responsable ». Mais bien vite, « des sentiments de colère l'ont retournée contre Stephen ». Elle l'a accusé d'avoir voulu la priver de son libre arbitre et de sa faculté de choisir, de l'avoir prise au dépourvu en profitant de son étourderie. Puis, elle a pris conscience de sa propre participation. Ne se sentant plus « paralysée », elle a reconnu que « le tumulte des sentiments qui l'avait assaillie lors de quelques semaines très courtes lui avait fait commettre les péchés qui répugnaient le plus à sa nature : la trahison de la confiance et l'égoïsme cruel ». Alors, Maggie, « qui aspire à une bonté parfaite », choisit « d'être fidèle à [ses] affections plus calmes et de vivre sans la joie de l'amour ».

Tandis que Maggie rêve de bonté, sa sœur Jane, née un siècle plus tard, cherche la vérité. « L'égoïsme monstrueux » dont elle fait preuve à ses yeux en désirant James conduit Jane à envisager de se noyer « afin de se repentir, comme Maggie Tulliver, de ses renoncements perdus ». Mais elle choisit plutôt de les mettre en doute et finit par s'« identifier avec l'amour ». Elle observe que, « bien que Maggie n'ait pas eu de rapports sexuels avec son amoureux, elle a fait tout le mal qu'elle pouvait faire à son entourage, à Lucy, aux deux hommes qui l'aimaient et à elle-même. Et puis, comme une femme d'un autre âge, elle a mis un frein à ses passions ». A l'époque de Maggie, une seule ligne de conduite était permise face à cette situation ; Jane, elle, a le choix entre plusieurs et se demande laquelle adopter.

Jane, à l'inverse de Maggie, a donc une vision de

plus en plus floue de la distinction morale entre un comportement égoïste et désintéressé. Après avoir été « en quête de vertu » et découvert qu'elle ne « pouvait pas gravir les marches de l'escalier que d'autres semblaient avoir emprunté », elle s'est alors mise à la recherche de l'innocence, pensant la trouver « dans l'abnégation, le sacrifice, le renoncement ».

A force d'abnégation, je croyais qu'il me serait possible de parvenir à une sorte d'innocence malgré ces impulsions cauchemardesques de ma véritable nature qui, de temps à autre, tentait de faire surface. Je pensais que je pouvais me nier et m'effacer totalement.

Et pourtant, elle doit se rendre à l'évidence qu'elle s'est « noyée dans une mer consentante », en dépit de tous les renoncements et quelle que soit la façon dont elle raconte son histoire, à la première ou à la troisième personne.

C'est en résistant à la tentation de tels renoncements, à la vision d'une innocence obtenue grâce à l'abnégation, que les femmes commencent à s'interroger sur la véritable nature de leur propre expérience et à parler de prendre en main la direction de leur existence.

Lorsque vous réfléchissez aux événements survenus au cours de l'année écoulée, lequel d'entre eux a le plus d'importance à vos yeux?

Le fait d'avoir pris le contrôle de ma vie.

C'est ainsi que Kate, la troisième femme de l'enquête, débute le récit de la lutte qu'elle a menée pour surmonter l'opposition entre l'égoïsme et la responsabilité, et prendre le contrôle de sa vie. Le conflit a éclaté lors de sa dernière année d'études quand elle a découvert qu'elle était incapable d'agir et de réaliser son projet de cesser ses activités sportives, afin d'avoir le temps de faire « d'autres choses importantes à [ses] yeux ». Au moment de dire « non » au sport, l'activité qui, toute sa vie, a été son pôle d'intérêt incontesté,

elle a constaté qu'elle était en « quelque sorte paralysée » et privée de ses facultés de décision :

> Je passais par un moment difficile. La décision était
> très dure. C'était comme si je ne pouvais pas la prendre,
> j'étais coincée. A chaque fois que j'essayais d'y réfléchir,
> je me heurtais contre un mur. J'avais même du mal à
> comprendre pourquoi cette décision était si ardue. J'étais
> dans une situation très pénible qui s'est transformée en
> crise lorsque l'entraîneur m'a mise au pied du mur en
> me sommant de prendre une décision. Il m'a dit :
> « Alors, c'est oui ou c'est non, mais décide-toi. » Je me
> sentais tout simplement incapable de la prendre. Ce
> n'était plus seulement une question de cesser ou de
> continuer à faire du sport; j'étais en proie à de multiples
> émotions. Pour la première fois, pour autant que je me
> souvienne, j'ai admis que j'avais d'énormes problèmes.

Ce qui la tourmentait, c'était le fait qu'en disant
« non » au sport, elle mettait en doute la valeur de
l'« éthique de toute une vie » qui, jusqu'à présent,
n'avait jamais été contestée. Elle avait fait sienne la
manière de voir le monde de son père qui lui avait
inculqué, alors qu'elle grandissait, « le culte du sport
et la volonté de réussir ce que l'on entreprend ». Elle
s'est rendu compte à quel point cette conception de
la vie était devenue le principe fondamental qui
guidait son comportement, la base de son identité et
l'essence du lien avec son père quand elle a voulu
faire autre chose. Par conséquent, la découverte qu'il
y avait « d'autres choses plus importantes à [ses] yeux »
menaçait directement le fondement même de sa vie.
Elle dit avoir « flotté » pendant toute sa scolarité.
« Je n'avais vraiment aucune idée de ce que je voulais
faire; je me suis donc laissé entraîner dans la voie
de la facilité, qui était de faire ce que l'on attendait
de moi. » Kate a progressivement pris le contrôle de
sa vie en « faisant de plus en plus ce qu'[elle] voulait
et moins ce qu'[elle] pensait devoir ou être censée
faire ». De cette façon, elle est parvenue à « mieux
discerner là où [elle est] et à [s']y accrocher ». Elle

a acquis une plus grande confiance en ses propres interprétations. Cela ne l'empêche pas de reconnaître la légitimité d'opinions ou de conceptions du monde autres que les siennes. « Avoir un sens plus précis de ce que je veux faire et savoir distinguer, parmi les options qui s'offrent à moi, celles qui sont les meilleures ou les plus logiques. » Autrement dit, le fait même de prendre en main la direction de sa vie revêt une nouvelle dimension :

> Cela voulait dire prendre possession de mon for intérieur. Je suis devenue plus sûre de mon propre jugement, parce que j'avais une base sur laquelle je pouvais le fonder. Me sentant plus forte, je comptais de plus en plus sur moi-même pour prendre des décisions. Ce que j'avais gagné en assurance me permettait d'avoir une plus grande confiance en mon évaluation d'une situation. Je n'acceptais plus sans discussion les jugements de mes parents ou ceux de l'université. J'apprenais qu'il n'y a pas *une seule* bonne façon de voir les choses, que deux positions peuvent être aussi valables l'une que l'autre, même lorsque la mienne diffère de celle d'autrui. Après avoir compris ça, j'ai commencé à remettre en question toute cette idée qu'il y a toujours une personne qui a raison et l'autre tort, que c'est dans l'ordre normal des choses que l'un fasse mieux que l'autre.

Différent n'implique plus nécessairement mieux ou pire et, grâce à sa nouvelle manière de voir la vie, elle perçoit les conflits dans les rapports humains sous un autre angle : au lieu de les mettre en danger, ils en font partie. Afin d'illustrer comment sa conception de la morale a évolué, elle parle d'un cours de développement moral qu'elle avait suivi quand elle était étudiante en deuxième année :

> Il me paraissait logique de penser que des personnes qui ont atteint le degré le plus élevé de maturité morale puissent toutes se mettre d'accord sur la meilleure façon de résoudre un problème moral. Cette idée me fascinait et me déroutait à la fois. C'était si clair et si net. C'est si simple, cette idée qu'il existe une seule bonne réponse

à un problème moral, et que chacun pourra trouver la bonne solution, puisqu'elle est unique.

Les préceptes de cette morale concordaient avec l'idée que Kate se faisait du féminisme à cette époque, étant donné que le concept de convention était fondé sur celui de droits. La reconnaissance des droits de la femme « légitimait une grande partie du mécontentement qu'[elle] éprouvait, irritée par le nombre limité des options ouvertes aux femmes ». Parallèlement, une morale synonyme de respect des droits de chacun justifiait la liberté de choix à laquelle elle aspirait, car selon cette conception, la responsabilité et le devoir se bornaient à une non-ingérence réciproque. Elle estime cependant aujourd'hui que cette approche « centrée sur l'individu », qui cherche à établir un équilibre entre les droits et les revendications de tous, ne tient aucun compte de la réalité des relations interpersonnelles et « omet de représenter toute une autre dimension de l'expérience humaine ». Lorsqu'elle perçoit les vies de chaque individu comme étant reliées d'une façon indissoluble dans un contexte social, elle élargit sa perspective morale pour embrasser l'idée « d'une vie collective ». Sa notion de responsabilité inclut maintenant à la fois soi et autrui, qui ne sont plus séparés et opposés, mais au contraire différents et associés. Cette prise de conscience de l'interdépendance, plutôt qu'un souci de réciprocité, la conduit à penser que « nous sommes tous dans une certaine mesure responsables du bien-être de chacun ».

Comme les problèmes moraux surgissent dans des situations de conflit où, « quelle que soit la décision prise, quelque chose ou quelqu'un sera oublié », leur résolution « n'est pas une simple question de trancher dans un sens ou dans l'autre; c'est pire ». Dans un monde conçu comme un immense réseau de rapports humains enchevêtrés, le tort subi par un individu a des répercussions sur tous. Ce fait complique l'aspect moral de n'importe quelle décision et élimine la possibilité d'identifier une solution claire et nette. La morale n'est donc plus opposée à l'intégrité ou liée à un idéal de consensus, mais a pour but « cette sorte de sentiment d'intégrité » que fait naître le fait de « prendre une décision uniquement après avoir minutieusement examiné toutes les conséquences et tous les facteurs qui vous semblent importants dans la situation donnée » et de « se sentir responsable du choix qui a été fait ». Cela revient à dire que la morale est une question de sollicitude :

> C'est prendre le temps et l'énergie de tout envisager. Décider à la légère ou rapidement en se fondant sur un ou deux facteurs, alors qu'on sait qu'il y a d'autres choses importantes à considérer qui seront affectées par la décision prise, ça c'est immoral. La façon morale de décider, c'est faire intervenir tout ce que l'on sait dans toute la mesure de son possible.

Kate se décrit comme « quelqu'un de fort », bien qu'elle reconnaisse ne pas toujours avoir l'impression de l'être. Sa perception d'elle-même est celle d'une « personne attentionnée et pleine d'égards, qui commence péniblement à apprendre à s'exprimer et à être plus ouverte, et qui s'efforce de perdre l'attitude stoïque qu'elle a eue jusqu'à présent ». Alors que ses activités sportives l'ont conduite « à se prendre physiquement au sérieux, le féminisme lui a fait découvrir que ses idées et ses sentiments avaient également de l'importance ». Elle est aujourd'hui à l'écoute de sa propre voix et répond de façon plus directe aux besoins des autres. Sa définition de la morale démontre une nouvelle compréhension de la responsabilité qui inclut la logique des droits. Elle voit la vie comme un réseau de routes qui s'entrecroisent où l'individu peut, à chaque intersection, choisir la direction qu'il va prendre. Elle se rend compte qu'il n'y a pas de « chemin unique à suivre, qu'aucun facteur n'est absolu et que les conflits sont une réalité permanente ». Le seul « principe fondamental et constant » est de décider avec soin, en se fondant sur ce que l'on sait de prendre la responsabilité de son choix et de ne pas oublier que d'autres solutions auraient pu être tout aussi valables.

Si pour Kate, la responsabilité est une question de sollicitude plutôt que le souci de ne pas nuire à autrui, elle reconnaît que la définition d'une limite est un problème : « Nous avons la responsabilité de nous entraider : je ne sais pas jusqu'à quel point. » Bien que l'inclusion de tous soit l'objectif de sa conscience morale, elle reconnaît que l'exclusion puisse quelquefois être une nécessité. Les gens qu'elle admire sont « ceux qui ont une expérience concrète de la réalité, qui connaissent la vie non pas parce qu'ils en sont des spectateurs détachés mais parce qu'ils sont continuellement à l'écoute d'eux-mêmes et des autres ».

On peut dire que, dans un sens, peu de chose a changé en un siècle. George Eliot constate que « nous ne possédons pas de clé universelle capable de résoudre tous les cas de conscience », et cette observation la renvoie aux casuistes. Elle voit « dans leur esprit pervers, qui examine tout dans les moindres détails », l'ombre d'une vérité devant laquelle nos yeux et nos cœurs restent trop souvent et fatalement clos. Cette vérité nous souffle que les jugements moraux demeurent immanquablement faux et creux si nous ne veillons pas à tenir compte constamment des circonstances particulières qui sont le lot de chaque individu. Ainsi, le jugement moral doit être fondé sur « une sympathie et une compréhension toujours plus grandes », et tempéré par ce que l'expérience nous apprend, à savoir que « les règles générales ne mènent pas à la justice », « par une méthode toute faite qui dispenserait de la patience, du discernement, de l'impartialité, et de se demander si l'on possède la perspicacité que donne une évaluation sévèrement gagnée des pouvoirs de la tentation ou une vie vécue avec assez d'intensité pour susciter un sentiment de sympathie qui s'étende à tout ce qui est humain ».

Et pourtant, pour Eliot, tout au moins dans ce roman, le dilemme moral demeure celui du renoncement. Le problème est de « savoir si un individu a laissé passer le moment propice où un renoncement de sa part pourrait encore avoir une efficacité quelconque; s'il doit accepter d'être emporté par une passion contre laquelle il avait lutté, car elle est selon lui un péché ». Opposer la passion au devoir lie la morale à un idéal d'abnégation, cette « bonté parfaite » que Maggie Tulliver a désiré atteindre. Mais cette opposition comme cet idéal sont mis en question par le concept de droits, qui repose sur une idée de justice présupposant l'égalité entre soi et autrui. Dans l'esprit des étudiantes sur lesquelles a porté notre enquête dans les années soixante-dix, ce concept a remis en question la validité d'une morale d'abnégation et de sacrifice de soi. Elles ont mis en doute le stoïcisme d'une éthique de désintéressement et remplacé l'illusion de l'innocence par une prise de conscience de leur pouvoir de décision. Elles se sont débattues afin de saisir la notion fondamentale des droits, qui affirme que l'on peut considérer ses propres intérêts comme légitimes. Dans ce sens, le concept de droits change les conceptions que les femmes se font d'elles-mêmes; elles se perçoivent plus fortes et se permettent par conséquent de tenir compte directement de leurs propres besoins. Quand l'affirmation de soi ne semble plus constituer un danger, la conception des relations avec l'autre évolue d'un lien de dépendance perpétuelle à une dynamique d'interdépendance. Puis la notion de sollicitude s'étend au-delà de l'impératif paralysant de ne pas nuire aux autres à celui d'agir de manière responsable envers soi-même et les autres et de maintenir ainsi un réseau de relations humaines. Prendre conscience de la dynamique des rapports humains devient donc essentiel à la compréhension d'une morale qui unit le cœur et l'esprit en associant les activités de la pensée à celles de la sollicitude.

Les droits que les femmes ont conquis tempèrent

la miséricorde de justice, car ils leur permettent de considérer comme moral le fait de s'occuper non seulement des autres mais d'elles-mêmes. Le problème d'inclusion que les féministes ont tout d'abord soulevé dans le domaine public a des conséquences directes sur la psychologie féminine, car l'attention des femmes est attirée sur leur propre exclusion d'elles-mêmes. Quand le souci de sollicitude va au-delà d'une injonction de ne pas nuire à autrui et rejoint un idéal de responsabilité dans les relations sociales, les femmes commencent à percevoir leur compréhension des relations humaines comme une source de force morale. Le concept de droits transforme également les jugements moraux des femmes dans le sens qu'il les rend plus tolérants et moins absolus, puisqu'il leur permet d'envisager un dilemme moral à partir d'une deuxième perspective.

A mesure que l'égoïsme et le sacrifice de soi deviennent une question d'interprétation, que la tension existante entre responsabilités et droits est acceptée, la vérité psychologique est impliquée dans la vérité morale, et le jugement devient plus complexe. L'héroïne de Drabble, qui cherchait en vain à surmonter l'obstacle des mots et de ses pensées afin d'écrire « un poème aussi rond et dur qu'un galet », finit par abandonner son projet, car « un poème aussi lisse ne dirait rien ». Elle décide alors de décrire les divers aspects d'un événement examiné sous tous les angles et ne parvient pas à trouver de vérité unifiée. Dans un dernier changement de perspective, elle bannit ses soupçons et les renvoie à « cette troisième personne très éloignée ». Libérée de l'accusation d'égoïsme, elle s'identifie à la voix de la première personne.

6

VISIONS DE MATURITÉ

L'attachement et la séparation sont les deux
constantes du cycle de la vie. Elles s'inscrivent dans
la biologie de notre reproduction et dans la psychologie de notre développement. Les notions d'attachement et de séparation, qui décrivent l'ordre et la
nature du développement du petit enfant, se nomment,
à l'adolescence, identité et intimité, et, à l'âge adulte,
amour et travail. Ce leitmotiv de l'expérience humaine
tend cependant à disparaître quand il est réduit à son
expression linéaire afin d'être intégré dans l'équation
« épanouissement égale séparation », équation qui est
à la base de la plupart des théories du développement.
On peut en partie attribuer cette disparition au fait
que la grande majorité des études effectuée a porté
sur le développement de l'enfant et de l'adolescent.
Cette période du cycle de vie se prête plus facilement
à une évaluation du progrès accompli; on mesure la
distance qui sépare la mère de l'enfant. Les femmes
ne sont pas incluses dans les rapports qui ont été
faits sur le développement des adultes et l'absence
de leurs voix met en évidence les limites de ces
interprétations.

Les psychologues qui décrivent l'âge adulte choi-
sissent comme Virgile de « chanter l'homme et ses
exploits », car ils concentrent leurs efforts sur le
développement du moi et le travail. Bien que l'on
suppose que l'âge adulte signale un retour à l'atta-

chement et à la sollicitude, après l'apogée de séparation qui caractérise l'adolescence, les représentations récentes du développement adulte, résultats d'enquêtes menées auprès des hommes, apportent très peu d'éclaircissements sur cette priorité présumée de l'intimité et des rapports personnels. Les femmes ne figurent pas au nombre nécessairement restreint des participants de l'étude menée par Daniel Levinson en 1978. En dépit de leur absence, et il est évident qu'il la déplore, il se met en devoir d'élaborer, à partir de données exclusivement masculines, « une conception du développement capable d'embrasser les divers changements biologiques, psychologiques et sociaux qui se produisent au cours de la vie adulte [1] ».

Semblable à la prophétie de Jupiter qui prédit à Énée un destin glorieux et gouverne le cours de ses pérégrinations, le « rêve » sur lequel Levinson fonde sa conception dirige l'ordre des saisons de la vie d'un homme. Ce rêve est aussi une vision de réussite éclatante dont la réalisation ou l'altération modèlera la personnalité et la vie de l'homme. Parmi les relations personnelles importantes que fait ressortir l'analyse de Levinson, il y a le « mentor », dont le rôle est de faciliter la concrétisation du rêve, et la compagne du héros qui est là pour l'encourager à façonner et à vivre sa vision : « L'apprenti adulte s'efforce de se séparer de sa famille et de quitter le monde de l'adolescence afin d'entrer dans celui des adultes. C'est pendant cette période qu'il doit établir des relations solides avec d'autres adultes qui l'aideront à réaliser son rêve. Le " mentor " et la " femme spéciale " sont deux des personnages les plus importants de cette mise en scène [2]. »

Les personnes avec qui le jeune adulte a des rapports privilégiés sont donc perçues comme des moyens d'arriver au but. Dès que ce dernier est

1. Levinson, 1978, p. 8.
2. *Ibid.*, p. 93.

atteint, les « personnages de transition » deviennent des figurants qui ne servent plus à rien et doivent être abandonnés. Si ces personnes ne remplissent pas leur rôle et, comme Didon, constituent un obstacle à la réalisation de son rêve, le héros se doit de les rejeter afin de « permettre au processus de développement » de continuer. La définition que donne Levinson de ce processus est explicite : c'est celui de la différenciation de la personnalité de l'individu ou individuation. « Le processus d'individuation se poursuit pendant tout le cycle de vie et plus particulièrement lors des périodes capitales de transition [...]. Les rapports qu'une personne établit avec elle-même et le monde extérieur changent » à mesure que se déroule ce processus et constituent la « structure de sa vie » [1].

Si cette structure se révèle défectueuse et menace de faire avorter les grandes espérances du rêve, l'homme doit « s'échapper » afin d'éviter « un grave échec ou déclin ». Cette fuite se traduit par un acte de séparation tel que « quitter sa femme, son travail ou déménager au loin » [2]. La voie du salut est donc, au milieu du cycle de vie, celle de la réussite ou de la séparation.

Parmi la myriade de possibilités qu'offre l'expérience humaine, Levinson choisit de tracer le même parcours du développement adulte que Virgile : l'individu mène une lutte acharnée afin de suivre le chemin qui le conduit à un destin glorieux. Envers et contre tout, Énée poursuit sa destinée qui est de fonder Rome. Les hommes étudiés par Levinson se consacrent avec la piété du héros à la réalisation de leur rêve et mesurent leur progrès en fonction de la distance qui les sépare du succès dans leur terre promise. C'est pourquoi les rapports personnels, quelle que soit leur intensité particulière, jouent un rôle relativement subalterne dans les vies décrites par

1. *Ibid.*, p. 195.
2. *Ibid.*, p. 206.

Levinson. Le développement de l'adulte met en scène un seul et unique personnage, l'individu.

Les résultats de l'enquête de George Vaillant sur l'adaptation à la vie adulte soulignent également l'importance du travail. Les différentes données, y compris celles suscitées par les interviews, se rapportent principalement aux variables de l'ajustement à la vie professionnelle. Vaillant estime qu'Erikson a « laissé une période de développement non représentée qui se situe entre la vingtaine et la quarantaine [1] ». Il décrit les années de la trentaine comme l'âge de la « consolidation de la carrière professionnelle ». Il établit une analogie entre le stade de développement où se trouvaient les hommes de son enquête et le soldat de Shakespeare qui, « poursuivant cette bulle d'air qu'on nomme la gloire, veille, l'arme au pied, sur sa réputation [2] ». Dans l'ordre des étapes du cycle de vie établi par Erikson, l'âge adulte s'articule autour d'une sorte de solidarité réciproque qu'il appelle intimité et procréativité. Vaillant, en insérant un stade intermédiaire d'individuation plus poussée et de réussite où l'homme dans sa trentaine cherche par son travail à obtenir la reconnaissance de la société, interrompt le processus d'intimité d'Erikson.

Ce qu'Erikson entend par intimité et procréativité (*generativity*) néanmoins est le « souci d'établir et de guider la prochaine *génération* ». La « productivité et la créativité » de la paternité et de la maternité, dans le sens littéral ou symbolique de leur réalisation, sont pour Erikson une métaphore dont il se sert afin de décrire un âge adulte consacré à prendre soin d'autrui et axé sur les rapports personnels [3]. La procréativité est l'étape centrale du développement adulte et englobe aussi bien « la relation qui existe entre l'homme et sa production que celle qu'il a créée avec sa progé-

---

1. Vaillant, 1977.
2. *Comme il vous plaira,* acte II, scène VII, trad. de Jules Supervielle, Shakespeare, *Œuvres complètes,* Gallimard *(N. d. T.).*
3. Erikson, 1950, p. 267.

niture [1] ». Dans le compte rendu de Vaillant, cette relation est repoussée à l'âge mûr.

Vaillant affirme que la procréativité « n'est pas uniquement une étape destinée à nourrir les petits ». Il met en doute la validité de la métaphore de paternité d'Erikson et rappelle que « le monde est rempli de mères irresponsables qui sont merveilleuses quand il s'agit de porter l'enfant, de le mettre au monde et de l'aimer jusqu'à l'âge de deux ans, mais ensuite désespèrent de pouvoir continuer le processus d'éducation ». Afin d'exclure de telles femmes, la connotation matérielle et terre à terre est supprimée, et Vaillant donne une nouvelle définition de la procréativité : « C'est la responsabilité de la croissance, de la conduite et du bien-être des êtres humains qui vous entourent, ce n'est pas seulement faire de la culture ou élever des enfants [2]. » La conception d'Erikson est par conséquent réduite au développement de l'âge mûr et sa définition de la sollicitude devient plus restrictive.

Il en résulte que Vaillant souligne l'importance de la relation entre l'individu et la société, et minimise l'attachement à autrui. Au cours d'une étude portant sur le travail, la santé, le stress, la mort et divers rapports familiaux, il dit aux participants de son enquête que la « question la plus dure » qu'il allait leur poser était : « Pouvez-vous décrire votre femme ? » Cette remarque préliminaire est probablement le fruit de son expérience avec cet échantillon particulier d'hommes, mais elle indique également les limites de leur adaptation à la vie adulte ou peut-être le prix psychologique qu'ils ont dû payer pour elle.

Les « modèles d'un cycle de vie sain » sont donc des hommes qui semblent distants dans leurs rapports avec autrui et qui éprouvent des difficultés à décrire leur femme dont ils reconnaissent pourtant le rôle majeur dans leur vie. L'inexistence presque totale de

1. Erikson, 1950, p. 268.
2. Vaillant, 1977, p. 202.

relations intimes transparaît dans la conclusion de Levinson. « Au cours de nos interviews, l'amitié brillait par son absence. Une première généralisation serait de dire que les Américains ne se lient pas facilement. L'amitié intime avec un homme ou une femme fait très rarement partie de leur expérience. » Frappé par cette impression de réserve et de froideur, il interrompt son exposé sur les trois « tâches » de la vie adulte (construire et modifier la structure de vie, améliorer chaque élément de la structure de vie, accélérer le processus d'individuation) pour offrir un commentaire : « Un homme peut avoir une vie sociale intense, être entouré d'un grand cercle de connaissances, entretenir des relations amicales avec beaucoup d'hommes et peut-être quelques femmes. En règle générale, la plupart des hommes n'ont pas d'ami intime comme au temps de leur enfance ou de leur jeunesse; ils gardent toutefois un bon souvenir de ces rapports. Ils sont nombreux à fréquenter des femmes, mais ces relations ne les mènent pas bien loin; quelques-uns ont vécu ou vivent une grande passion. La majorité des hommes n'a pas eu l'expérience d'une amitié intime et platonique avec une femme. Nous avons besoin de comprendre pourquoi l'amitié est si rare et de savoir quelles sont les conséquences de cette carence sur le développement de l'adulte [1]. »

Les études effectuées sur le développement adulte indiquent par conséquent que la priorité est donnée au processus continu d'individuation et de réussite, les rapports personnels étant considérés comme secondaires. La personne, estime-t-on, augmente ses facultés d'intimité grâce à des attachements vécus à un stade antérieur du cycle de vie. Mais on a observé par ailleurs, chez les hommes dont les vies ont servi de modèles à l'élaboration de la théorie, une diminution de leur capacité à établir des relations personnelles intimes et à exprimer leurs émotions. Ils en parlent

1. Levinson, 1978, p. 335.

en termes de réussite ou d'échec et leur langage affectif est pauvre :

> Lucky, à quarante-cinq ans, avait l'un des meilleurs couples de l'enquête, mais il n'était probablement pas aussi parfait qu'il le laissait entendre en écrivant : « Vous ne me croirez peut-être pas, mais nous n'avons jamais eu la moindre dispute. »

> Le passage de l'identité à l'intimité a été pour le Dr Carson une transition hésitante et chaotique comme en témoigne sa biographie. Le chemin parcouru entre la consolidation de sa carrière professionnelle et l'acquisition de la faculté de sollicitude dans le sens le plus large du terme [...] avait été marqué par un divorce, un remariage, un changement d'orientation professionnelle. Le chercheur médical timide s'était transformé en un clinicien plein de charme. Sa métamorphose personnelle avait continué : il était devenu affable, courtois, bienveillant, paisible et maître de lui [...]. L'énergie de sa jeunesse était revenue [...], son état dépressif actuel était sans nul doute un affect; il était tout sauf épuisé. L'instant d'après, il admettait : « J'ai des désirs sexuels très prononcés et c'est aussi un problème. » Puis, il s'est lancé dans un récit captivant de ses dernières aventures amoureuses. Il a parlé également de la sollicitude paternelle qu'il éprouvait à l'égard de ses patients [1].

Vaillant et Levinson sont tous deux convaincus que la séparation mène à l'attachement et que l'individuation aboutit à la réciprocité. Néanmoins, les vies qu'ils donnent en exemple afin d'étayer leur affirmation la démentent. Erikson a analysé la vie de deux hommes, Luther et Gāndhī, qui se sont consacrés à l'amélioration du sort de l'humanité. Il ressort que ceux-ci ont atteint la perfection dans la relation qu'un individu peut établir avec sa société, mais que cette réussite s'est faite au détriment de leur capacité d'intimité. Les deux hommes ont vécu, sur le plan personnel, à une très grande distance des autres.

1. Vaillant, 1977, p. 129, 203-206.

Luther et Gāndhī, alors qu'ils travaillaient avec ardeur pour la gloire de Dieu, l'un exalté par sa Foi et l'autre par sa dévotion à la vérité, ont ignoré leurs proches. Ces hommes ressemblent d'une façon remarquable à Énée, le héros visionnaire et mystique du poème épique de Virgile. Lui aussi a su vaincre les liens de l'attachement qui l'empêchaient de poursuivre sa destinée : Rome.

Dans tous ces récits, les femmes sont silencieuses. Seule la voix douloureuse et triste de Didon se fait entendre qui, en vain, implore et menace Énée. Désespérée, elle tait à jamais sa propre voix en se jetant sur l'épée du héros infidèle. Il semble donc que les représentations actuelles du développement adulte soient incomplètes. Elles ne comportent aucune description de l'évolution des rapports personnels vers une maturité d'interdépendance. Bien que la plupart des traités sur le développement reconnaissent la vérité de la séparation, la réalité de relations ininterrompues est perdue ou reléguée à l'arrière-plan dès qu'apparaissent les personnages féminins. La conception du processus de maturation adulte qui résulte des études effectuées récemment projette une ombre familière sur la vie des femmes. Elle souligne encore une fois l'imperfection de leur séparation et les montre enlisées dans les sables mouvants des rapports personnels. La séparation et l'attachement, jalons successifs du développement qui caractérisent respectivement l'adolescence et l'âge adulte, semblent être deux notions indistinctes et confondues chez les femmes. Dans une société où la séparation est récompensée, cette fusion constitue pour elles un danger, mais elle attire également l'attention sur une vérité plus générale que les ouvrages psychologiques actuels obscurcissent.

La relation entre soi et autrui est mise à découvert chez le jeune adulte, car il est à un stade du cycle de vie où l'identité et l'intimité convergent pour éclater en des dilemmes de responsabilités conflictuelles. Que les hommes et les femmes aient une expérience différente de cette relation est un fait régulièrement rapporté par les écrits traitant du développement humain et que j'ai moi-même constaté au cours de mes recherches. Les voix masculines et féminines parlent, à l'âge adulte, de l'importance de vérités différentes, car elles viennent de parcourir des chemins divergents. Que ce soit au moment de la formation de l'identité sexuelle ou bien encore lors de la cohabitation difficile de l'identité et de l'intimité pendant l'adolescence, l'expérience de la dynamique de la séparation et de l'attachement a été dissemblable. Le discours masculin proclame le rôle capital que joue la séparation en définissant le moi et en lui donnant les pleins pouvoirs. Le discours féminin, en revanche, plaide en faveur de l'attachement qui, inlassablement, tisse le fil dont dépend la vie de la communauté humaine tout entière.

Puisque ce dialogue contient la dialectique qui crée la tension du développement humain, le silence des femmes déforme la conception des étapes et de la séquence du processus de maturation adulte. C'est pourquoi je voudrais restituer en partie le texte manquant à l'aide des descriptions que font des femmes au début de l'âge adulte de leurs conceptions d'elles-mêmes et de la morale. En prêtant essentiellement attention aux différences entendues entre les voix masculines et féminines, mon objectif est d'inclure la perspective des deux sexes afin d'améliorer notre compréhension du développement humain. Bien que les jugements pris en considération proviennent d'un petit échantillon de personnes dont le niveau d'instruction est élevé, ils mettent en évidence un contraste et permettent de reconnaître non seulement ce qui est absent du développement féminin mais aussi de distinguer la nature de ce qui y est présent.

Le débat qui a animé une classe de littérature illustre ce problème de discernement. On avait demandé aux étudiantes universitaires de discuter du problème moral présenté par deux romans, l'un de Mary McCarthy et l'autre de James Joyce :

> Je me sentais prise dans un dilemme qui était nouveau pour moi à l'époque, mais qui depuis est devenu horriblement familier : le piège de la vie adulte. On est serré comme dans un étau, on a beau se tortiller dans tous les sens, il est impossible de s'échapper. On se sent impuissant et paralysé, car on peut comprendre les deux points de vue. Cette fois-là, et comme je l'ai généralement fait par la suite, j'ai transigé.
>
> *Mémoires d'une jeune catholique*

> Je ne servirai pas une cause si je ne crois plus en elle. Que cette cause s'appelle ma famille, ma patrie ou mon Église, peu importe. Et j'essaierai de m'exprimer par un mode de vie ou une forme d'art aussi librement que j'en suis capable, aussi totalement que j'en suis capable. J'utiliserai pour me défendre les seules armes que je me permets d'employer : le silence, l'exil et la ruse.
>
> *Dedalus, portrait de l'artiste jeune pas lui-même*

Comparant la clarté du *non serviam* de Stephen Dedalus au « parcours en zigzag » de Mary McCarthy, les femmes ont décidé à l'unanimité que le meilleur choix était celui de Stephen. La certitude de sa conviction lui conférait de la puissance, ses tactiques de défense afin d'éviter une confrontation étaient au point, son identité était clairement définie et liée à une justification irrésistible. Il avait, en tout cas, pris position.

Alors qu'elles auraient souhaité posséder cette assurance et cette certitude de décision et de volonté, les femmes se sont identifiées à Mary McCarthy : faible, impuissante, composant perpétuellement avec autrui. Le contraste des images de faiblesse et de puissance, explicitement liées à l'attachement et à la séparation, résume le dilemme du développement féminin, le conflit entre l'intégrité et la sollicitude. Dans la construction plus simple de Stephen, la séparation a semblé être la condition libératrice du moi, qui permet de s'exprimer sans retenue. En revanche, l'attachement est apparu comme un piège paralysant et la sollicitude comme un prélude inévitable au compromis. Aux yeux des étudiantes, la description de Mary McCarthy confirme leurs propres conceptions.

La progression de l'enfance à l'âge adulte emprunte des chemins différents dans chacun des deux romans. Pour Stephen, quitter l'enfance signifie renoncer aux relations personnelles afin de protéger sa liberté d'expression. Pour Mary, dire « adieu à son enfance » signifie au contraire renoncer à sa liberté d'expression, afin de protéger autrui et les rapports interpersonnels. « Un sentiment de puissance et de magnanimité impériale m'a envahie : j'allais transiger, comme une personne adulte et responsable, non pas à cause de raisons égoïstes mais dans l'intérêt de tous. » Ces constructions divergentes de l'identité, expression ou sacrifice de soi, créent, pour le futur adulte, des obstacles dissemblables qu'il aura néanmoins à surmonter afin de poursuivre son développement. L'un aura des problèmes de relations humaines et l'autre des difficultés à discerner la vérité. Ces problèmes disparates en apparence sont cependant intimement liés, puisque battre en retraite devant la vérité augmente la distance entre les êtres humains et que la séparation efface une partie de la vérité. Dans l'enquête sur les étudiants qui couvre les premières années de l'âge adulte, on a constaté que les hommes revenaient de leur exil silencieux et que leur retour correspondait à celui des femmes qui refusaient de composer et de transiger plus longtemps. L'intimité et la vérité restent sur des voies parallèles allant en sens inverse, jusqu'à ce qu'elles se rejoignent dans la découverte d'un lien entre l'intégrité et la sollicitude. Dès lors, seule une différence d'intonation révèle ce que les hommes et les femmes ont toujours su et ce que l'expérience leur a enseigné par la suite.

Les étudiantes du cours de littérature ont toutes, sans hésiter, préféré la prise de position de Stephen.

Ce jugement immédiat et désapprobateur de leur propre comportement est comparable à l'empressement enfantin à s'excuser dont ont fait preuve les femmes qui avaient participé à l'enquête sur les étudiants. Le nombre inégal d'hommes et de femmes qui ont pris part à cette étude reflète la répartition des sexes parmi les étudiants qui avaient suivi le cours traitant de choix politique et moral. A vingt-sept ans, les cinq femmes de l'enquête avaient toutes entrepris de faire carrière : deux d'entre elles étaient docteurs en médecine, une autre avocate, la quatrième poursuivait des études universitaires avancées et la cinquième était une syndicaliste. Trois de ces femmes s'étaient mariées au cours de ces cinq dernières années et une avait un enfant.

Lorsqu'on leur avait demandé : « Comment vous décririez-vous à vous-même ? », une des femmes refusa de répondre, mais les quatre autres acceptèrent de le faire :

Cela semble, en un sens, bizarre, mais je pense que je suis « maternelle », avec toutes les connotations qui se rattachent à ce mot. Je me vois dans un rôle nourricier et protecteur, peut-être pas dans l'immédiat, mais ce sera ma fonction, un jour, en tant que médecin, en tant que mère [...]. Il m'est difficile de penser à moi sans penser à ceux qui m'entourent et à qui je donne de moi-même.

(*Claire*)

Le travail ne me fait pas peur, j'aime aller au fond des choses et je suis assez responsable. Et maintenant, passons à mes points faibles : je suis quelquefois hésitante devant une décision à prendre, je ne me sens pas sûre de moi, j'ai peur de faire certaines choses et d'en prendre la responsabilité. Je pense que peut-être cette incertitude et ce manque de confiance en moi sont un de mes plus gros problèmes [...]. L'autre aspect très important de ma vie est mon mari. Je m'efforce de lui faciliter les choses et de l'aider.

(*Leslie*)

Je suis une hystérique. Je suis exaltée. Je suis chaleureuse. Je sais m'y prendre avec les gens. J'éprouve plus de tendresse et d'affection envers autrui que d'animosité. Il est plus facile de me rendre aimable et gentille que de me mettre en colère. Si je devais choisir un seul mot, je dirais « adoptée », car pour moi cela signifie beaucoup de choses.

(*Érica*)

Dans un sens, j'ai énormément changé. Lors de la dernière interview (quand j'avais vingt-deux ans), j'avais l'impression d'être une personne qui voulait s'épanouir et qui, de tout cœur, s'efforçait de le faire. Mais il me semble que depuis deux ans je stagne. La personne qui n'essaie pas ne fait aucun progrès, et je pense que c'est cela qui me tracasse le plus, ce à quoi je réfléchis sans arrêt. Je n'avance pas. Non, ce n'est pas vrai. Je pense que d'une certaine manière je continue quand même à m'épanouir, mais la façon dont Tom et moi avons rompu me paraît un échec. Ce qui s'est passé avec Tom me donne l'impression d'avoir cessé de progresser [...]. Dernièrement, mon comportement ne correspond plus toujours à l'idée que je me fais de moi-même. J'ai fait beaucoup de mal à Tom, et cela me tourmente. Je me vois d'un côté comme quelqu'un qui essaie de ne pas nuire à autrui, et puis, de l'autre, je suis bien obligée de constater que je lui ai causé une peine immense. De maltraiter les autres sans le vouloir, cela me pèse. J'ai le sentiment, depuis quelque temps, qu'il est facile d'affirmer ses principes, ses valeurs et de dire ce que l'on pense de soi; mais dans la réalité, il en va souvent autrement. Vous pouvez dire et penser que vous essayez de ne pas faire de mal aux autres : il se peut néanmoins que certaines choses en vous vous poussent quand même à en faire. On peut affirmer : « Tel est mon principe », et puis, lorsqu'on est au pied du mur, on ne se comporte pas nécessairement de la façon prévue et désirée [...]. Je me considère donc comme une personne bourrée de contradictions et déroutée.

(*Nan*)

Les portraits que ces femmes brossent d'elles-mêmes illustrent, mieux que partout ailleurs peut-être, la fusion de l'identité et de l'intimité, caractéristique du développement féminin qui a déjà été observée à maintes reprises. On leur avait demandé de décrire leur propre personne et chacune répond en décrivant une relation avec autrui. Elles définissent leur identité par rapport et *en* liaison avec la mère de demain, l'épouse d'aujourd'hui, l'amant d'hier ou l'enfant adopté. Afin de porter un jugement moral sur elles-mêmes, elles se servent d'un critère d'évaluation qui repose sur une éthique du bien-être d'autrui, de la responsabilité, de la sollicitude. Elles mesurent leur force en fonction de leur activité d'attachement : « donner de soi-même », « aider », « être gentille », « ne pas nuire ». Ces femmes, dont la carrière est couronnée de succès, n'incluent pas leurs distinctions académiques et professionnelles dans leur autoportrait. On pourrait même dire qu'à leurs yeux leurs activités professionnelles constituent un facteur compromettant leur perception d'elles-mêmes. Déchirées entre la réussite et la sollicitude, ce conflit les laisse partagées dans leur jugement ou avec le sentiment d'avoir été trahies. Voici l'explication de Nan :

Au début de mes études de médecine, j'avais l'impression d'être concernée par le bien-être des autres et capable de prendre soin d'eux, d'une manière ou d'une autre. Mais les dernières années ont été très difficiles. Je ne parvenais plus à donner de moi-même, à m'occuper des autres. J'étais débordée. Prendre soin d'autrui est l'objectif et la raison d'être de la médecine. Et pourtant, j'avais le sentiment que la profession elle-même m'empêchait plus ou moins de me consacrer aux autres. Je n'avançais plus; je piétinais. J'étais tout juste capable de maintenir ma tête hors de l'eau afin de faire face à mes obligations du moment. Cela me mettait parfois très en colère, car les choses ne se passaient pas comme je l'avais voulu.

Il ressort des descriptions de ces femmes que la morale est fondée sur l'expérience des relations humaines et qu'elle est conçue comme un problème d'inclusion et non comme un équilibre à établir entre deux revendications opposées. Claire exprime de façon très explicite cette conception de la morale et de sa source quand elle dépeint sa vision de la réalité sociale, afin d'expliquer pourquoi elle juge que Heinz devrait voler le médicament (dilemme de Heinz) :

> Lorsqu'on est seul, les choses n'ont plus guère de sens. Le son obtenu quand on applaudit d'une seule main est incomplet. Il manque quelque chose. C'est le son d'un seul homme ou d'une seule femme. Ce qui est important à mes yeux, c'est l'ensemble de la collectivité humaine. Cette collectivité est fondée sur certains principes directeurs. Chacun d'entre nous y appartient et nous en sommes tous issus. On n'éprouve pas nécessairement de la sympathie envers quelqu'un, mais on est obligé de l'aimer car on est inséparable de lui. Dans un sens, c'est l'amour que l'on porte à sa main droite. *Les autres font partie de vous.* Cette autre personne appartient à cette immense communauté dont on fait soi-même partie.

A l'oreille de ce médecin ambitieux et très maternel, le son d'une main qui applaudit, seule, ne semble pas être le fait d'une transcendance miraculeuse, mais plutôt une absurdité humaine, l'illusion d'une personne solitaire dans une réalité d'interdépendance.

Les hommes parlent de leur identité sur un ton différent; leur discours est plus clair, plus direct, plus net, plus tranchant. Même lorsqu'ils dénigrent ce concept d'identité, ils sont rayonnants de confiance, sûrs de détenir la vérité. Bien que leur monde individuel soit quelquefois émaillé de « gens » ou d'« attachements solides », les hommes ne mentionnent à aucun moment une personne en particulier. Les activités associées aux rapports personnels ne sont pas inclues dans la description qu'ils donnent d'eux-mêmes. Ils remplacent les verbes féminins d'attachement par des adjectifs de séparation – « intelligent », « logique », « imaginatif », « honnête » et même parfois « arrogant » et « effronté ». Le moi masculin est par conséquent défini dans et par la séparation en dépit de leurs « contacts réels », de leurs « émotions profondes » ou de leur souhait d'en avoir.

La situation de famille et l'activité professionnelle des hommes sélectionnés au hasard parmi une moitié des participants étaient similaires à celles des femmes précitées. Voici quelles ont été leurs réponses initiales à la question : « Comment vous décririez-vous à vous-même ? » :

Logique, conciliant, calme en apparence. Si mes réponses semblent courtes et directes, c'est à cause de mon éducation et de ma formation professionnelle. En architecture, les rapports doivent être rédigés de façon brève et concise. Accommodant. Tout cela reste sur un niveau émotionnel. Je me considère comme une personne instruite et raisonnablement intelligente.

Je me décrirais comme un être passionné et enthousiaste, légèrement arrogant. Concerné, engagé et très fatigué à l'instant même, car je viens de passer une nuit blanche ou presque.

Je me décrirais comme quelqu'un intellectuellement et émotionnellement bien développé. J'ai un cercle relativement restreint d'amis et de connaissances avec qui j'ai de vrais contacts. Je ne parle pas de mes contacts professionnels ou avec la communauté. Assez fier de mes facultés intellectuelles et satisfait du côté émotionnel, tel qu'il se présente; ce n'est pas là où vont tous mes efforts. Je désire faire quelque chose dans cette direction, épanouir cet aspect émotionnel.

Intelligent, perspicace – attention, je parle en toute honnêteté maintenant, je vais droit au but –, je suis encore assez renfermé et irréaliste dans un certain nombre de situations sociales où il est nécessaire de communiquer avec d'autres personnes, particulièrement avec les autorités. Je m'améliore, je suis plus décontracté, moins tendu et bloqué que je ne l'étais auparavant.

Assez paresseux, bien qu'il soit difficile de déterminer à quel point cette apathie est reliée à d'autres conflits. Un soupçon de dilettantisme, je suis intéressé par beaucoup de choses, mais mon intérêt demeure souvent superficiel; je m'efforce de corriger ce trait de caractère.

Mon premier mouvement serait de me décrire en racontant mon histoire personnelle, où je suis né, où j'ai grandi, et ce genre de choses, mais je ne suis pas content de ce type de réponse, que j'ai déjà faite des milliers de fois. Elle ne semble pas saisir l'essence de ce que je suis, me dirais-je sans doute après une énième vaine tentative, car l'essence de ce que je suis, ça n'existe pas, et tout cela m'ennuiera à mourir... Je ne crois pas qu'il y ait quelque chose qui ressemble à un moi. Aujourd'hui, mon moi se trouve assis ici; demain, il sera ailleurs, et ainsi de suite.

Honnête et qui évolue.

Je suppose que je donne l'impression d'être un homme facile à vivre et qui prend les choses comme elles viennent, mais je pense que je suis probablement un peu plus tendu et crispé que ce que l'on voit superficiellement. J'ai tendance à m'énerver très rapidement. Je suis plutôt dans le genre impertinent ou effronté, peut-être. Un peu dur à cuire, je crois, un type qui ne se laisse pas emporter par les émotions et les sentiments. J'ai de profondes émotions, mais je ne suis pas quelqu'un à avoir beaucoup de gens différents autour de lui. Je me sens attaché à quelques personnes, profondément attaché. Ou des attachements à une multitude de choses, dans le sens où l'intérêt que je leur porte est visible.

Je suppose que j'ai une assez forte impulsion créatrice et aussi que je suis un peu schizophrène [...]. C'est en grande partie le résultat de la manière dont j'ai grandi. Il y a cette sorte de désir et de nostalgie de la vie pastorale et, en même temps, je me sens attiré par le faste, le prestige et l'estime que peut apporter la vie frénétique du monde des affaires.

Deux hommes se montrent plus hésitants et commencent leur description d'eux-mêmes par un prologue sur les gens en général, mais ils finissent par parler des grandes idées qui les animent ou d'un besoin de réussite qui les distinguerait des autres :

Je pense que je suis essentiellement quelqu'un de bien. J'aime beaucoup les gens et j'aime aimer les gens. Les activités que je préfère sont celles où mon plaisir provient de la présence, presque de l'existence des autres. Même des gens que je ne connais pas très bien. Je crois que c'est cette qualité-là, aimer les autres, qui fait de moi quelqu'un de bien. Je pense que je suis très intelligent, que je suis un peu perdu et que je n'agis pas comme si j'étais inspiré. Je ne sais s'il s'agit simplement d'un manque d'inspiration. Mais je ne parviens pas à accomplir les choses que j'ai à faire, je n'arrive à rien. Je ne sais pas où je veux aller ou ce que je fais. Il me semble que la plupart des gens, surtout les médecins, ont une idée assez précise de ce qu'ils vont faire dans quatre ans. Moi [un interne], j'ai un trou, c'est vraiment le vide [...]. J'ai de grandes idées [...], mais je ne peux pas imaginer le rôle que j'y jouerais, je ne me vois pas les concrétiser.

Je suis conscient de ce qui se passe autour de moi, des besoins de ceux qui m'entourent, je prends plaisir à rendre service et cela me rend heureux d'être ainsi. Voilà les choses qui me sont importantes. Je suppose que dans ma situation cela ne pose pas de problèmes puisque j'aime aider les autres, mais je ne suis pas sûr que ce soit le cas pour tout le monde. Je pense qu'il y a des personnes qui rendent service à autrui sans qu'elles en éprouvent de plaisir. De temps en temps, c'est ce qu'il m'arrive. Par exemple, le travail à faire dans la maison : je suis toujours en train de faire les mêmes vieilles corvées qui reviennent sans cesse et que tout le monde fait. Je finis par accumuler de la rancune.

Dans leurs descriptions d'eux-mêmes, ces hommes mentionnent leurs rapports avec autrui afin de qualifier plutôt que de déterminer leur identité. C'est la réussite individuelle qui captive l'imagination masculine, et non l'attachement. Ils mesurent leur propre valeur en fonction de leurs grandes idées ou d'une activité qui les différencie des autres.

Par conséquent, affirmer que l'identité précède l'intimité lors de la transition de l'adolescence à l'âge adulte est plus représentatif du développement masculin que féminin. Le pouvoir et la séparation établissent l'homme solidement dans une identité réalisée grâce au travail. Ce rempart le protège mais crée aussi une distance entre lui et les autres; il les a, en quelque sorte, perdus de vue. Cranly, qui exhorte Stephen Dedalus à faire ses pâques par égard pour sa mère, lui rappelle :

> Votre mère a déjà dû beaucoup souffrir [...]. Ne voudriez-vous pas essayer d'alléger sa peine, même si.
> – Le feriez-vous ?
> – Si je le pouvais, dit Stephen, cela ne me coûterait pas grand-chose.

Lorsqu'une telle distance sépare l'individu des autres, l'intimité devient alors une expérience absolument nécessaire afin de l'arracher à son isolement qui risque, sinon, de se durcir en indifférence. Même si quelquefois cette froideur à l'égard d'autrui est tempérée par une volonté de respecter ses droits, une relation personnelle et intime permet de rétablir le contact, de découvrir quelles sont toutes les répercussions d'un acte, celles qui affectent les autres comme celles qui touchent l'individu. L'intimité est donc l'expérience qui, chez les hommes, transforme l'identité de l'adolescent en procréativité adulte épanouie dans l'amour et le travail. Comme l'observe Erikson [1], grâce à ce savoir nouveau, la morale idéologique de l'adolescent évolue vers une éthique de sollicitude. Comme les femmes, cependant, définissent leur identité à travers les relations d'intimité

1. Erikson, 1964.

et de sollicitude, les problèmes moraux qu'elles affrontent concernent des questions d'une autre nature. Afin de protéger ces rapports avec autrui, elles étouffent et se cachent leurs propres désirs; afin d'éviter tout conflit, elles ont recours aux faux-fuyants et transigent constamment; il devient alors impossible de découvrir où se situent la responsabilité et la vérité. McCarthy explique comment elle voit le problème en décrivant les « représentations » qu'elle donnait à ses grands-parents :

> Je désirais tellement qu'ils m'approuvent que je cachais ce qui pouvait leur déplaire. J'étais généralement très vague dans mes propos car, toute autre considération mise à part, je les aimais beaucoup et j'essayais de me conformer à leur perspective. J'en étais arrivée à un point où je ne savais plus si ce que je disais était vrai ou faux, sauf lorsque je répondais à une question directe. Je m'efforçais vraiment, ou tout au moins je le croyais, de ne pas mentir carrément. Mais j'avais l'impression qu'ils me poussaient à dissimuler la vérité, à cause de leur vision différente des choses. J'étais toujours en train de transposer la réalité en des termes qui leur étaient compréhensibles. Afin d'arranger les choses avec ma conscience, j'évitais, quand c'était possible, de mentir effrontément, tout comme, par prudence, j'évitais de dire la vérité pure et simple.

L'expérience essentielle à la continuation du développement féminin est donc celle du choix (et non pas l'intimité), car l'acte de choisir crée un tête-à-tête avec le moi qui permet de déterminer où se trouvent la responsabilité et la vérité.

Les hommes et les femmes sont par conséquent confrontés au même dilemme, lors de la transition de l'adolescence à l'âge adulte, celui d'un conflit entre l'intégrité et la sollicitude. Mais comme chacun des sexes aborde le problème d'une perspective différente, ils parviennent à deux solutions et vérités opposées. La perspective de la séparation est justifiée par une éthique de droits, tandis que celle de l'attachement repose sur une éthique de sollicitude. L'égalité entre soi et autrui, et la justice sont les deux principes qui animent l'idéologie morale des droits. Cette conception de la morale est une manifestation de respect réciproque et son objectif est d'établir un juste équilibre entre les revendications de chacun. L'éthique de responsabilité est fondée sur une notion d'équité qui reconnaît des différences dans les besoins de chacun, et cette compréhension conduit à la compassion et à la sollicitude. Le contrepoint de l'identité et de l'intimité, qui ponctue la période située entre l'enfance et l'âge adulte, s'exprime à travers deux morales différentes. Leur complémentarité est la découverte de la maturité.

Les expériences personnelles de conflit moral et de choix de deux avocats, choisis parmi les participants de l'enquête, illustrent comment la divergence de jugements entre les sexes disparaît grâce à la découverte de cette complémentarité. Alex et Hilary sont chacun parvenus à un stade de maturation qui leur a permis de voir respectivement les perspectives masculine et féminine, et de discerner le rapport entre l'intégrité et la sollicitude.

Le dilemme de responsabilité et de vérité décrit par McCarthy était aussi celui d'Hilary, l'avocate qui avait commencé l'interview en disant que se décrire était un exercice vraiment trop difficile pour elle « à la fin d'une semaine très mouvementée ». Elle avait estimé, comme McCarthy, que les actes d'abnégation étaient « courageux » et « louables ». « Si chacun sur terre, avait-elle expliqué, se comportait avec courage, compassion et sollicitude envers autrui, le monde serait un meilleur séjour, le crime deviendrait un mauvais souvenir et il n'y aurait peut-être plus de pauvreté. » Cet idéal de sacrifice de soi et de sollicitude fut soumis à rude épreuve par deux conflits qui éclatèrent dans sa vie privée et professionnelle. Sur le plan personnel, elle dut admettre que les vérités opposées des sentiments de chacun créaient une situation telle qu'il était impossible de sortir de l'impasse sans nuire à l'une des personnes. Et, professionnellement, en dépit de l'intérêt qu'elle portait au client de la partie adverse, elle décida de ne pas aider l'autre avocat à gagner le procès au détriment de son propre client.

Dans les deux cas, l'injonction absolue de ne pas nuire à autrui lui est apparue comme un principe directeur insuffisant et inapte à résoudre les dilemmes réels auxquels elle était confrontée. Après avoir constaté la disparité entre l'intention et la conséquence d'un acte, et les contraintes imposées par la réalité lorsqu'on se trouve dans l'obligation de choisir, elle conclut que, dans certaines situations, il n'existe pas de solution qui ne porte pas tort à quelqu'un. Face à de tels dilemmes dans sa vie privée et professionnelle, elle n'abdique pas la responsabilité de son choix mais revendique le droit de s'inclure parmi les personnes envers qui elle considère qu'il est moral de témoigner de la sollicitude. Au précepte de responsabilité et de sollicitude s'ajoute maintenant un impératif d'intégrité, celui d'être fidèle à elle-même. Bien qu'elle ne perçoive pas encore très clairement comment il est possible d'incorporer ces deux principes directeurs, elle sait qu'ils doivent constituer, ensemble et au même titre, le fondement d'une morale capable de la guider afin de résoudre les conflits qui surgissent dans la vie privée et professionnelle d'un adulte.

L'abjuration des absolus et l'évolution vers la tolérance qui l'accompagne caractérisent, estime William Perry, la progression du développement intellectuel et moral lors des premières années de l'âge adulte [1]. L'individu quitte le monde parfait des absolus où la connaissance, qui est souveraine, dicte des réponses noires ou blanches, mais jamais grises, et se dirige vers une compréhension de la relativité contextuelle de la vérité et du choix. Les changements qui se produisent au niveau de la conception morale des

1. Perry, 1968.

hommes et des femmes durant les cinq années qui suivent la fin des études universitaires, soit approximativement la tranche d'âge de vingt-deux à vingt-sept ans, reflètent cette transition et son impact sur le jugement [1]. Les cheminements masculin et féminin sont semblables, mais chaque sexe s'éloigne d'un absolu différent. Chez les femmes, l'absolu de sollicitude, dont la définition est initialement celle de ne pas nuire à autrui, se complique lorsqu'il y a prise de conscience d'un besoin d'intégrité personnelle. Cette démarche conduit à l'affirmation de l'égalité qui s'inscrit dans le mode de pensée sous la forme du concept de droits, modifie la compréhension des rapports personnels et transforme la définition de la sollicitude. Chez les hommes, les absolus de vérité et de justice, qui sont définis par les concepts d'égalité et de réciprocité, sont remis en question par des expériences qui démontrent l'existence de différences entre autrui et soi. La reconnaissance de multiples vérités entraîne alors une relativisation de l'égalité qui devient plus équitable et donne naissance à une éthique de générosité et de sollicitude. Pour les hommes et pour les femmes, la décision morale se situe donc dans deux contextes et le jugement devient par définition contextuellement relatif. Chacun des sexes parvient ainsi à une nouvelle compréhension de la responsabilité et du choix.

La découverte de la réalité des différences et, par conséquent, de la nature contextuelle de la morale et de la vérité est décrite par Alex, un avocat qui avait participé à l'enquête sur les étudiants. Il avait commencé, alors qu'il faisait son droit, à « se rendre compte que l'on ne sait réellement pas tout » et « que l'on ne peut jamais être sûr s'il existe un absolu ». « Je ne pense pas que l'on puisse déterminer un bien et un juste absolus. Ce que l'on sait, c'est que l'on doit faire un choix. On est obligé de prendre une décision. »

1. Gilligan Murphy, 1979; Murphy et Gilligan, 1980.

Alex prit conscience qu'il ne savait pas tout d'une façon beaucoup plus douloureuse dans sa vie privée : la rupture d'une relation personnelle à un moment où il ne s'y attendait absolument pas. Quand il découvrit, trop tard, que l'expérience de la femme avait été différente de la sienne, il réalisa à quel point il avait été distant dans une relation qu'il avait considérée comme très intime. C'est alors que son échelle de valeurs morales, fondée sur la logique et qui, jusque-là, avait constitué pour lui la vérité absolue, lui est apparue comme une barrière à l'intimité plutôt que la forteresse de son intégrité personnelle. A mesure que sa conception de la morale se modifiait, les questions soulevées par les rapports avec autrui sont devenues le centre de son attention. Une nouvelle compréhension de l'attachement humain est venue rejoindre son précepte de justice. Alex voit l'insuffisance d'une morale limitée aux considérations de justice et perçoit la nécessité de l'élargir afin d'y inclure les relations et le « principe d'attachement » qui commence à guider son jugement des problèmes moraux :

Les gens ont véritablement besoin de se sentir émotionnellement attachés à quelque chose, et l'égalité ne donne pas l'attachement. L'égalité fracture la société et fait peser sur les épaules de chacun la lourde obligation de se tenir debout, seul, sans attendre l'aide de quiconque.

Bien que « l'égalité soit une chose claire et nette à laquelle on peut s'accrocher », elle n'est pas capable, à elle seule, d'aider un individu à résoudre les dilemmes de choix qui surviennent dans sa vie. Sa nouvelle compréhension de la responsabilité et des conséquences réelles d'un choix incite Alex à dire : « Il n'y a pas que l'égalité. Il faut prendre en considération la façon dont les gens vont pouvoir mener leur vie. » Bien qu'il reconnaisse la nécessité de tenir compte de deux contextes avant de porter un jugement, il estime néanmoins que leur intégration est « une tâche extrêmement ardue », puisque quelquefois « quelle que soit la décision prise, quelqu'un va souffrir et le tort infligé peut avoir des répercussions sur toute une vie ». Puis il ajoute : « Lorsqu'on aboutit à une impasse, lorsque le conflit est insoluble », décider devient surtout une question de « choisir la victime » plutôt que de s'efforcer de bien agir. Conscient de la responsabilité que comportent de tels choix, son jugement est plus nuancé, plus sensible aux conséquences psychologiques et sociales d'un acte, à la réalité de la vie des gens dans un monde historique.

Partis de deux points de vue très différents – les idéologies divergentes de justice et de sollicitude – les hommes et les femmes de l'enquête sont parvenus, à mesure qu'ils devenaient adultes, à une meilleure compréhension des deux perspectives et, par conséquent, à une plus grande convergence de jugement. Puisqu'ils se rendent compte de la dualité du contexte dans lequel un jugement est porté, ils reconnaissent que ce dernier dépend de la manière dont le problème est posé.

La relativité contextuelle affecte également la conception du développement : les hommes et les femmes ont une vision différente de la maturité. Quand les femmes prennent la parole et décrivent le monde adulte qu'elles perçoivent, on voit apparaître celui de l'interdépendance. McClelland observe que « les femmes sont plus concernées que les hommes par les deux côtés d'une relation interdépendante » et sont « plus promptes qu'eux à reconnaître leur propre interdépendance [1] ». Dans les fantasmes féminins, rapporte McClelland, le pouvoir et la force sont synonymes de générosité et de sollicitude – pour elles, nourrir et élever un enfant relève de la force – tandis que dans ceux des hommes la puissance se traduit par l'affirmation de soi et l'agression.

1. McClelland, 1975, p. 85-86.

McClelland, dont les travaux de recherche sur le pouvoir ont particulièrement pour objectif d'« étudier les caractéristiques de la maturité », suggère que les hommes et les femmes adultes ne communiquent pas avec le monde sur la même longueur d'onde.

L'analyse de Jean Baker Miller fait également ressortir la conception différente que les femmes se font du pouvoir. Elle estime que la position féminine dans les rapports de domination et de subordination est « une clé essentielle qui permet de comprendre l'ordre psychologique ». Cet ordre est créé par les relations de différence (rapports entre hommes et femmes et entre parents et enfants) qui constituent « le milieu – la famille – dans lequel l'esprit humain tel que nous le connaissons a été formé [1] ». Comme ces relations de différence comportent, dans la plupart des cas, un facteur d'inégalité, elles prennent une dimension morale quant à la façon dont le pouvoir est utilisé. Miller distingue, par conséquent, deux types de relations : les rapports d'inégalité temporaire, qui représentent le contexte du développement humain, et les rapports d'inégalité permanente, qui sont la condition de l'oppression. Dans le premier type de rapports, tels que ceux qui existent entre parents et enfants ou entre professeurs et élèves, le pouvoir est exercé, en principe, afin d'aider celui qui est en position d'infériorité à s'épanouir et à effacer la disparité initiale. Dans les relations d'inégalité permanente, le pouvoir renforce cette situation de domination et de subordination, et l'oppression est justifiée par des théories qui « expliquent » sa nécessité et sa continuation.

Miller voit dans l'effet combiné de leurs expériences de domination et de subordination l'origine de la psychologie distincte des femmes car, suivant le type de rapports, la position féminine change. Dans une relation d'inégalité temporaire comme celle, par exemple, de la mère et de son enfant, la femme

1. Baker Miller, 1976, p. 1.

domine tant que son rôle protecteur et nourricier est nécessaire. Sa position de supériorité disparaît en même temps que l'inégalité qu'elle a elle-même fait disparaître. Dans les rapports d'inégalité permanente, tels que statut ou pouvoir social, les femmes ont généralement une position subordonnée. Par ailleurs, bien que la situation sociale féminine soit inférieure à celle des hommes, les hommes et les femmes ont des relations étroites et intimes dans leur vie sexuelle et familiale. Ainsi, la psychologie féminine reflète les deux aspects de l'interdépendance et l'éventail des possibilités morales créées par les rapports de domination et de subordination. Les femmes sont donc admirablement bien situées pour observer les conséquences et de la sollicitude et de l'oppression.

C'est avec cette faculté d'observation bien distincte que Carol Stack et Lillian Rubin ont pénétré des mondes qui, jusque-là, n'avaient été explorés qu'à travers des yeux masculins; leurs comptes rendus diffèrent des rapports précédents. Dans le ghetto noir en milieu urbain, là où d'autres ont vu trouble social et famille en déroute, Stack découvre des systèmes d'entraide, par lesquels la famille noire s'organise et fait face à la pauvreté. L. Rubin, qui est allée observer les familles de la classe ouvrière blanche, dissipe le mythe du « travailleur riche et heureux » en décrivant les « mondes de souffrance » qui sont le lot de ceux qui élèvent une famille dans de mauvaises conditions économiques et sociales. Toutes deux dépeignent des relations adultes qui maintiennent les fonctions familiales de protection et de sollicitude, mais également un système social qui perpétue la dépendance économique et la subordination. Elles indiquent ainsi comment la classe sociale, la race et l'appartenance ethnique sont utilisées afin de justifier la pérennité d'un système économique qui profite à certains au détriment d'autres.

Ces femmes, Miller, Stack et Rubin, ont découvert l'ordre là où d'autres ont vu le chaos : dans la psychologie des femmes, dans la famille du ghetto noir, dans la reproduction d'une classe sociale. Ces découvertes ont nécessité l'élaboration de nouveaux modes d'analyse et une approche plus ethnographique, afin de déterminer et d'identifier le sens de la vie adulte qui avait été observée. Jusqu'à ce que Stack redéfinisse la « famille » comme « la plus petite unité de personnes apparentées et non apparentées qui entretient des rapports quotidiens et durables, et s'organise afin de répondre aux besoins matériels des enfants et assurer leur survie », elle ne pouvait pas trouver de « familles » dans le monde des « fauchés ». « L'analyse des données obtenues au cours de l'enquête a été en grande partie possible grâce à des définitions culturelles et spécifiques de certains concepts tels que famille, parent et ami, qui se sont progressivement imposées à l'observateur [...]. Utiliser arbitrairement les définitions couramment acceptées de la famille [...] empêche de comprendre comment les " fauchés " décrivent et organisent le monde dans lequel ils vivent [1]. »

D'une façon similaire, Miller réclame « une nouvelle psychologie » qui reconnaisse le point de départ différent du développement féminin. Elle rappelle que les femmes ont « un sens d'elles-mêmes structuré autour d'une capacité à établir puis à maintenir des relations et des liens de solidarité avec autrui » et que « finalement, pour beaucoup d'entre elles, une rupture de ces liens ne constitue pas seulement une déchirure de la trame humaine, mais aussi, et surtout une atteinte à leur propre personne qui menace de détruire leur identité ». Bien que les descriptions de la psychopathologie féminine aient rendu cette structure du psychisme familière, on n'a pas reconnu que « ce fondement du psychisme rend possible un mode de vie entièrement différent et plus évolué [...], où maintenir le contact avec autrui a autant ou plus de valeur que l'avancement de l'individu [2] ». Miller sou-

---

1. Stack, 1975, p. 31.
2. Miller, 1976, p. 83.

ligne ainsi la nécessité d'élaborer une psychologie de l'âge adulte qui admette que l'attachement, la sollicitude et le maintien de contacts humains ont une place importante et permanente dans le développement de l'individu.

L'analyse de Rubin met également en évidence les carences des critères d'évaluation dont on s'est servi jusqu'à présent et démontre l'utilité d'un mode d'interprétation plus contextuel. On croyait que la vie familiale était partout la même ou qu'il était possible d'identifier les différences culturelles d'un groupe sans tenir compte des réalités socio-économiques : Rubin dissipe ces illusions. Ainsi, les familles de la classe ouvrière « se reproduisent non pas parce qu'elles sont d'une manière ou d'une autre déficientes ou parce que leur culture est aberrante, mais parce que les enfants n'ont pas d'autres choix que de mener un mode de vie identique à celui de leurs parents, en dépit de ce mythe de la mobilité sociale qui nous tient tellement à cœur [1] ». L'inégalité temporaire de l'enfant de la classe ouvrière se transforme donc en une inégalité permanente. L'adulte est emporté par une marée de mobilité sociale descendante qui sape la qualité de la vie familiale.

Que ce soit dans leurs descriptions de la vie adulte ou dans leurs fantasmes de pouvoir, les femmes communiquent un sens différent de la réalité sociale. Quand elles brossent les portraits des relations de la vie privée et professionnelle, elles remplacent dans les deux cas l'image masculine de la séparation par celle de l'interdépendance entre soi et autrui. En dirigeant l'objectif de l'observation du développement non plus sur la réussite individuelle mais sur les relations de sollicitude, les femmes décrivent l'attachement ininterrompu comme le chemin qui conduit à la maturité.

Ainsi les paramètres du développement se déplacent pour marquer le progrès de la relation d'affiliation.

1. Rubin, 1976, p. 210-211.

Les implications de ce changement sont évidentes lorsqu'on considère la situation des femmes à l'âge mûr. Comme la tendance est de se servir des repères connus de séparation du développement de l'adolescence, afin de s'orienter dans les eaux encore inexplorées de l'âge mûr, cette période de la vie des femmes est facilement interprétée comme un retour aux problèmes non résolus de l'adolescence. Cette interprétation est d'autant plus convaincante que les descriptions du cycle de vie, qui ont été établies principalement à partir d'enquêtes menées auprès des hommes, font apparaître les différences du développement féminin comme des insuffisances. Les représentations classiques du processus de maturation ont particulièrement souligné la déviance de l'adolescence, car, en se définissant à travers ses relations avec autrui, elle semble confondre identité et intimité. On considère que ce mode de définition de l'identité laisse un lourd passif à l'adulte et le rend vulnérable face aux problèmes de séparation qui surgissent à l'âge mûr.

Mais cette construction révèle les limites d'une théorie qui évalue le développement féminin selon des critères masculins et ignore la possibilité d'une vérité différente. Vu sous cet angle, le fait d'observer que la perception de soi au centre d'un réseau de relations humaines, l'orientation vers l'interdépendance, la peur du succès obtenu au détriment d'autrui et la priorité donnée à la sollicitude sur la réussite personnelle laissent les femmes en danger lorsqu'elles parviennent à mi-chemin du cycle de vie paraît être plutôt un commentaire sur la société qu'un problème du développement féminin.

Comparer les problèmes de l'âge mûr à la crise d'identité et de séparation de l'adolescence, c'est ignorer la réalité de ce qui s'est passé dans l'intervalle et anéantir des années d'amour et de travail. Aux yeux d'une femme, la définition de Vaillant, pour qui la procréativité (*generativity*) commence à l'âge mûr, ne reflète pas la vérité du cycle de vie masculin et féminin, puisque la naissance des enfants et leur éducation sont généralement des activités de la période antérieure. Par ailleurs, l'image de la femme qui parvient à l'âge mûr aussi dépendante d'autrui qu'un enfant est démentie par les années de soins qu'elle a prodigués et la sollicitude dont elle a fait preuve pour cimenter les relations familiales. Il semble donc évident que la déviance apparente des femmes soit un problème de construction, une question de jugement plutôt que de vérité.

Comme les femmes perçoivent et conçoivent la réalité sociale différemment des hommes, et que ces différences s'articulent autour des expériences d'attachement et de séparation, on peut s'attendre à ce que les femmes vivent les périodes de transition qu'entraînent toujours ces expériences d'une manière qui leur est propre. Puisque le sens d'intégrité des femmes paraît être intimement lié à une éthique de sollicitude, de sorte qu'elles définissent leur identité de femme dans une relation à autrui, il est logique que chacune des étapes majeures de leur vie corresponde à une nouvelle compréhension et expression de la sollicitude. Il ne fait aucun doute que le passage de l'enfance à l'âge adulte est l'occasion d'une redéfinition radicale de l'éthique de la sollicitude pour les autres. Une fois faite la distinction entre « aider » et « faire plaisir », le désir d'approbation cesse d'être le mobile caché des activités de sollicitude, et la morale de responsabilité peut devenir un principe directeur librement choisi, et le fondement de l'intégrité et de la force de l'individu.

De la même manière, les événements qui marquent l'arrivée de l'âge mûr – ménopause, modifications de la structure familiale, cessation de la vie professionnelle – peuvent profondément altérer l'idée qu'elle se fait d'elle-même. Si l'âge mûr met fin aux rapports personnels, au sens de contacts sur laquelle elle fonde son identité, et aux activités de sollicitude à travers lesquelles elle juge sa valeur, alors le deuil qui accompagne toutes les étapes de transition de la vie peut se transformer en dénigrement de sa propre personne et en désespoir. Le sens qu'une femme donne aux événements de l'âge mûr reflète par conséquent l'interaction entre les structures de son mode de pensée et les réalités de sa vie.

Une fois que l'on a différencié comportement névrotique et conflit réel, que l'on a fait une distinction entre la réticence à prendre une décision et l'absence réelle de possibilité de choisir, il devient alors possible de voir plus clairement comment l'expérience des femmes permet de comprendre les vérités essentielles de la vie adulte. Au lieu de concevoir son anatomie comme une cicatrice qui la destine à l'infériorité [1], on peut au contraire la considérer comme une source d'expérience qui illumine une réalité commune aux deux sexes : le fait que, dans la vie, on ne peut jamais tout voir; que les choses que l'on ne voit pas subissent des changements au fil des années; que plusieurs chemins mènent à la satisfaction; et que la frontière entre soi et autrui est plus floue qu'elle ne paraît parfois.

Ainsi, les femmes parviennent à l'âge mûr avec un bagage psychologique différent de celui des hommes, et doivent faire face à une autre réalité sociale, puisque leurs possibilités de vies privée et professionnelle ne sont pas les mêmes, mais aussi avec une expérience de la vie à laquelle leur connaissance des rapports humains a donné un sens différent. Puisque les femmes vivent la réalité des relations humaines, comme un don et non pas comme un contrat auquel on a librement consenti, elles ont une compréhension de la vie qui reflète les limites de l'autonomie et du contrôle que l'on peut exercer sur elle. Il en résulte que le développement des femmes et une voie qui mène à une vie moins violente et à une maturité d'interdépendance et de sollicitude.

A partir des travaux de recherche qu'il a effectués sur le jugement moral des enfants, Piaget établit une

1. Freud, 1931.

260

progression en trois étapes où la contrainte se transforme en coopération, et la coopération en générosité. Dans la description de cette séquence, il souligne le fait qu'il s'écoule un très long laps de temps avant que des enfants de la même classe et qui jouent tous les jours ensemble ne se mettent d'accord sur les règles de leurs jeux. Ce consensus signale l'achèvement d'une réorientation majeure de leurs modes d'action et de pensée : la morale de la contrainte est devenue celle de la coopération. Puis il observe comment la prise de conscience par les enfants de l'existence de différences entre eux les conduit à une relativisation de l'égalité. Cette nouvelle notion de l'équité se traduit par une fusion de la justice et de l'amour.

Il semble qu'à l'heure actuelle les hommes et les femmes ne soient que partiellement d'accord sur la vie adulte qu'ils partagent. En l'absence de compréhension mutuelle, les rapports entre les sexes, à différents degrés, continuent à être tendus. Cette situation met en évidence le « paradoxe de l'égocentrisme » décrit par Piaget, celui d'un respect mystique des règles qui n'empêche pas pour autant chacun de jouer comme bon lui semble sans faire attention à son voisin [1]. Afin de pouvoir comprendre le développement, à l'âge adulte, de rapports interpersonnels caractérisés par la coopération, la générosité et la sollicitude, la représentation du cycle de vie doit inclure la vie des femmes aussi bien que celle des hommes.

Une des questions les plus pressantes à l'ordre du jour de la recherche sur le développement adulte est celle de décrire *dans leur propre langage* l'expérience de la vie adulte des femmes. Le travail que j'ai effectué dans cette direction indique que l'inclusion de l'expérience féminine apporte une nouvelle perspective sur les relations humaines, qui change le fondement même de l'interprétation du développe-

1. Piaget, 1932/1965, p. 61.

ment. Le concept de l'identité s'élargit pour inclure l'expérience de l'interdépendance; le domaine moral s'étend également et inclut la responsabilité et la sollicitude dans les rapports interpersonnels. L'épistémologie sous-jacente change en conséquence : fondée auparavant sur l'idéal grec de la connaissance pour qui elle était une correspondance entre l'esprit et la forme, elle repose maintenant sur la conception biblique de la connaissance qui la définit comme un processus de relation humaine.

Comme il est évident que les hommes et les femmes ont des perspectives différentes sur la vie adulte, il est nécessaire d'effectuer des recherches afin d'élucider quels sont les effets de ces différences sur le mariage, la famille et les relations professionnelles. Mes travaux suggèrent que les hommes et les femmes parlent des langages différents même s'ils pensent qu'ils utilisent le même. Ils utilisent des mots similaires qui représentent des expériences disparates, d'eux-mêmes comme de leurs rapports sociaux. Ces langages partagent un même vocabulaire moral, ils ont tendance à engendrer des malentendus systématiques qui font obstacle à la communication et limitent le potentiel de coopération et de sollicitude dans les relations. Source de mésentente, ce vocabulaire commun permet également aux deux langages de s'articuler. Celui des responsabilités fournit des images de relations qui viennent remplacer une hiérarchie dissoute par l'égalité, et le langage des droits souligne l'importance de s'inclure, au même titre qu'autrui, dans le réseau de sollicitude.

Cela fait des siècles que nous écoutons les voix des hommes et les théories que leur dicte leur expérience. Plus récemment, nous avons commencé non seulement à remarquer le silence des femmes mais aussi la difficulté d'entendre ce qu'elles disent quand elles prennent la parole. Et pourtant, si l'on se met à l'écoute de la voix différente des femmes, on découvre la réalité d'une éthique de sollicitude : elles nous disent quel est le rapport entre la relation avec autrui et la responsabilité, et comment l'origine de l'agression est une déchirure de la trame des relations humaines. L'hypothèse qu'il existe un seul mode d'expérience sociale et d'interprétation est en partie responsable de la cécité et de la surdité qui frappent les théoriciens, quand il s'agit de voir l'autre réalité des femmes et d'entendre leur voix différente. En mettant en place deux modes d'interprétation, nous parvenons à une représentation plus complète de l'expérience humaine qui reflète les vérités de la séparation et de l'attachement dans les vies féminines et masculines, et reconnaît comment ces vérités sont traduites par des langages et des modes de pensée différents.

Comprendre comment la tension entre les responsabilités et les droits entretient la dialectique du développement humain, c'est voir l'intégrité de deux formes d'expérience dissemblables qui finissent par se rejoindre. Alors que l'éthique de justice est fondée sur le principe de l'égalité – chacun doit être traité de la même manière –, l'éthique de la sollicitude repose sur le précepte de la non-violence – il ne doit être fait de tort à personne. Dans la représentation de la maturité, ces perspectives convergent dans la prise de conscience de même que l'inégalité affecte les deux parties dans une relation inégale, la violence est aussi destructive pour tous ceux qui y sont impliqués. Ce dialogue entre la justice et la sollicitude permet non seulement de mieux comprendre les rapports entre les sexes, mais brosse également un portrait plus complet de la vie professionnelle et familiale.

Freud et Piaget attirent notre attention sur les différences de sentiments et de pensées des enfants, ce qui nous permet de réagir envers ceux-ci avec plus de respect et de sollicitude; parallèlement, reconnaître les différences de l'expérience et de la compréhension des femmes élargit notre vision de la maturité et fait ressortir la nature contextuelle des réalités du développement. Grâce à cette nouvelle perspective, nous pouvons entrevoir comment un mariage entre le développement de l'adulte, tel qu'il est décrit actuellement, et celui des femmes, tel qu'il commence à être perçu, pourrait conduire à une meilleure intelligence du développement de l'être humain et à une vision plus créatrice de la vie.

BIBLIOGRAPHIE

Belenky, Mary F., « Conflict and Development : A Longitudinal Study of the Impact of Abortion Decisions on Moral Judgments of Adolescent and Adult Women », thèse de doctorat, Harvard University, 1978.

Bergling, Kurt, *Moral Development : The Validity of Kohlberg's Theory*, Stockholm Studies in Educational Psychology 23, Stockholm, Almqvist and Wiksell International, 1981.

Bergman, Ingmar, *Les Fraises sauvages* (1957), in *Four Screen Plays of Ingmar Bergman*, trad. Lars Malmstrom et David Kushner, New York, Simon & Schuster, 1960.

Bettelheim, Bruno, « The Problem of Generations », in E. Erikson, éd., *The Challenge of Youth*, New York, Doubleday, 1965. *Psychanalyse des contes de fées*, collection « Réponses », Robert Laffont, 1976.

Blos, Peter, « The Second Individuation Process of Adolescence », in A. Freud, éd., *The Psychoanalytic Study of the Child*, vol. 22, New York, International Universities Press, 1967.

Broverman, I., Vogel, S., Broverman, D., Clarkson, F., Rosenkrantz, P., « Sex-roles Stereotypes : A Current Appraisal », *Journal of Social Issues*, 28, 1972, 59-78.

Chodorow, Nancy, « Family Structure and Feminine Personality », in M. Z. Rosaldo and L. Lamphere, éd., *Woman, Culture and Society*, Standford, Standford University Press, 1974.
The Reproduction of Mothering, Berkeley, University of California Press, 1978.

Coles, Robert, *Children of Crisis,* Boston, Little, Brown, 1964.

Didion, Joan, « The Women's Movement », *New York Times Book Review,* 30 juillet 1972, p. 1-2, 14.

Douvan, Elizabeth, Adelson, Joseph, *The Adolescent Experience,* New York, John Wiley and Sons, 1966.

Drabble, Margaret, *The Waterfall,* Hammondsworth, Royaume-Uni, Penguin Books, 1969.

Edwards, Carolyn P., « Societal Complexity and Moral Development : A Kenyan Study », *Ethos,* 3, 1975, 505-527.

Eliot, George, *The Mill on the Floss,* 1860, New York, New American Library, 1965; trad. franç., *Le Moulin sur la Floss,* Marabout, 1957.

Erikson, Erik H, *Childhood and Society,* New York, W. W. Norton, 1950; trad. franç., *Enfance et Société,* Delachaux et Nestlé.

Young Man Luther, New York, W. W. Norton, 1958; trad. franç. *Luther avant Luther,* Paris, Flammarion, 1968.

Insight and Responsibility, New York, W. W. Norton, 1964.

Identity: Youth and Crisis, New York, W. W. Norton, 1968; trad. franç., *Adolescence et crise; la quête de l'identité* Paris, Flammarion, 1972.

Gandhi's Truth, New York, W. W. Norton, 1969; trad. franç., *La Vérité sur Gāndhī : les origines de la non-violence,* Paris, Flammarion, 1974.

« Reflections on Dr. Borg's Life Cycle », *Daedalus 105,* 1976, 1-29. (Aussi dans Erikson, éd., *Adulthood,* New York, W. W. Norton, 1978.)

Freud, Sigmund. *The Standard Edition of the Complete Psychological Works of Sigmund Freud,* trad. et éd. James Strachey, Londres, The Hogarth Press, 1961.

Trois Essais sur la théorie de la sexualité (1905), Paris, Gallimard, 1949; nelle éd., 1976, coll. « Idées ».

« La morale sexuelle civilisée et la maladie nerveuse de notre temps » (1908), in *La Vie sexuelle,* Paris, PUF, 1969.

« Pour introduire le narcissisme » (1914), *ibid.*

« Quelques conséquences psychologiques de la différence anatomique entre les sexes » (1925), *ibid.*

La Question de l'analyse profane (1926), Paris, Gallimard, 1985.

Malaise dans la civilisation (1930), Paris, PUF, 1971.
« Sur la sexualité féminine » (1931) in *La Vie sexuelle,*
op. cit.
Nouvelles Conférences sur la psychanalyse (1932/1933),
Paris, Gallimard, 1971.

Gilligan, Carol, « Moral Development in the College
Years », in A. Chickering, éd., *The Modern American
College,* San Francisco, Jossey-Bass, 1981.

Gilligan, Carol, Belenky, Mary F., « A Naturalistic Study
of Abortion Decisions », in R. Selman et R. Yando,
éd., *Clinical-Developmental Psychology,* New Directions
for Child Development, n° 7, San Francisco, Jossey-
Bass, 1980.

Gilligan, Carol, Murphy, John Michael, « Development
from Adolescence to Adulthood : The Philosopher and
the " Dilemma of the Fact " », in D. Kuhn, éd., *Intellectual Development Beyond Childhood,* New Directions
for Child Development, n° 5, San Francisco, Jossey-
Bass, 1979.

Haan, Norma, « Hypothetical and Actual Moral Reasoning
in a Situation of Civil Disobedience », *Journal of Personality and Social Psychology,* 32, 1975, 255-270.

Holstein, Constance, « Development of Moral Judgment :
A Longitudinal Study of Males and Females », *Child
Development,* 47, 1976, 51-61.

Horner, Matina S, « Sex Differences in Achievement Motivation and Performance in Competitive and Noncom-
petitive Situations », thèse de doctorat, University of
Michigan, 1968, University Microfilms 6912135.
« Toward an Understanding of Achievement-related
Conflicts in Women », *Journal of Social Issues,* 28, 1972,
157-175.

Ibsen, Henrik, *La Maison de poupée* (1879), Librairie
académique Perrin, 1906.

Joyce, James, *Dedalus portrait de l'artiste jeune par lui-
même,* 1916, Gallimard, 1943.

Kingston, Maxine Hong, *The Woman Warrior,* New York,
Alfred A. Knopf, 1977.

Kohlberg, Lawrence, « The Development of Modes of
Thinking and Choices in Years 10 to 16 », thèse de
doctorat, University of Chicago, 1958.
« Stage and Sequence : The Cognitive-Development
Approach to Socialization », in D. A. Goslin, éd., *Hand-*

book of *Socialization Theory and Research,* Chicago, Rand McNally, 1969.

« Continuities and Discontinuities in Childhood and Adult Moral Development Revisited », in *Collected Papers on Moral Development and Moral Education,* Moral Educational Research Foundation, Harvard University, 1973.

« Moral Stages and Moralization : The Cognitive-Developmental Approach », in T. Lickona, éd., *Moral Development and Behavior : Theory, Research and Social Issues,* New York, Holt, Rinehart and Winston, 1976.

The Philosophy of Moral Development, San Francisco, Harper and Row, 1981.

Kohlberg, L. et Gilligan, C., « The Adolescent as a Philosopher : The Discovery of the Self in a Post-conventional World », *Daedalus* 100, 1971, 1051-1086.

Kohlberg, L., Kramer, R., « Continuities and Discontinuities in Child and Adult Moral Development », *Human Development,* 12, 1969, 93-120.

Langdale, Sharry, Gilligan, Carol, *Interim Report to the National Institute of Education,* 1980.

Lever, Janet, « Sex Differences in the Games Children Play », *Social Problems,* 23, 1976, 478-487.

« Sex Differences in the Complexity of the Children's Play and Games », *American Sociological Review,* 43, 1978, 471-483.

Levinson, Daniel J, *The Seasons of a Man's Life,* New York, Alfred A. Knopf, 1978.

Loevinger, Jane, Wessler, Ruth, *Measuring Ego Development,* San Francisco, Jossey-Bass, 1970.

Lyons, Nona, « Seeing the Consequences : The Dialectif of Choice and Reflectivity in Human Development », Qualifying Paper, Graduate School of Education, Harvard University, 1980.

Maccoby, Eleonor, Jacklin, Carol, *The Psychology of Sex Differences,* Standford, Standford University Press, 1974.

May, Robert, *Sex and Fantasy,* New York, W. W. Norton, 1980.

McCarthy, Mary, *Memories of a Catholic Girlhood,* New York, Harcourt Brace Jovanovich, 1946; trad. franç., *Mémoires d'une jeune catholique,* Gonthier, 1966.

McClelland, David C, *Power : The Inner Experience,* New York, Irvington, 1975.

McClelland, D. C., Atkinson, J. W., Clark, R. A., Lowell, E. L., *The Achievement Motive*, New York, Irvington, 1953.

Mead, George Herbert, *Mind, Self and Society*, Chicago, University of Chicago Press, 1934.

Miller, Jean Baker, *Toward a New Psychology of Women*, Boston, Beacon Press, 1976.

Murphy, J. M. et Gilligan, C., « Moral Development in Late Adolescence and Adulthood : A Critique and Reconstruction of Kohlberg's Theory », *Human Development*, 23, 1980, 77-104.

Perry, William, *Forms of Intellectual and Ethical Development in the College Years*, New York, Holt, Rinehart and Winston, 1968.

Piaget, Jean, *Le Jugement moral chez l'enfant*, Paris, PUF, 1978.

Six Études de psychologie, Paris, PUF.

Le Structuralisme, Q.S.J., Paris, PUF, 1979.

Pollak, Susan, Gilligan, Carol, « Images of Violence in Thematic Apperception Test Stories », *Journal of Personality and Social Psychology*, 42, n° 1, 1982, 159-167.

Rubin, Lillian, *Worlds of Pain*, New York, Basic Books, 1976.

Sassen, Georgia, « Success Anxiety in Women : A Constructivist Interpretation of Its Sources and Its Significance », *Harvard Educational Review*, 50, 1980, 13-25.

Schneir, Miriam, éd., *Feminism : The Essential Historical Writings*, New York, Vintage Books, 1972.

Simpson, Elizabeth L., « Moral Development Research : A Case Study of Scientific Cultural Bias », *Human Development*, 17, 1974, 81-106.

Stack, Carol B., *All Our Kin*, New York, Harper and Row, 1974.

Stoller, Robert, J., « A Contribution to the Study of Gender Identity », *International Journal of Psycho-Analysis*, 45, 1964, 220-226.

Strunk, William Jr., White, E. B., *The Elements of Style* (1918), New York, MacMillan, 1958.

Tchekhov, Anton, *La Cerisaie* (1904), trad. E. Triolet in A. Tchekhov, *Œuvres*, I, Bibliothèque de la Pléiade, Paris, Gallimard, 1967.

Terman, L., Tyler, L., « Psychological Sex Differences »,

in L. Carmichael, éd., *Manual of Child Psychology,* 2ᵉ éd.,
New York, John Wiley and Sons, 1954.

Tolstoï, Sophie, *Journal intime,* vol. I (1862-1900), trad.
D. Olivier, Paris, Albin Michel, 1980 (année 1867).

Vaillant, George E., *Adaptation to Life,* Boston, Little,
Brown, 1977.

Whiting, Beatrice, Pope, Carolyn, « A Cross-cultural Ana-
lysis of Sex Differences in the Behavior of Children
Age Three to Eleven », *Journal of Social Psychology,* 91,
1973, 171-188.

Woolf, Virginia, *Une chambre à soi,* trad. franç., Clara
Malraux, Paris, Denoël-Gonthier, 1980.

TABLE

CET OUVRAGE
A ÉTÉ COMPOSÉ
ET ACHEVÉ D'IMPRIMER
PAR L'IMPRIMERIE FLOCH
À MAYENNE EN JANVIER 1986

N° d'éd. 10812. N° d'impr. 23700.
D. L. : février 1986.
(Imprimé en France)